Deputazione di storia patria per le Venezie

TESTI

a cura di
Alfredo Buonopane - Pietro Del Negro - Giuseppe Gullino - Gherardo Ortalli

6

Deputazione di storia patria per le Venezie
Calle del Tintor - S. Croce 1583 - 30135 Venezia

Andar per mare, custodire il mare

Le commissioni ducali per i capitani veneziani di galea (sec. XV)

a cura di Alessandra Rizzi

con la collaborazione di Umberto Cecchinato

VIELLA

2024

Prima edizione: novembre 2024
ISBN 979-12-5469-412-1 (carta)
ISBN 979-12-5469-756-6 (e-book)
DOI: 10.52056/9791254697566

REGIONE DEL VENETO

Realizzato con il contributo della Regione del Veneto ai sensi della L.R. n. 39/2019

ANDAR
per mare, custodire il mare : le commissioni ducali per i capitani veneziani di galea (sec. XV) / a cura di Alessandra Rizzi ; con la collaborazione di Umberto Cecchinato. - Roma : Viella, 2024. - 155 p. : ill. ; 24 cm. - (Testi / Deputazione di storia patria per le Venezie ; 6)
Trascrizione del manoscritto conservato presso l'Archivio di Stato di Venezia, Fondo Collegio, Formulari di commissioni, registro 4.
Indici dei luoghi e dei nomi: p. [153]-[157].
ISBN 979-12-5469-412-1
eISBN 979-12-5469-756-6
1. Venezia <Repubblica> - Sec. 15. - Fonti archivistiche I. Rizzi, Alessandra II. Cecchinato, Umberto III. Deputazione di storia patria per le Venezie
945.305 (DDC WebDewey) Scheda bibliografica: Biblioteca Fondazione Bruno Kessler

viella
libreria editrice
via delle Alpi 32
I-00198 ROMA
tel. 06 84 17 75 8
fax 06 85 35 39 60
www.viella.it

Indice

Alessandra Rizzi

Istruzioni ai capitani di galea in servizio nel commonwealth veneziano (sec. XV). Nota introduttiva

L'edizione[1]

Il volume accoglie l'edizione del registro 4 appartenente al fondo *Collegio*, *Formulari di commissioni*, conservato presso l'Archivio di Stato di Venezia[2], con le istruzioni del *comune Veneciarum* per il capitano e il sopracomito del Golfo (Adriatico) e i capitani delle galee da mercato inviate oltremare (in particolare in Romània, Fiandra, ad Alessandria e Beirut). Si tratta, nello specifico, dei modelli a disposizione degli uffici veneziani, per compilare le commissioni nominative consegnate agli incaricati eletti a ogni nuovo mandato e viaggio[3]. Per le caratteristiche intrinseche e i contenuti (via via evidenziati), i formulari editi si possono suddividere in due gruppi distinti, riguardanti rispettivamente i testi 1-2 e 3-6. Va segnalato che sono pervenute, inoltre, commissioni nominative (*ad personam*), sebbene la mancanza di un repertorio non consenta di individuarle sistematicamente, come osservato per le commissioni destinate ai titolari dei domini veneziani neoeletti[4]. Le prime *ad personam*, risalenti agli anni Venti del Trecento, si desumono dalle deliberazioni del

1. Si desidera esprimere un sentito ringraziamento alle istituzioni che hanno sostenuto questo lavoro: alla Regione Veneto che lo ha reso possibile grazie a un finanziamento dedicato (L.R. 39/2019 "Interventi per il recupero, la conservazione e la valorizzazione del patrimonio culturale della Repubblica Serenissima di Venezia, assegnazione 2021"), all'Archivio di Stato di Venezia, dove è stato possibile condurlo materialmente e, infine, alla Deputazione di Storia patria per le Venezie per averlo accolto nella collana *Testi*.

2. D'ora in avanti ASVe.

3. Per la storia del manoscritto si rivia alla *Descrizione del codice* di Umberto Cecchinato.

4. *Le commissioni ducali ai rettori d'Istria e Dalmazia (1289-1361)*, a cura di A. Rizzi, con la collaborazione di T. Aramonte, U. Cecchinato e G. Zuccarello, Roma 2015, pp. 26-27. È possibile, inoltre, che per i capitani di galea redazione delle commissioni *ad personam* (ricavate dai testi formulari), consegna (dopo l'elezione in Maggior consiglio) e, quindi, conservazione presso gli archivi familiari seguissero, sostanzialmente, le stesse procedure individuate per i rettori veneziani inviati nei domini (*ivi*, pp. 13-18). Per alcuni esemplari di commissioni *ad personam* miniate e, in qualche caso, con lo stemma di famiglia dell'incaricato – custodite oggi sia in Italia che all'estero –, si rinvia a H.K. Szépe, *Venice illuminated. Power and Painting in Renaissance Manuscripts*, New Haven-London 2018, pp. 378-384.

Senato, il consiglio delegato in materia[5]. I testi editi furono redatti tra la fine del secolo XIV e i primi anni del successivo, secondo i dogi in carica richiamati nelle intestazioni (Antonio Venier 1382-1400 in quelle del capitano e sopracomito del Golfo, Michele Steno 1400-1413, invece, nelle restanti). Documenti – risalenti ad anni diversi – per addetti, in particolare, alla custodia e al controllo di fiumi, laghi o tratti di costa adriatica, di competenza veneziana, si trovano anche in altri registri del medesimo fondo[6].

Formule dei testi traditi e collocazione del registro 4 nella stessa serie archivistica che raccoglie le direttive per gli incaricati al governo nel dogado e nei territori marittimi e di terraferma[7] sono una conferma, anche sul piano della produzione documentaria, che le «pianure liquide»[8], percorse dalle flotte veneziane, non furono solo uno strumento per realizzare le aspirazioni della città lagunare[9] (e sulle quali promuovere anche azione di controllo e polizia), ma ne furono il prolungamento, stabilendo «the symbolic relationship between the lagoon city and the sea» o, meglio ancora, «a larger whole»[10]. Il mare – fu nell'ordine naturale delle cose – ebbe a che fare con l'essenza e l'identità stesse di Venezia; ne rappresentò la "dimensione

5. La prima di cui si ha menzione risale al 1324 ed è indirizzata al capitano di un convoglio diretto a Cipro e in Armenia (nel 1325); da questa si evince, inoltre, che i capitani dei convogli di Fiandra e Romània disponevano di un testo analogo ed erano soggetti alle medesime condizioni: cfr. D. Stöckly, *Le système de l'*incanto *des galées du marché à Venise (fin XIII*[e]*-milieu XV*[e] *siècle)*, Leiden-New York-Köln 1995, pp. 64, 69.

6. A una prima ricognizione, risultano, nel registro 1: la *Commissione del capitano del* castrum *di Sant'Alberto (Marcamò)*, cc. 43r-44v; il *Capitolare del capitano della torre di San Giuliano*, c. 45r; il *Capitolare del rettore del belfredo veneziano sull'Adige*, c. 46r; la *Commissione del capitano di galea alle foci del Po*, cc. 48r-49v, il *Capitolare del castellano di Torre Nova (sull'Adige)*, c. 55r; nel registro 3: la *Commissione del castellano di Belforte*, cc. 114r-118v (edita in *Le commissioni ducali ai rettori d'Istria, 1382-1547*, a cura di A. Rizzi, con la collaborazione di U. Cecchinato, G. Giamboni e G. Zuccarello, Roma 2017, pp. 205-211); nel registro 6: la *Commissione del provveditore di Peschiera del Garda*, c. 76r; la *Commissione del provveditore di Riva del Garda*, c. 76v; la *Commissione del provveditore e capitano delle rive bresciane del lago di Garda*, cc. 100rv; nel registro 7: la *Commissione del capitano della riviera delle Marche*, cc. 55r-57v; la *Commissione del capitano della flotta delle Marche*, c. 57v; la *Commissione del capitano della riviera d'Istria*, cc. 58r-60r (edita *ivi*, pp. 249-252); la *Commissione del capitano delle galere del Quarnaro*, cc. 68v-69r.

7. Il fondo *Collegio, formulari di commissioni* si compone di 8 registri, i cui contenuti (fatta eccezione per quelli del registro 4) – formulari di istruzioni per i titolari dei reggimenti del dogado e per gran parte di quelli marittimi e di terraferma – sono sommariamente descritti in ASVe, Indice 326: *Collegio. Commissioni (XIV-XVIII)*. Si vedano anche *Le commissioni ducali ai rettori d'Istria e Dalmazia*, pp. 29-30 (per l'elenco dei formulari del registro 1); *Le commissioni ducali ai rettori d'Istria (1382-1547)*, pp. 11 e 27 (per l'elenco dei formulari, rispettivamente, del registro 3 e 7); *Le commissioni ducali ai rettori della Dalmazia (1409-1514)*, a cura di A. Rizzi, con la collaborazione di U. Cecchinato, D. Dibello e G. Giamboni, Roma 2018, pp. 11-12 (per l'elenco dei formulari del registro 6).

8. E. Ivetic, *Il mare come stato*, in *Venezia e il senso del mare. Percezioni e rappresentazioni*, a cura di M. Aymard e E. Orlando, Venezia 2013, p. 4.

9. *Ivi*, p. 5.

10. L. Pezzolo, *The Venetian Empire*, in *The Oxford world history of empire*, II: *The history of empires*, a cura di P. Fibiger Bang, C.A. Bayly e W. Scheidel, Oxford 2021, p. 623.

ancestrale", ne custodì «il senso dell'appartenenza [...] delle origini, delle ascese», in un rapporto di perdurante identificazione: «i tempi di Venezia», in breve, coincisero infatti con i «tempi del suo rapporto con il mare»[11]. Perciò ufficiali e personale di galea sarebbero equiparabili a veri e propri "rettori" di traffici e rotte, essenziali quest'ultimi a definire anch'essi confini e natura della statualità veneziana. Non è un caso allora se, nel precisare gli incarichi ai capitani da mar, le commissioni riproponessero formulari e termini/concetto assimilabili a quelli delle commissioni destinate ai magistrati marittimi o di terraferma, connessi col governo di persone, oltre che con la conduzione di merci e galee («committimus tibi [...] quod [...] vadas et sis capitaneus atque rector presentium galearum iturarum ad viagium [...], quas, cum hominibus, mercationibus et bonis in eis existentibus [...] regere, conducere et gubernare debeas»), nel rispetto di valori riconosciuti e condivisi fra 'governanti' e 'governati' veneziani («sicut pro honore nostro et conservatione gentis nostre et galearum nostrarum et bonorum ipsarum videris convenire»), senza, tuttavia, alcun dubbio – com'era di norma precisato per tutti gli ufficiali lagunari – sui poteri delegati da Venezia al suo funzionario imbarcato e diretto nel Golfo od oltremare («et propterea volumus quod in omnibus negotiis habeas ita plenam libertatem» e, non bastasse, «arbitrium, sicut habent capitani galearum nostri comunis»)[12].

I formulari di commissioni: caratteri generali

I formulari editi presentano correzioni, per sviste o ritocchi dello *scriptor* originario, e aggiornamenti di mani diverse (a margine o in fondo al documento originario), frutto, dove indicato, di delibere del Senato veneziano[13]. I testi per il capitano e per il sopracomito del Golfo (testi 1 e 2) riportano in calce pressoché le stesse aggiunte[14]: l'uno in forma estesa, l'altro, invece, abbreviata con rinvii al primo[15]. Anche i formulari per i capitani delle galee da mercato (testi 3-6) presentano in calce le stesse aggiunte (due in tutto, rispettivamente del 1407 e 1412); la commissione per le Fiandre (testo 6), tuttavia, ne dà una in più (nell'edizione la n. 2, essendo interposta fra le altre) e riguarda, nello specifico, il salario del capitano. L'aggiunta n. 1, inoltre,

11. Ivetic, *Il mare come stato*, p. 4 e più in generale pp. 3-14, per la sintesi sul rapporto fra Venezia e il mare (e i rinvii bibliografici corrispondenti).

12. Cfr. qui a seguire, in particolare, la *Comissio capitaneorum galearum Flandrie*, p. 135, cap. 1.

13. Fa eccezione l'aggiunta 1 dei formulari 3-6, votata da più consigli.

14. Tuttavia non lo stesso numero. La prima commissione, infatti, ne riporta quattordici, contro dieci della seconda: in questa, infatti, mancano le aggiunte 4 e 11-14; nella prima, invece, non è presente l'aggiunta 10 della commissione per i sopracomiti. Grazie a una verifica a campione, si segnala, infine, che chi appose le aggiunte non sempre indicò correttamente le carte dei registri a cui si fa riferimento, in particolare *Rogati* (*Senato, Deliberazioni miste*) e *Rogati per mare* (*Senato, Mare*).

15. Le formule usate sono: «observabis [...] ordinem [...] ut in commissione capitanei Culphi continetur», oppure «ponatur pars posita in fine commissionis capitanei Culfi sub hoc signo».

compare in forma estesa nel formulario per il capitano delle galee di Romània (testo 3) e ad essa rinviano gli altri formulari, nei quali è, invece, in forma abbreviata[16]. Quanto appena osservato conferma l'uso di un sistema di aggiornamento per i testi del registro 4 conforme a quello riscontrato nei formulari approntati per i rettori dei domini adriatici ("trasversale", in forma estesa o abbreviata e con rinvii interni o esterni al registro 4)[17]. Le aggiunte consentono inoltre di ipotizzare, con una certa approssimazione, che l'opera di copiatura e raccolta in registro dei testi sia avvenuta dopo il 1402, anno della disposizione datata più recente inserita nei corpi originari dei testi per i capitani delle galee da mercato, e prima, almeno, del 1407, anno invece dell'aggiunta datata più antica apposta agli stessi[18].

Trattandosi di modelli in uso – scritture d'ufficio o "pragmatiche"[19] (come segnalato peraltro da croci e *manicule* marginali frequenti), corrette e riprese in più punti –, è possibile che siano stati interessati anche da riforme organiche generali (seguendo i *ponatur*/*non ponatur* a fianco di molti capitoli), delle quali tuttavia non si hanno, al momento, evidenze testuali[20]. Alcune annotazioni marginali sono il segnale di revisioni parzali, originate da una delibera consiliare, della quale si dà conto: «omnes infrascripti capituli signati hoc signo, Ç», si avverte dunque, «non ponantur, quia aliter est provisum ut patet libro Rogatorum 49, carta 115»; perciò «loco istarum partium ponantur partes que sunt ibi notate in dicto libro 49, carta 115»[21]. È probabile inoltre, data l'instabilità dei viaggi (delle rotte e degli scali stessi),

16. Con l'indicazione esatta della carta (c. 29) del formulario di Romània.

17. Il sistema di aggiornamento dei formulari per i reggimenti istriani e dalmati – con tutte le sue peculiarità e varianti – è descritto da G. Zuccarello, *Il sistema dlle aggiunte*, in *Le commissioni ducali ai rettori d'Istria e Dalmazia*, pp. 65-70, ma si veda anche A. Rizzi, *Introduzione*, in *Le commissioni ducali ai rettori d'Istria (1382-1547)*, pp. 9-10.

18. Escludendo fra le aggiunte, va precisato, l'«ordinem datum et ordinatum per dominum ducem Ianue et suum consilium ex una parte, et nos et nostrum comune ex altera» del 1375, inserito evidentemente più tardi nei formulari per il capitano e i sopracomiti del Golfo (in entrambi i casi come aggiunta 1): cfr. rispettivamente pp. 45 e 58; ma cfr. anche pp. 54-55 e 61. Per le aggiunte ai testi, si veda anche, qui a seguire, U. Cecchinato, *Descrizione del codice*.

19. Per il genere peculiare di scritture si rinvia, soprattutto, ad A. Gamberini, *Istituzioni e scritture di governo nella formazione dello stato visconteo*, in *Lo stato visconteo. Linguaggi politici e dinamiche istituzionali*, a cura di Id., Milano 2005, pp. 1-21. Nonostante formulari e commissioni avessero origine per garantire, essenzialmente, l'operatività dei funzionari veneziani (di galea o nei reggimenti), si ritiene che anch'essi possano servire all'indagine sulle scritture prodotte dalla cancelleria veneziana (Segretario alle voci) durante la nomina dei titolari degli uffici (sulle scritture veneziane di nomina degli ufficiali cfr. I. Lazzarini, *L'ordine delle scritture: il linguaggio documentario del potere nell'Italia tardomedievale*, Roma 2021, in particolare pp. 54-60).

20. A differenza di quanto rinvenuto, invece, per i formulari relativi ai rettori dei domini: in sintesi A. Rizzi, "Committimus tibi [...] quod de nostro mandato vadas": *le 'commissioni' ai rettori veneziani in Istria e Dalmazia. Nota introduttiva*, in *Le commissioni ducali ai rettori d'Istria e Dalmazia (1289-1361)*, pp. 24-25.

21. Si veda, nella presente edizione, la *Comissio capitaneorum galearum Romanie* (testo 3), p. 82, nota 141. La correzione a margine rinvia, infatti, a una disposizione del Senato veneziano, articolata in più punti, del 13 giugno 1412: cfr. ASVe, *Senato*, *Deliberazioni*, *Misti*, reg. 49, cc. 116v-118r (114v-116r

che si propendesse per correzioni e aggiustamenti *ad hoc* con cadenza anche annuale («non ponatur; ponatur sicut positum fuit anno preterito»)[22] o, comunque, scanditi dal rinnovo degli incarichi per i capitani. È possibile pure che (ipotizzando o meno riforme generali organiche) ritocchi e aggiustamenti avvenissero direttamente sulle commissioni *ad personam*, man mano che erano trascritte. Resta traccia comunque, come accennato (in particolare a margine dei testi 3-5), di ripetuti commenti, espressioni verbali (o poco più) in corrispondenza delle disposizioni che si intendevano mantenere o adattare nel testo aggiornato (*ponatur/ponatur totum usque/ponatur sed incipiatur/ponatur ut in commissione* Romanie...), o di quelle che andavano, invece, abrogate o sostiuite con nuovi provvedimenti (*non ponatur/non ponatur quia aliter est provisum/non ponatur, sed ponatur capitulum positum in commissione* Romanie.../*non ponatur, sed reformatur ut/corrigatur*...), accennando, semmai, alla ragione («non ponantur hii ordines signati quia non observantur»)[23].

La sorveglianza in Adriatico: i formulari del capitano e del sopracomito del Golfo

Il personale imbarcato sulle galee e le navi mercantili e militari veneziane era costituito da uomini di estrazione sia patrizia che popolare, nominati dal comune o privati cittadini; ciascuna funzione, inoltre, richiedeva un suo *cursus honorum* o apprendistato e nel corso del tempo poteva subire delle modifiche per natura ed estensione delle competenze. Le istruzioni affidate agli ufficiali superiori (tali erano i patrizi veneziani destinatari delle norme raccolte nel registro 4) erano particolareggiate e, come già chiarito, in continuo e rapido aggiornamento. Il capitano e il sopracomito del Golfo, nello specifico, erano ufficiali addetti a compiti di polizia marittima; le loro commissioni, in testa al registro 4 (testi 1 e 2), furono stese, come anticipato, sotto il dogado di Antonio Venier, precedentemente a quelle per i capitani delle galee da mercato, che rinviano, invece, al dogado di Michele Steno. Il capitano del Golfo (attestato, almeno, a partire dagli anni Trenta del XIV secolo) era al comando della squadra che esercitava il servizio di sorveglianza e di protezione del commercio veneziano in Adriatico e rispondeva al capitano generale del

secondo la cartulazione antica), in particolare, cc. 117rv, corrispondenti alle antiche 115rv (per sostituire i capp. 103-109 della commissione); la correzione si ritrova anche nella *Comissio capitaneorum galearum viagii Alexandrie* (testo 4), p. 108, nota 237 (per sostituire i capp. 106-113), e nella *Comissio capitaneorum galearum viagii Baruti* (testo 5), p. 131, nota 302 (per sostituire i capp. 89-96). Il rinvio alla parte del Senato del 13 giugno 1412, infine, rappresenta una delle aggiunte, in forma abbreviata, alle commissioni per i capitani delle galee da mercato (la n. 2 per i testi 3-5 e la n. 3 per il 6).

22. Così, nella *Comissio capitaneorum galearum viagii Baruti* (p. 118, nota 267), l'annotazione a margine del capitolo 40, il quale stabilisce, fra l'altro, il salario del capitano.

23. L'annotazione riguarda l'aggiunta 1 della *Comissio capitaneorum Culphi* (p. 54, nota 24), e della *Comissio supracomitorum Culphi* (p. 61, nota 59), appena ritoccata: «hic ordo non observatur, ideo non ponatur in commissione».

mare. Era eletto annualmente, d'inverno, dal Maggior consiglio, che stabiliva fra l'altro l'entità della flotta ai suoi ordini. Dai primi decenni del Cinquecento, come tutti gli ufficiali superiori di marina (e, in generale, i principali magistrati veneziani), fu tenuto a leggere in Senato una relazione di fine mandato per informarlo, non ultimo, sui pericoli rappresentati dai corsari per le popolazioni costiere (aspetto sui cui, peraltro, insisteva la sua commissione). Verso la fine del secolo XVI in tempo di pace il capitano del Golfo, di stanza a Corfù, con la sua squadra (che poteva contare da sette a dodici galee) sorvegliava l'area intorno alle isole Ionie, mentre a nord del Golfo agiva il *capitano contra gli Uscocchi* e al centro, fra l'altro, le *galee di condannati* anch'esse agli ordini di un loro capitano[24].

Il formulario di commissione per il capitano del Golfo («capitaneus generalis galearum nostrarum Culphi et omnium navigiorum nostrorum armatorum et disarmatorum») qui edito (il cui corpo originario fu compilato verosimilmente dopo il 1392) ne chiarisce, dall'inizio, lo scopo principale del mandato. Egli, infatti, doveva operare per l'onore di Venezia e, in particolare, «pro [...] persecutione piratarum in omnem partem» – impegno ribadito anche nei tre capitoli successivi –; perciò avrebbe avuto articolati poteri per gestire e governare «ipsas galeas et homines earum»[25], come emerge dalle istruzioni raccolte nel testo. Quanto alle galee e alle navi a lui affidate, o che si sarebbero potute aggiungere alla custodia, il capitano avrebbe dovuto sorvegliarne il buono stato e il corretto armamento, occuparsi della loro manutenzione e rifornimento (compreso quello «galeys Crete deputatis ad custodiam Culphi»)[26]. Più dettagliate erano, invece, le disposizioni per gli uomini affidati alla sua giurisdizione: anzitutto avrebbe goduto della discrezionalità nell'amministrare la giustizia tra il personale di bordo («rationem et iusticiam facies inter gentem tibi commissam, secundum tuam discretionem»)[27] ed eventualmente consegnato ai rettori dei distretti veneziani interessati coloro che si fossero resi responsabili di qualche reato (*excessus*) nei loro territori; inoltre era di sua competenza giustiziare chi, nel corso di una battaglia, non avesse combattuto o «secesserit a prelio, prelio non finito»[28]. Avrebbe dovuto, inoltre, controllare che i balestrieri fossero quelli previsti e armati; che tutti ricevessero le giuste razioni e la paga spettante, aumentandola a sua discrezione *hominibus de remo*, in considerazione *vilis condictionis* in cui essi versavano. Il capitano del Golfo, inoltre, avrebbe tenuto in custodia i beni di coloro che fossero morti in mare *ab intestato*. Oltre al salario e alla *familia* di "collaboratori" alle sue

24. F.C. Lane, *Storia di Venezia*, traduzione di Franco Salvatorelli, Torino 1978² (ed. orig. *Venice. A Maritime Republic*, 1973), pp. 79-80; J.C. Hocquet, *La gente di mare*, in *Storia di Venezia*, vol. *Il mare*, a cura di A. Tenenti e U. Tucci, Roma 1991, p. 518; B. Arbel, *Venice's Maritime Empire in the Early Modern Period*, in *A companion to Venetian History, 1400-1797*, a cura di E.R. Dursteler, Leiden-Boston 2013, pp. 211-212; E. Orlando, *Venezia e il mare nel medioevo*, Bologna 2014, p. 141.

25. *Comissio capitaneorum Culphi*, p. 45, cap. 1.

26. *Ivi*, p. 51, cap. 46.

27. *Ivi*, p. 46, cap. 5.

28. *Ivi*, p. 49, cap. 32.

dipendenze (sei servitori, un prete, un notaio, un cuoco, un medico, un ammiraglio, un maestro di balestra...)[29], la commissione precisa gli obblighi del capitano nei confronti dell'autorità centrale: in estrema sintesi rispettarne gli ordini, informarla all'occorrenza di quanto accadesse e, al rientro, rendicontare spese e consegnare quanto di spettanza del *comune Veneciarum*. Insieme alle competenze e agli obblighi, qualche noto divieto: tanto al capitano che al resto del personale delle galee erano interdetti il commercio e la compravendita delle derrate alimentari presenti a bordo. Il capitano, inoltre, doveva contrastare l'eventuale contrabbando di vino; gli competeva, inoltre, il controllo del carico delle navi e di quello imbarcato da passeggeri, mercanti e pellegrini. Competeva, inoltre, solo al Senato autorizzare il trasporto di ambasciatori, nunzi del comune o stranieri *notabilis conditionis*. Di particolare gravità, infine, se il capitano avesse fatto registrare personale di supporto «pro ballistario, homine de pede vel a remo»: la registrazione mendace gli sarebbe valsa l'esclusione dalla capitaneria «usque decem annos»[30].

Risale, con tutta probabilità allo stesso periodo anche il formulario di commissione per il sopracomito del Golfo, a cui era affidato il comando della singola galea, che svolgeva servizio di polizia in Adriatico. Il patrizio accedeva all'alto rango dopo un apprendistato in mare, come balestriere, di almeno quattro anni e quindi, nel periodo in esame, fra i ventidue e i ventiquattro anni (dal momento che i balestrieri erano reclutati, nel corso del Quattrocento, a venti e poi diciotto anni). Talora accadeva, però, che l'elezione al grado (decisa dal Maggior consiglio, sotto la supervisione di Senato e Collegio) precedesse addirittura di qualche anno la reale assunzione del comando[31]. Il testo approntato per la carica è più contenuto rispetto al precedente; da esso si evince, già nell'esordio, che il sopracomito era agli ordini del capitano del Golfo – riprendendo quanto accolto nella sua commissione[32]. Le istruzioni per il sopracomito, quindi, ne precisano il salario, il numero dei servitori (tre) che avrebbe potuto mantenere a sue spese, l'armamento prescritto per la galea; per il resto, ripetono, nella maggior parte, disposizioni già presenti nel testo del capitano del Golfo attinenti a entrambi gli incarichi. Perciò, brevemente, è ribadito il divieto di scambiare i ruoli fra il personale (per esempio servirsi di un soldato in funzione di cuoco, servitore o altro), di esercitare la mercatura, di caricare passeggeri *nobilis conditionis* (ambasciatori, nunzi comunali...) senza il consenso del Senato, di appropriarsi di derrate o altro destinato all'equipaggio. Ugualmente è ribadito il quantitativo di vino che capitano e sopracomito del Golfo potevano trasportare per uso personale esente da nolo. Il sopracomito, inoltre, risulta fra i destinatari della

29. *Ivi*, pp. 52-53, cap. 53.
30. *Ivi*, p. 54, cap. 59.
31. Hocquet, *La gente di mare*, p. 513.
32. Si vedano, nell'ordine, *Comissio supracomitorum Culphi*, p. 58, cap. 1: «comittimus tibi [...] quod [...] sis supracomitus ad custodiam Culphi in presenti armata, cuius est capitaneus nobilis vir ... cui capitaneo debeas in omnibus fideliter obedire»; e *Comissio capitaneorum Culphi*, p. 47, cap. 7: «Supracomiti tuarum galearum predictarum debent tibi in omnibus obedire».

disposizione contro chiunque «secesserit a prelio, prelio non finito», e, quindi, fra coloro che sarebbero stati eventualmente giustiziati («debeant perdere capita») dal capitano del Golfo[33]; con costui, d'altra parte, il sopracomito avrebbe condiviso la stessa interdizione decennale dall'ufficio, nel caso in cui fra i «caniparii, seschalchi, cochi et familiares» imabrcati sulla sua galea avesse registrato (e retribuito) «aliquis de predictis pro ballistario, homine de pede vel a remo»[34].

"Viaggi" commerciali (secoli XIV-XVI): i formulari dei capitani di galea

I convogli commerciali organizzati dallo stato marciano nei secoli XIV-XVI – e diretti, attraverso il Mediterraneo, in Atlantico fino alle Fiandre o nel Mar Nero fino alle coste del Mar d'Azov – costituirono il cosiddetto sistema delle mude. Un sistema, allo stesso tempo, dalle finalità e caratteristiche mercantili e militari (a protezione del sistema stesso), reso possibile da uno stretto intreccio fra pubblico e privato, e sviluppato a tutela e incremento soprattutto del commercio di lusso e a vantaggio del ceto patrizio. La navigazione di linea veneziana si definì, quindi, nella prima metà del Trecento e tale rimase grosso modo fino ai primi decenni del Cinquecento (quanto durarono le mude). Nel 1321, in particolare, il Senato emanò *l'ordo galearum armatarum*, l'ordinamento generale dell'intero sistema: la nuova legge assegnava l'organizzazione del traffico di linea in esclusiva al comune e, attraverso gare d'appalto, a privati cittadini, patrizi (in qualità di patroni di galea), l'organizzazione e l'utilizzo commerciale dei viaggi. Ciononostante le linee di traffico, i viaggi annuali per una stessa destinazione, il numero delle galee per convoglio mutarono spesso nel corso del tempo, risentendo di volta in volta dei mutati equilibri politici delle aree interessate o dei successi della concorrenza, a cui Venezia cercava di opporsi e adattarsi con azioni compensative, sopprimendo scali, deviando rotte o aprendone nuove. I primi convogli veneziani partirono già alla fine del Duecento verso le Puglie, la Romània e, ancora, Cipro e l'Armenia, ma è nel corso del Trecento che si svilupparono le principali linee orientali e occidentali, a cui se ne sarebbero aggiunte nuove nel corso del Quattrocento. A cavallo fra i due secoli, dunque (periodo a cui risalirebbe la composizione dei formulari qui editi), le rotte erano sostanzialmente quattro: per la Romània (con sosta principale a Costantinopoli e prosecuzione nel Mar d'Azov), la Siria (con destinazione Beirut), l'Egitto (con terminale ad Alessandria) e quindi, verso occidente, per le Fiandre[35].

33. *Comissio supracomitorum Culphi*, p. 58, cap. 5.

34. *Ivi*, pp. 60-61, cap. 18.

35. Sulle mude veneziane (origini, sviluppi e organizzazione) gli studi sono molti; si segnalano qui soltanto (anche per i rispettivi rinvii bibliografici): Lane, *Storia di Venezia*, pp. 148-158; B. Doumerc, *Le galere da mercato*, in *Storia di Venezia*, vol. *Il mare*, pp. 357-395; J.-C. Hocquet, *Denaro, navi e mercanti a Venezia 1200-1600*, Roma 1999, pp. 163-191; Stöckly, *Le système de l'*incanto *des galées du marché à Venise*, soprattutto pp. 93-179; S. Montemezzo, *Giovanni Foscari. Viaggi di Fiandra 1463-1464 e*

I formulari di commissioni per i capitani delle galee mercantili trascritti nel registro 4 (testi 3-6) confermano tale articolazione: si tratta, come anticipato, delle istruzioni affidate ai capitani *viagii Romanie*, *Alexandrie*, *Baruti* e *Flandrie*. Il capitano, è noto, era il comandante della muda (il convoglio in partenza) e il "legale rappresentante" del *comune Veneciarum* col compito di fare rispettare le regole dell'incanto – l'*instrumentum* statale che autorizzava i privati allo sfruttamento commerciale del singolo *viagium* secondo disposizioni precise del Senato (cui si accennerà in seguito) –; per gli equipaggi, inoltre, il capitano fungeva da elemento di garanzia in caso di disaccordo e dispute con i rispettivi patroni (gli appaltatori e comandanti delle galee). Eletto dal Maggior consiglio fra i patrizi che si erano già distinti – e che aspiravano all'incarico per le ulteriori possibilità di carriera offerte e l'alto reddito garantito –, aveva autorità su tutte le questioni marittime, militari, nonché diplomatiche del *viagium*, grazie anche all'aiuto e alla collaborazione di altri ufficiali e uomini di mare, ciascuno con compiti specifici e differenziati. Nelle colonie veneziane, divenute nel frattempo scali per le mude, i capitani, insieme ai consoli veneziani (anch'essi membri del patriziato, incaricati di rappresentare il *comune* nei rapporti con le autorità locali, regolati da trattati di pace e accordi commerciali)[36], facevano «il punto della situazione politica e delle condizioni del mercato»; erano, inoltre, portavoci «delle istruzioni in materia di legislazione finanziaria ed economica deliberate dal Senato». In breve entrambi «fungevano da organi esecutivi del potere centrale oltremare, responsabili dei contatti con la sovranità locale e i suoi ufficiali al fine di scongiurare incidenti all'arrivo delle galee»[37]. Alla partenza il capitano saliva su una delle imbarcazioni estratte a sorte o scelta, in accordo, dai patroni; gli veniva, inoltre, affidata copia del "capitolato" d'asta (l'incanto) e la commissione in cui erano precisati, come si accennerà, natura, contenuti e limiti delle sue competenze. Al rientro, invece, era tenuto (anche lui) a presentare in Senato una relazione sul comportamento di patroni e ufficiali, eventuali incidenti di percorso, le operazioni commerciali svolte, il prezzo delle merci trattate, ma anche «le opinioni e inclinazioni delle popolazioni con le quali i mercanti erano entrati in contatto»[38].

Dai formulari per i capitani dei convogli mercantili si ricavano, anzitutto, destinazioni e tappe dei rispettivi viaggi (soltanto alcune in realtà di quelle frequentate, s'intende, nel periodo di validità dei testi editi). Quello in Romània (testo 3) avrebbe

1467-1468, Venezia 2012, pp. 39-49; Orlando, *Venezia e il mare*, pp. 127-134; B. Doumerc, *El dispositivo naval de la flota mercantil veneciana: las mude de galeras (siglos XIV-XV)*, in *Navegación institucional y navegación privada en el Mediterráneo medieval*, a cura di R. González Arévalo, Granada 2016, pp. 77-104.

36. In generale sui consoli veneziani oltremare: E. Orlando, *Venezia, il diritto pattizio e il commercio mediterraneo nel basso medioevo*, «Reti Medievali Rivista», 17, 1 (2016), pp. 3-33; nello specifico G. Ortalli, *Una comunità in terra islamica: la colonia veneziana di Tunisi e la fluidità di un rapporto*, in *Comunità e società nel Commonwealth veneziano*, a cura di G. Ortalli, O.J. Schmitt, E. Orlando, Venezia 2018, pp. 69-94.

37. Sui capitani, Doumerc, *Le galere da mercato*, pp. 362-364 (le cit. alle pp. 362-363); sul personale imbarcato, invece, *ivi*, pp. 481-526, ma anche Montemezzo, *Giovanni Foscari. Viaggi di Fiandra*, pp. 49-50; Orlando, *Venezia e il mare*, pp. 139-141.

38. Hocquet, *La gente di mare*, p. 485.

raggiunto, attraverso il Mar Nero (*Mare Maius*), la Tana, propaggine nord-orientale del Mar d'Azov[39]; tappe ulteriori erano (stando al testo) Corfù, Chiarenza, Modone e Corone, Negroponte, Costantinopoli e Trebisonda[40]. La linea fu attiva dalla fine del secolo XIII – sviluppando le relazioni veneziane risalenti con Bisanzio, soprattutto dopo la quarta crociata –, ma fu soggetta a continue variazioni a causa della perturbata situazione internazionale (le guerre con Genova, l'avanzata turca...); alle tappe ordinarie altre infine, più o meno occasionali, se ne aggiunsero (sul Mar Nero, nel corso del Quattrocento: Maurocastron, Sinope e Simisso, l'odierna Samsun) per assicurare regolarità e profitti ai commerci[41].

Le galee *ad viagium Alexandrie* avrebbero raggiunto, invece, la città egiziana. Il formulario (testo 4), inoltre, dà istruzioni per brevi soste a Corfù, Modone e Corone e soprattutto, «pro subventione mercatorum Crete», di fare scalo nell'isola greca e di caricare le eventuali merci dirette ad Alessandria («ad levandum ballas et mercimonia que de hinc mittuntur illuc»); lo stesso sarebbe avvenuto al rientro della muda, ma a discrezione del capitano («in reditu vero tuo, relinquimus in libertate tua eundi vel non eundi, sicut tibi melius videbitur»); la sosta a Creta sarebbe stata istruita anche per lettera, consegnata direttamente al comandante del convoglio[42]. La linea di Alessandria fu avviata all'inizio del Trecento, imponendo a Venezia di mediare costantemente fra l'interesse a mantenere aperte le relazioni con l'Egitto e le interdizioni papali, cui non poteva sottrarsi. La linea si sviluppò soprattutto nella seconda parte del secolo e nel successivo, per compensare le difficoltà del *viagium* in Romània e nel Mar Nero; quando fu sospesa (dal 1323 per un ventennio) Venezia intensificò i rapporti con Cipro e l'Armenia; per ragioni di sicurezza, infine, negli ultimi decenni del secolo XIV e soprattutto nel successivo il convoglio per Alessandria e quello *Baruti* viaggiarono insieme condividendo totalmente o in parte il percorso. Scali principali erano, oltre ai consueti lungo la costa adriatica e nel Peloponneso (Ragusa, Corfù, Modone e Corone), Creta e Cipro (dove i due convogli potevano dividersi)[43].

La linea *viagii Baruti* fu l'ultima a essere aperta nel Mediterraneo orientale, nel 1374; fino ad allora navi private navigavano insieme al convoglio per Cipro, che,

39. *Comissio capitaneorum galearum Romanie*, p. 63, cap. 1: «committimus tibi [...] quod [...] vadas et sis capitaneus presentium galearuma nostrarum iturarum ad viagium Romanie et Tane».

40. *Ivi*, pp. 64, 69, 70, rispettivamente capp. 7, 43, 46 e 50. Il testo, in realtà, non chiarisce se la tappa ultima sarebbe stata Tana o Trebisonda, probabilmente perché in quel periodo la decisione era «à la discrétion des officiers des galées»: Stöckly, *Le système de l'*incanto *des galées du marché à Venise*, p. 110.

41. Sulla linea di Romània (durata, caratteristiche sviluppi e adattamenti) *ivi*, pp. 101-119.

42. *Comissio capitaneorum galearum viagii Alexandrie*, p. 90, cap. 12: «Et ad cautellam fecimus tibi dare literas nostras continentes ad plenum subventionem factam dictis mercatoribus, quam observabis et facies inviolabiliter observari in quantum ad te spectat». Il capitolo sarebbe stato, infine, successivamente aggiornato (come segnala la nota *revideatur* posta a margine).

43. Sulla linea di Alessandria: Stöckly, *Le système de l'*incanto *des galées du marché à Venise*, pp. 130-143.

all'occorrenza, proseguiva in Siria (si parlava anche di convoglio di Cipro e Siria). Il *viagium Baruti* quindi sostituì, ampliandolo, quello per Cipro – nel periodo della sua interruzione (1373-1444)[44] – per assicurare i collegamenti con l'isola e integrare i convogli che andavano in Siria. La linea per Beirut fu una delle più regolari (fatta salva l'interruzione durante la guerra di Chioggia) su una rotta pressoché invariata dagli anni Ottanta del Trecento: con soste (influenzate, sempre, dalle circostanze) a Creta, Cipro e, quindi, Beirut, da dove alcune galee raggiungevano Tripoli, Laodicea, Giaffa e San Giovanni d'Acri; dagli inizi del secolo XV, inoltre, si regolarizzò anche la sosta a Rodi[45]. Il formulario edito (testo 5) conferma, anzitutto, che il convoglio *ad viagium Baruti* procedeva di conserva con quello di Alessandria (col quale doveva restare in contatto)[46]; esso inoltre – dopo essere transitato per Pola e Ragusa e avere sostato brevemente a Corfù, Modone e Corone[47] –, doveva fare tappa *eundo et redeundo* anche a Rodi[48]; il divieto di fermarsi a Creta sarebbe stato, invece, presto superato[49]; nessun riferimento esplicito, da notare, alla sosta a Cipro, probabilmente perché data per acquisita[50]. Restano, infine, da chiarire alcune disposizioni che rinviano al *viagium Cipri* (rimpiazzato come si è detto, in questo periodo di sospensione, dalle galee di Beirut). Dando indicazioni, per esempio, sulle modalità di carico (in pratica è il divieto di imbarcare «aliqua prohibita per Ecclesiam»), il formulario invita il capitano del convoglio per Beirut di procedere «secundum usum galearum viagii Cipri»; precisazione che, in una revisione successiva del capitolo, sarebbe stata omessa[51]. Si dispone, ancora, che sulle galee di Beirut si applichino gli stessi noli «sicut habebant galee viagii Cipri»; e analogamente che i medici imbarcati debbano percepire il medesimo compenso di quelli *viagii Cipri*[52]. In alcune istruzioni, poi, valide per tutti i patroni e i comiti delle galee da mercato, si specifica «silicet Cipri, Alexandrie, Romanie et Tane», omettendo *Baruti*[53]. In una istruzione risalente, invece, al 14 giugno 1397 (esito di una parte presa congiuntamente da Minor consiglio, Quarantia, Senato e Zonta), l'obbligo di sosta (di almeno quattro ore) anche a Co-

44. Sull'interruzione della linea di Cipro e la sua riapertura nel 1445, *ivi*, pp. 124-127.

45. Per la linea di Beirut *ivi*, pp. 143-152.

46. *Comissio capitaneorum galearum viagii Baruti*, p. 117, cap. 26, nel quale, appunto, si avverte fra l'altro il capitano del convoglio: «scias quod iste galee viagii Baruti habere debent conditionem comunicandi cum illis Alexandrie».

47. Passaggi e soste, come si è detto, comuni anche agli altri viaggi.

48. *Ivi*, p. 123, cap. 60.

49. *Ivi*, p. 114, cap. 5, nel quale si vieta al capitano: «ire in Cretam cum dictis galeys, eundo nec redeundo»; qualche tempo dopo (come chiarisce il *non ponatur* a margina), la disposizione è annullata.

50. Lo stesso avviene negli incanti dalla fine del XIV secolo: Cipro non è più menzionata, sebbene gli scali nell'isola siano diventati «habituelles sur la route de Beyrouth» (Stöckly, *Le système de l'*incanto *des galées du marché à Venise*, p. 147, ma cfr. anche p. 125).

51. *Ivi*, p. 115, cap. 12: una nota a margine, infatti («ponatur sed incipias»), avverte che il capitolo continuerà a essere in vigore, omettendo l'incipit col riferimento al *viagium Cipri*.

52. *Ivi*, rispettivamente p. 117, cap. 26 e p. 123, cap. 61.

53. *Ivi*, pp. 121-122, cap. 54 e p. 122, cap. 55.

rone sarebbe stata estesa a tutti i capitani delle galee da mercato «silicet Romanie, Baruti et Alexandrie»[54], omettendo in questo caso, invece, *Cipri*. Indizi, parrebbe, per ritenere che il formulario *viagii Baruti*, risalente al periodo della sospensione della linea per Cipro, sarebbe stato redatto utilizzando e conformandosi, almeno in parte, a quello di Cipro, quanto alle disposizioni più risalenti ancora in vigore, senza la necessità di correggere la località di riferimento del convoglio; in caso di disposizioni più recenti, invece, il testo, in quanto all'indicazione del viaggio, sarebbe risultato aggiornato.

La via delle Fiandre verso il nord Europa – aperta per fronteggiare, fra l'altro, la concorrenza italiana e le interdizioni papali che penalizzavano il commercio in Levante, nonché per sopperire all'insicurezza delle vie di terra – funse da complemento per gli scambi commerciali mediterranei in un'area dove s'incontravano due sistemi commerciali, quello del nord, dominato dall'Hansa, e quello del sud, che collegava l'Oriente al Mediterraneo. La rotta fu aperta alla fine del Duecento (1298), probabilmente grazie a navi disarmate di proprietà privata; dal 1315 sono attestati, invece, i primi convogli a partecipazione statale e dal 1322 con galee di proprietà unicamente comunale, con destinazione Bruges e Anversa; preclusi furono invece, inizialmente, i porti inglesi e francesi. I primi decenni furono di prova: la linea si assestò, infatti, progressivamente, disturbata spesso da guerre (fra tutte quella dei cent'anni e i conflitti veneto-genovesi), attacchi pirateschi e congiunture negative, che condussero anche alla sua interruzione (negli anni 1337-1356, 1360-1367 e 1377-1383); dal 1392 tuttavia, e fino agli anni Venti del Quattrocento (periodo, peraltro, nel quale si inserisce il testo qui edito) la linea funzionò regolarmente; nel decennio successivo, invece, andò nuovamente incontro a instabilità e, quindi, all'incertezza di trovare investitori privati per gli incanti[55]. Sebbene le soste fossero stabilite a ogni nuovo incanto a seconda delle congiunture politiche ed economiche, i convogli, superato l'Adriatico, facevano tappa in Sicilia (a Messina e Palermo), a Maiorca (scalo importante fin dai primi viaggi, nonostante i pirati ne infestassero le acque), Malaga, Lisbona, rimpiazzata nel secolo XV da Cadice, e, quindi, nelle Fiandre. Nel Trecento si aggiunsero anche i porti inglesi, che acquisirono importanza (su quelli fiamminghi) nel secolo successivo: Southampton e, oltrepassata Dover, se una parte del convoglio avrebbe proseguito per le Fiandre (l'Écluse, l'odierna Sluis, e Middelburg) l'altra si sarebbe diretta a Santuci (l'odierna Sandwich) e Londra. Le galee, al rientro, si sarebbero riunite e, via Maiorca e Sicilia, sarebbero rientrate a Venezia. Talora furono indicati scali ulteriori per esempio a Cadice, Malaga, Porto Pisano nel Tirreno e Corfù[56]. Il formulario per il capitano *galearum Flandrie* accenna al passag-

54. *Ivi*, p. 130, cap. 87.

55. Ciò fu a causa, probabilmente, del conflitto con Genova e Milano che rese il Mediterraneo occidentale pericoloso, dell'instaurazione del potere borgognone nel Brabante e delle difficoltà attraversate dal commercio levantino: Stöckly, *Le système de l'*incanto *des galées du marché à Venise*, pp. 152-165; Montemezzo, *Giovanni Foscari. Viaggi di Fiandra*, in particolare pp. 45-49.

56. Stöckly, *Le système de l'*incanto *des galées du marché à Venise*, pp. 159-160.

gio in Adriatico, disponendo, ad esempio, per la tratta «a Ragusio usque in Istriam» e, in particolare, per *Pola*[57]; lungo la rotta per le Fiandre, inoltre, l'approdo a Maiorca sarebbe servito anche per stabilire i dazi sulle merci trasportate[58]. Il testo informa, inoltre, che le galee sarebbero giunte nel porto allora inglese di Calais e a Middelburg; nel caso in cui in tali porti non fosse stato possibile caricare merci destinate a Venezia, il capitano avrebbe avuto facoltà, rientrando, di fare rotta verso Porto Pisano – per compensare la perdita eventuale – accompagnando personalmente le merci imbarcate verso la nuova destinazione[59]. Era lasciata, infine, a discrezione del capitano far rotta sulla Sicilia[60].

Nonostante la sua proiezione soprattutto nel Mediterraneo orientale, Venezia cercò di esercitare un ruolo anche a Occidente a cominciare, si è visto, con l'organizzazione del *viagium Flandrie.* Fu soprattutto per contrastare la concorrenza toscana e genovese nel Levante e compensare i mancati profitti che a inizio Quattrocento (nel 1412) a questo si aggiunse la muda di Aigues-Mortes (in Linguadoca), due galee per collegare i mercati del Mediterraneo occidentale (con scalo nei porti tirrenici e poi a Marsiglia, Aigues-Mortes e, quindi, Barcellona). La linea faticò a regolarizzarsi (a causa delle guerre frequenti fra Francia e Spagna e la politica antiveneziana di Luigi XI), finché nel 1494 non fu soppressa. Nel 1436 fu inaugurato, invece, il viaggio di Barberia, a completamento delle rotte di navigazione nel Mediterraneo occidentale con destinazione l'Ifriqiya (e soste a Tripoli e Tunisi) e la Spagna (in Aragona). Ebbe fortuna alterna, soprattutto a causa degli attacchi della pirateria nord africana, che ridussero il volume dei traffici e turbarono gli equilibri politici, finché non si decise per la soppressione nel 1533. Infine, negli anni Sessanta del Quattrocento (1462), fu istituita la muda del *traffego* – che collegava i porti del nord Africa a quelli egiziani (arrivando talora fino a Beirut) –, anche su pressione dell'emirato hafside della Tunisia, che così era messo direttamente in comunicazione col Levante[61]. Di questi viaggi non sono stati rinvenuti, al momento, testi formulari per i rispettivi capitani, né nel registro 4 (composto, come si è ipotizzato, fra il 1402 e il 1407 – precedente-

57. *Comissio capitaneorum galearum Flandrie*, p. 147, cap. 56 e p. 149, cap. 62.

58. Quando si dispone che «de omnibus mercationibus cuiuscumque conditionis existant et sint quorumcumque vellint, que mittentur cum galeys vel navigiis nostris ad viagium Flandrie et a Maioricis supra, solvi debeat media pro centenario nostro comuni» (*ivi*, p. 145, cap. 47).

59. *Ivi*, p. 138, cap. 20: «ordinatum est [...] pro maiori comodo et utilitate dictarum galearum, quod si ipse galee in Flandria vel Medelborgo vel ad Cales non haberent suum caricum pro Venetiis, tunc [...] possint recipere cuilibet qui presentaret pro portu Pisano, solvendo nabulum de omnibus que caricarentur, ut est ordinatum pro Venetiis. Et in casu quo reciperent aliquid pro dicto loco, teneris tu capitaneus cum dictis galeys ire ad dictum locum ad deponendum predicta».

60. *Ivi*, p. 139, cap. 23: «relinquimus in libertate tua faciendi viam que tibi melior videbitur cum dictis galeys de extra Siciliam sive de intus».

61. Per un inquadramento di massima delle mude più tarde quattrocentesche Stöckly, *Le système de l'*incanto *des galées du marché à Venise*, pp. 165-175; si vedano anche Montemezzo, *Giovanni Foscari. Viaggi di Fiandra*, pp. 43-45; Orlando, *Venezia e il mare*, p. 132.

mente all'istituzione delle nuove linee di traffico, immagine, si è detto, dell'assetto dato alle linee di stato in quel periodo), né in altri fondi o registri[62].

Quanto alla natura delle istruzioni per i capitani delle galee commerciali qui edite, ci si limiterà ad alcune considerazioni di carattere generale. I formulari si presentano in forma ampia e articolata, con numerose istruzioni in comune, sebbene trascritte non nello stesso ordine – si tratta, nello specifico, di delibere consiliari esplicitamente o implicitamente valide per tutti i capitani delle galee da mercato[63]. I testi, inoltre, contemplano un ampio ventaglio di questioni, riconducibili, tuttavia, ad alcuni ambiti d'intervento specifici: oltre al mandato vero e proprio a nome del doge in carica, si dispone, in particolare, sulle attribuzioni del capitano (diritti e doveri, fra i quali, come già accennato, quello relativo alla giurisdizione sugli uomini della flotta), sull'armamento, in parte anche sulla rotta (in questo caso le istruzioni differiscono da un viaggio all'altro), l'equipaggio (sono indicate le incombenze del capitano nei suoi riguardi, ma anche quelle di alcuni ufficiali o dei patroni). Ancora si dettano regole per la vita di bordo (in particolare per la distribuzione delle razioni alimentari e le rassegne periodiche degli uomini e delle armi imbarcate...), per il carico (indicando merci consentite e non, e modalità di segnatura e distribuzione del carico sulle galee e di imbarco dei mercanti...), e soprattutto per la definizione e registrazione di noli e diritti doganali, così come per indicare dove e da chi sarebbero stati riscossi ed eventuali esenzioni[64].

È evidente che una parte delle istruzioni, invece, caratterizzasse ciascun formulario (e, quindi, il testo consegnato ai capitani in partenza su quella rotta). Per esempio quando si dispone su scali o merci: così, ad esempio, si ritrovano soltanto nel formulario per il viaggio in Fiandra le norme relative ai quantitativi massimi caricabili, rientrando a Venezia, «de rame, autem, stagno, ferro et alio metallo»; oppure le disposizioni sui dazi a cui sono soggette le merci trattate, fra l'altro, con Maiorca; o, ancora quanto previsto per il corretto trasporto della «lana de Anglia et Flandria» nella città lagunare (con la determinazione del periodo migliore per il viaggio via mare, invece che via terra). Nel contempo è possibile inserire istruzioni riservate ad alcuni capitani soltanto, o dettate da particolari contingenze: come quella per il capitano *viagii Baruti*, che nella sosta a Rodi avrebbe dovuto assolvere a un incarico delicato per salvaguardare i buoni rapporti coi signori locali («tenere illos pro amicis nostris»). Avrebbe impedito, infatti, che i suoi uomini sottraessero

62. Diverso il discorso per le commissioni *ad personam*, di cui restano esemplari sia nei registri del Senato, sia in forma di libello, consegnati ai capitani in partenza e conservati, successivamente, per lo più negli archivi familiari (per alcuni esempi si veda *infra*).

63. Tali parti comuni (intorno al 50% del totale) presentano solo alcune varianti minime da un testo all'altro: inversioni di termini, alternanze grafiche, variazioni dei modi e tempi verbali, abbreviazioni di espressioni formulari, omissioni contenute (una parola, una clausola o la parte introduttiva di una delibera consiliare).

64. Una sintetica rassegna dei contenuti, in particolare, del formulario per il capitano delle galee di Romània, anche in Stöckly, *Le système de l'*incanto *des galées du marché à Venise*, pp. 64-70.

dall'isola schiavi e servi da imbarcare sulla flotta veneziana; punito gli eventuali contravventori e fatto scendere a terra «illos tales sclavos et sclavas et servos»; il capitano infine avrebbe comunicato, per lettera, «regimini Rodi [...] illud quod fecerit, et ubi dimiserit [...] sclavos, sclavas et servos predictos», in modo tale che i loro legittimi 'proprietari' potessero, facilmente, recuperarli; tutto ciò, si precisa, sarebbe avvenuto a spese dei patroni colpevoli del sequestro e di avere dato accoglienza sulle rispettive imbarcazioni[65]. Un esempio ancora. Riguarda, nello specifico, il capitano delle galee di Alessandria attenersi a quanto disposto dal pontefice «pro navigando ad terras soldani». Della speciale concessione a favore di Venezia il capitano, per sua *informatione*, avrebbe ricevuto copia da riconsegnare al rientro[66]. In realtà anche il capitano *viagii Baruti* avrebbe ricevuto, *ad cautellam*, copia della concessione «de navigando ad terras soldani», oltre al divieto di «recipere aliqua prohibita per Ecclesiam eundo»[67]. La situazione nell'area, tuttavia (come accadeva spesso e da tempo), poco sicura e non sempre economicamente vantaggiosa, era tale da costringere Venezia a intervenire. Se ne trova traccia, ancora, nel formulario *viagii Baruti*, che aggiornava le sue istruzioni. A causa, infatti, dei *pericula*, *mala* e *damna* occorsi (e che sarebbero potuti occorrere) «in partibus Alexandrie et aliis locis subditis soldano», il governo veneziano si risolse di vietare l'acquisto di *mercationes* nelle terre interessate e trasportarle a Venezia[68]. Restrizioni, peraltro, che sarebbero state recepite, in seguito, anche per il viaggio di Alessandria[69].

Quanto ai contenuti, è necessario segnalare, inoltre, le analogie con gli incanti (cui si è già accennato), gli *ordines* del Senato – deliberati in seguito all'assegnazione delle galee da mercato ai privati – per stabilire nel dettaglio le modalità di viaggio dei convogli di stato. Anche in questi si decideva, fra l'altro, su soste (numero e durata), patroni (obbligati, soprattutto, a tenere i conti), ma anche capitani (soggetti, invece, alla registrazione dei noli e alla loro riscossione) ed equipaggi (sui salari ed eventuali privilegi); si deliberava sulle condizioni di viaggio e di armamento delle galee, su merci e noli... In aggiunta gli *ordines* determinavano anche sovvenzioni

65. *Comissio capitaneorum galearum viagii Baruti*, pp. 128-129, cap. 84.

66. *Comissio capitaneorum galearum viagii Alexandrie*, p. 104, cap. 91: «Fecimus tibi dari exemplum litterarum papalium de gratia nobis concessa [...]; verum in tuo reditu Venetias ipsum exemplum curie nostre debeas ressignare».

67. *Comissio capitaneorum galearum viagii Baruti*, p. 115, cap. 12.

68. *Ivi*, p. 125, cap. 71: «Quia multa pericula et mala et damna secuta sunt [...] propter credentias que accipiuntur per nostros [...] et utile sit [...] providere, quia stricture hucusque facte super hoc non sint sufficientes, vadit pars quod [...] expresse prohibeatur quod de cetero nullus Venetus [...] audeat [...] in Alexandria vel in aliquibus terris vel locis subditis soldano Babilonie, emere vel accipere aliquas mercationes ad terminum, in collegantia, credentia vel per viam mutuy [...] sub pena perdendi torum, in quo fuerit contrafactum, cum omnibus aliis ligaminibus, stricturis et conditionibus contentis in parte nova contrabbannorum».

69. Dal formulario (e dalle commissioni), infatti, sarebbe stato cassato il capitolo 91, relativo alla concessione papale per le terre soggette al soldano, come il *non ponatur* apposto successivamente a margine segnala: *Comissio capitaneorum galearum viagii Alexandrie*, p. 104, nota 221.

eventuali, misure specifiche per garantire profitti; potevano, inoltre, indicare gli assegnatari dell'incanto, il prezzo da pagare e gli eventuali garanti...[70]. Data l'incertezza, si è detto, delle condizioni generali, che influivano anche annualmente sulle partenze e le rotte dei convogli, il confronto andrebbe fatto fra commissioni e incanti relativamente agli stessi anni e viaggi, per poterne comprendere correttamente il nesso. Pur disponendo su molte questioni in comune, tuttavia, le une si focalizzavano principalmente sulla figura e gli obblighi del capitano (presente al *viagium* in rappresentanza dello stato), gli altri, invece, mettevano al centro l'impresa commerciale (oltre ai privati, i patroni appunto, che se ne facevano materialmente carico). Si tratterebbe, detto altrimenti, di testi fra loro complementari, la cui attinenza – senz'altro da riconsiderare[71] – è documentata, anzitutto, dai ripetuti richiami agli *ordines* nei formulari editi. Non solo. Il capitano durante la navigazione, prima che il convoglio superasse Pola, era tenuto a nominare tre mercanti per galea, i quali, sotto giuramento, avrebbero dovuto assicurarsi che i patroni si attenessero alle regole dell'incanto, denunciando al capitano i contravventori. A supporto dei mercanti designati, il capitano avrebbe consegnato loro copia degli *ordines*, ricevuti alla partenza dagli Ufficiali del Levante[72]. Qualcosa in più (su tale complementarità o interdipendenza testuale) si desume dalle commissioni *ad personam*, recanti in calce alle disposizioni per il capitano – in alcuni degli esemplari superstiti esaminati – i *Capitula incantus*[73]; talora, inoltre, insieme ai nuovi deliberati per il convoglio in partenza, la commissione recupera *capitula contenta* in incanti precedenti, ancora in

70. Sulla vicinanza fra formulari e incanti anche Stöckly, *Le système de l'*incanto *des galées du marché à Venise*, pp. 51-57.

71. Così pure l'eventuale nesso con i giuramenti dei patroni (di cui, peraltro, non sarebbero pervenute molte attestazioni) e gli statuti marittimi del secolo XIII (di cui resterebbe qualche traccia negli stessi incanti): *ivi*, pp. 62 e 69, nota 73. Da ultimo sarebbe utile comprendere anche la relazione fra formulario e commissione, quanto effettivamente rientrasse nel testo nominativo e, come già accennato, se quest'ultimo fosse aggiornato effettivamente a ogni viaggio e in che misura.

72. «Teneris [...] antequam transeas Polam constituere tres de magis idoneys et sufficientibus mercatoribus nobilibus pro qualibet galea [...] Qui tres [...] teneantur, astricti per sacramentum [...] inquirere et investigare, scire et examinare, si patroni galearum observant ordines terre [...]; et de omnibus que scient patronos non servare ordines, debeant manifestare tibi capitaneo per sacramentum [...] Et ut possint melius scire ordines, tu capitaneus, antequam de Venetiis recedas, tenearis accipere ab officilibus Levantis ordines terre omnes pertinentes dictis galeys, quos officiales dare debeant in scriptis, et quos tu capitaneus dari facias dictis tribus constituendis pro qualibet galea»: *Comissio capitaneorum galearum Romanie*, pp. 66-67, cap. 20; ma lo stesso anche nella *Comissio capitaneorum galearum viagii Alexandrie*, p. 92, cap. 29; e nella *Comissio capitaneorum galearum viagii Baruti*, pp. 115-116, cap. 16.

73. ASVe, *Collegio, commissioni ai rettori e altre cariche*, b. 2, n. 36, *Commissione al capitano delle galee di Barberia (del 1508)*, cc. 8r-25v. Cfr. anche Venezia, Biblioteca Museo Correr, (in seguito BMC), ms. classe III, 61, *Commissione del doge Leonardo Loredan a Giovanni Moro eletto capitano delle galee per un viaggio di traffico (1509, 5 febbraio)*: in calce alla commissione, i capitoli dell'incanto, come ricorda anche la *tabula incantus* (cc. 29v-30v).

vigore, riportandoli per esteso[74] o dando avviso («Item tuti altri ordeni dei incanti passadi non repugnate al presente incanto se intenda in questo incanto»)[75].

Il capitano allora, con funzione di raccordo fra lo stato marciano e i privati appaltatori delle galee da mercato, fungerebbe da garante dell'incanto per la buona riuscita del viaggio.

Conclusione

Alcune attestazioni conclusive sui capitani di galea chiariscono ulteriormente natura e peso del loro ufficio. Si trattava, dunque, di patrizi veneziani con autorità ad ampio raggio sulle questioni riguardanti il *viagium* o l'incarico a cui erano stati assegnati, non ultime quelle diplomatiche. Piuttosto che a «un ambassadeur»[76] in senso stretto, designato in Maggior consiglio alla capitaneria, si pensi piuttosto al comandante di un convoglio di stato con delega oltre che sulle faccende correnti (relative all'impresa commerciale e alla difesa del viaggio o, se inviato nel Golfo, alla polizia sul mare), anche su affari straordinari o che rientravano nella sfera delle relazioni e delle intese internazionali. Lo confermano le stesse commissioni. A metà Trecento il bano di Slavonia, ad esempio, per suo *specialem ambaxiatorem* si era lamentato dei danni perpetrati dalle navi dello stato lagunare contro beni e proprietà appartenenti ai suoi sudditi. Aveva chiesto perciò al governo veneziano, «pro conservatione amoris et pacis», di provvedere; e questi, con delibera del Senato, aveva interdetto a tutte le sue navi «transeundo per insulas et partes Sclavonie» di commettere qualsivoglia «dam<n>num vel violentiam aliquam in animalibus vel aliis bonis partium predictarum»[77]. La parte del Senato (del 17 giugno 1359) – emanata in realtà per tutti i *navigia armata vel disarmata* marciani – fu inserita nella commissione del capitano del Golfo, il quale, chiaramente, ne avrebbe dovuto garantire l'osservanza. Superiore ancora, si è appurato, la collaborazione richiesta al capitano *viagii Baruti* nel mantenere buoni rapporti con i signori di Rodi: in prima persona, infatti, avrebbe impedito che i suoi uomini rapissero dall'isola servi e schiavi da caricare sulla flotta, punito gli eventuali colpevoli e, infine, favorito il recupero, da parte dei legittimi signori, di quanti fossero stati sottratti indebitamente[78]. Poteva

74. *Commissione al capitano delle galee di Barberia (del 1508)*: alle cc. 9r-25v i *capitula incantus* del 1508; alle cc. 25v-26v, invece, quelli del 1497-1498.

75. BMC, ms. classe III, 50, *Commissione del doge Andrea Vendramin a Nicolò Muazzo eletto capitano di due galee dirette alle Acque Morte (del 1478)*, c. 17v. L'avvertenza è posta in calce all'incanto: «Sequitur incantus, die 24 ianuarii 1477, in Rogatis» (cc. 15r-17v).

76. Per Stöckly, *Le système de l'*incanto *des galées du marché à Venise*, p. 59, gli incanti indicherebbero, tra gli eleggibili alla carica, anche ambasciatori.

77. *Comissio capitaneorum Culphi*, pp. 53-54, cap. 58.

78. Cfr. *supra* e Stöckly, *Le système de l'*incanto *des galées du marché à Venise*, p. 69, per un paio di altri esempi.

accadere, inoltre, che incarichi straordinari o delicati richiedessero mandati più riservati o particolari. Un esempio per tutti, che rinvia alle relazioni fra Venezia e il regno di Tunisi, regolate fin dal 1231 da un trattato, alla base di tutti gli accordi successivi. In realtà furono, a tutti gli effetti, dei rinnovi dell'antico trattato (sebbene non mancassero nel tempo aggiunte e aggiornamenti), stipulati quasi sempre in anticipo rispetto alle scadenze prefissate e, in genere, con l'avvicendamento al trono hafside. Il patto veneto-tunisino assicurò, in breve, sicurezza e protezione agli alleati e alle loro merci e regolamentò la vita della comunità veneziana nel regno hafside[79]. Daterebbe al 1456 l'ultimo rinnovo: una convalida (senza ripeterne gli articoli) degli obblighi preesistenti di durata trentennale. Si ritiene, infine, che «in mancanza di altri rinnovi, forse rimase come riferimento anche in seguito», cioè fino al 1535, anno in cui furono soppresse le linee di navigazione per la Barberia e «cessarono i rapporti ufficiali fra Venezia e Tunisi»[80]. È possibile, in effetti, che non si sia più arrivati a un nuovo accordo scritto, ma sicuramente, almeno da parte veneziana, la situazione era monitorata e i tentativi furono fatti, proprio attraverso i capitani dei convogli commerciali, i maggiori beneficiari di tale politica pattizia. Data, infatti, 11 giugno 1482 una prima "commissione" a Michele Salomon, capitano *galearum Barbarię*, nella quale si accennava, anzitutto, ai problemi insorti in merito alla "pace" trentennale fra i due contraenti, prima della scadenza (nel 1486). Perciò in Collegio si era deciso di «constituere oratorem [...] in hac materia», il Salomon, appunto. Erano stati i mercanti stessi a riferire delle violazioni («pax ipsa sit iam finita, sicut nostri mercatores scribunt»). L'"oratore" veneziano avrevbbe dovuto adoperarsi perché il sovrano facesse rispettare gli accordi fino a scadenza («placeat sui maiestati iubere ut pax ipsa usque ad statutum tempus servetur»). E, ancora, si ribadiva all'"oratore" che «omni studio, diligentia et dexteritate» s'impegnasse «pacem ipsam de novo instaurare [...] cum illis capitulis [...] qui continentur in pace ipsa» – di cui avrebbe ricevuto copia per sua *particulari informatione* –, almeno «per alios tres annos» (il termine appunto concordato). La fiducia nel Salomon però era tale che, qualora avesse colto il sovrano ben disposto «ad confirmationem et prorogationem», gli si dava ulteriore mandato di rinnovare l'accordo per altri trent'anni («volumus quod [...] in refirmando et restaurando pacem ipsam, si poteris, per alios XXXta annos proxi-

79. I primi rinnovi avvennero negli anni 1251, 1271, 1305 e 1317; non si esclude (sebbene non se ne abbia riscontro documentario) che lo stesso avvenisse nel 1332; ulteriori rinnovi ancora negli anni 1391, 1427 e 1438. Dopo quest'ultimo ostacoli interposti da ambo le parti ritardarono la successiva conferma (il ritardo sarebbe imputabile – stando alle fonti – agli attacchi della pirateria barbaresca, al ricorso al diritto di rappresaglia in violazione del trattato, ancora, alla cattura per mano aragonese di due ambasciatori tunisini che viaggiavano su navi veneziane e, infine, alla detenzione di mercanti della Serenissima a Tunisi). Per l'edizione degli accordi e un loro inquadramento: *Venezia e il regno di Tunisi. Gli accordi diplomatici conclusi fra il 1231 e il 1456*, a cura di F. Girardi, Roma 2006, in particolare pp. 7-11; per la comunità veneziana a Tunisi, invece, G. Ortalli, *Una comunità in terra islamica: la colonia veneziana di Tunisi e la fluidità di un rapporto*, in *Comunità e società nel commonwealth veneziano*, a cura di G. Ortalli, O.J. Schmitt ed E. Orlando, Venezia 2018, pp. 69-93.

80. *Venezia e il regno di Tunisi*, pp. 10-11.

mos») o per quanto più tempo gli fosse stato possibile, alle condizioni della pace esistente[81]. La cosa si ripeté qualche anno più tardi. Con un'altra "commissione" speciale *ad personam* il Collegio, il 13 marzo 1489, affidò l'incarico a Pietro Dolfin, capitano *galearum traffici*, di presentarsi, credenziali alla mano, al nuovo emiro di Tunisi (verosimilmente Abd al-Mu'min) e «conferir alla presentia soa come ambassador». Nella "commissione" i dettagli dell'incarico: anzitutto si sarebbe congratulato «dela felice creatione et stado de sua magestà», avrebbe quindi raccomandato al sovrano galee, mercanzie, nonché la nazione veneziana a Tunisi, pregandolo che tutti fossero «trattadi et accomodadi come sempre è sta' consueto» (con riferimento, evidentemente, ai patti). Infine quel che premeva maggiormente: il rinnovo del trattato («Et demum rechiederai cum accomodate parole la confirmation di capitoli nostri che havevamo cum li serenissimi precessori suo»), per garantire continuità alle imprese commerciali veneziane («azò che le galie et mercadanti nostri possino cum prompto et lieto animo perseverar et frequentar li sui comercii»)[82]. Infine, il 23 marzo 1490, un'ulteriore "commissione" affidata a Francesco Querini, capitano delle galee del traffico, avrebbe riconfermato le richieste dei precedenti mandati. Giunto a Tunisi avrebbe dovuto incontrare il sovrano[83] («conferir a la presentia soa») e, «come ambassador», difendere le ragioni consuete della Serenissima; soprattutto, si diceva, gli avrebbe dovuto ricordare il rinnovo dei patti («cum accomodate parole la confirmatione di capituli nostri che havemo cum li serenissimi precessori suo»), a beneficio degli imprenditori marciani (cosicché potessero «cum prompto et lieto animo perseverar et frequentar li sui commerci»). Da ultimo (è la novità di questa "commissione") il Querini avrebbe chiesto la liberazione di veneziani nel frattempo «fati schiavi over prexoni». Tutto ciò, si conclude, lo richiede «l'amicitia nostra et la vetustissima observantia et consuetudine»[84]. Forse alla fine, in assenza di ulteriori indizi, furono sufficienti impegni verbali o piuttosto scritture meno formali (lettere), andate perdute, che ribadivano quanto pattuito negli ultimi rinnovi.

Testimonianze dunque, per concludere, che segnalano nello specifico i capitani delle flotte veneziane come "funzionari" esperti, con competenze maturate in diversi settori (certamente durante precedenti incarichi), capaci, perciò, di guadagnare fiducia e rispetto presso il governo veneziano, il quale non esitò a impegnarli, all'occorrenza, in incarichi diversi, delicati, ma anche di prestigio. Figure che meritano senz'altro ulteriore attenzione (per le loro qualità, attitudini, formazione), così come gli strumenti (istruzioni, formulari, "commissioni"...), di cui furono dotati per adempiere i loro compiti.

81. ASVe, *Secreta*, *Collegio*, *commissioni*, reg. 2 (1482-1495), cc. 15r-16v. Il fondo, costituito da 8 registri (dei quali non esiste indice, se non uno parziale soltanto del primo), raccoglie commissioni *ad personam* per incarichi diversi e particolari anche a rettori e altri ufficiali di terraferma e da mare.

82. *Ivi*, cc. 129v-130v.

83. È possibile che l'emiro fosse, allora, Abu Yahya Zakariyya II.

84. *Ivi*, cc. 136rv.

Umberto Cecchinato

Descrizione del codice

Il codice edito in questa sede è conservato presso l'Archivio di Stato di Venezia nel fondo *Collegio*, *Formulari di commissioni*, registro 4. È composto e organizzato, e raccoglie i seguenti sei testi normativi assegnati agli ufficiali delle galee veneziane, militari e commerciali.

1.	Commissione del capitano del Golfo	cc. 3r-9v
2.	Commissione del sopracomito del Golfo	cc. 11r-13r
3.	Commissione del capitano delle galee di Romània	cc. 15r-29v
4.	Commissione del capitano delle galee di Alessandria	cc. 33r-47r
5.	Commissione del capitano delle galee di Beirut	cc. 51r-64r
6.	Commissione del capitano delle galee di Fiandra	cc. 67r-77v

I testi delle commissioni risalgono al periodo compreso tra 1382 e 1413, come si ricava dalle intestazioni ai dogi Antonio Venier (1382-1400) e Michele Steno (1400-1413). Al primo sono intestate le commissioni del capitano e dei sopracomiti del Golfo, al secondo quelle dei capitani delle galee da mercato inviate in Romània, ad Alessandria, Beirut e Fiandra. Negli anni le commissioni furono integrate con alcune aggiunte, la più tarda delle quali risale al 1472 ed è contenuta nella commissione del sopracomito del Golfo. Il codice può essere stato composto, come si dirà, dopo il 1402.

L'aspetto odierno

Attualmente il codice si presenta con le dimensioni di circa 310x230x30mm, legato in una coperta di cartone con indorsatura in pelle a coprire 1/8 dei piatti. L'indorsatura non presenta decorazioni e ospita tre etichette, parzialmente deteriorate, con vecchie segnature archivistiche. Sul piatto anteriore compare la scritta *Commissioni osia instruzioni ai ministri della Republica Veneta appartenente all'Archivio della Canceleria Secreta, anno 1429*, la cui mano sembra risalire alla fine del XVIII secolo. Il codice era chiuso con una corda di tela verde, attualmente spezzata, posta al centro del lato lungo dei piatti anteriore e posteriore.

Il codice è costituito complessivamente da 68 carte. Sono presenti tre carte di guardia: all'inizio una guardia cartacea riportante varie annotazioni archivistiche[1] e una guardia pergamenacea contenente inscrizioni di mani diverse e un indice dei contenuti; alla fine una guardia cartacea. I testi sono registrati nelle 65 carte pergamenacee che compongono il corpo centrale del codice. Tutte le carte pergamenacee hanno la dimensione di circa 286x220mm, eccettuate le carte 23, 24, 27, 28, di circa 280x213mm[2]. Entrambe le guardie cartacee sono rigate e quadrate, al *recto* e al *verso*; nessuna carta pergamenacea presenta quadratura o rigatura, ma tutte sono state piegate "a fisarmonica" partendo dal lato lungo in modo da formare quattro colonne e poi stirate così da lasciare un margine esterno regolare: in tal modo sono state predisposte alla scrittura.

La guardia pergamenacea e le carte 5, 18, 22, 28, 34, 35, 43, 47, 51, 53, 55, 59, 60, 67, 76 sono tagliate irregolarmente ai margini, ma i contenuti testuali non sono compromessi. Le carte 2, 10, 14, 30, 31, 32, 48, 49, 50, 78, 79, 80 sono mancanti e corrispondono ad altrettante lacune nella cartulazione.

Il codice è strutturato come segue: 1) carta di guardia + quinione (1-10) - 2 cc. tagliate (2 e 10); 2) quinione (11-20) – 1 c. tagliata (14); 3) quinione (21-30); 4) quinione (31-40) – 2 cc. tagliate (31 e 32); 5) quinione (41-50) – 3 cc. tagliate (48-50); 6) quinione (51-60); 7) quaternione (61-70)[3]; 8) quinione (71-80) – 3 cc. tagliate (78, 79, 80).

Cartulazione

La cartulazione è inserita sempre nell'angolo superiore del margine esterno e sembra risalire ai secoli XIV-XV, coerentemente con l'epoca di redazione dei testi. Sembra essere scritta dalla stessa mano, insieme alle cifre che compaiono nel margine sia esterno che interno in corrispondenza con ogni rubrica, eccettuate le aggiunte. Le poche irregolarità presenti nel modo di scrivere le cifre non smentiscono tale datazione. Tutti i 5 presentano la caratteristica forma "a forcella", tipica del periodo tardomedievale, con eccezione della cifra 15, che appare ripassata da una mano più tarda, databile tra il XVI e gli inizi XVII secolo. Le cifre da 71 a 77 sono appena visibili per il deterioramento del materiale scrittorio e alcune di esse – da 72 a 77 – sono state riscritte a matita da mano archivistica.

1. A matita in grigio, di mani diverse: *Commissioni o sia istruzioni ai ministri della Republica Veneta / appresso alla canceleria secreta / anno 1382 al 1400 / da dare un numero progressivo di registro, serie Secreta / Commissioni-Formulari 4.*

2. Tuttavia la loro dimensione era tale al momento dell'inserimento della cartulazione, inserita dalla stessa mano uniformemente su tutto il codice.

3. Presente salto cartulazione tra 64 e 67.

La carta di guardia pergamenacea doveva essere cartulata, ma l'angolo superiore del margine esterno è tagliato. A causa delle carte mancanti, la numerazione è irregolare e procede in tal modo: 3-9, 11-13, 15-29, 33-47, 51-64, 67-70, 71-77. Il salto fra le cc. 64 e 67 è dovuto a un errore dello scriba, poiché le due cifre compaiono in successione nello stesso bifoglio.

Fascicolatura

Il codice è composto da 8 fascicoli, irregolari a causa dei tagli, tutti quinioni – eccettuato il fascicolo 7, che è un quaternione. Non è presente alcun rimando tra i fascicoli. Per un prospetto grafico della struttura si rimanda all'Appendice.

La regola di Gregory, ovvero la concordanza tra lato pelo e lato liscio delle pergamene, è sempre rispettata, anche dalle carte tagliate – come si evince dal lato lungo di queste ultime, sempre debordante oltre il filo di cucitura –, con l'eccezione della pergamena di guardia iniziale.

Storia del manoscritto

Il codice attuale sembra essere frutto di un'unica operazione di copiatura e selezione dei testi. Numerosi elementi sostengono questa ipotesi.

Un primo indizio è fornito dall'indice contenuto nella prima carta di guardia pergamenacea:

> *Comissio capitaneorum Culphi, carta 3*
> *Comissio supracomitorum Culphi, carta 11*
> *Comissio capitaneorum galearum Romanie, 15, et Constantinopolis, 15*
> *Comissio capitaneorum galearum Alexandrie, carta 33*
> *Comissio capitaneorum galearum Baruti, carta 51*
> *Comissio capitaneorum galearum Flandrie, carta 67*

I riferimenti alle carte, come si noterà, rispettano quelli odierni; dunque, l'indice è stato scritto dopo la cartulazione dell'intero codice. Una frase inserita sotto l'indice, da mano diversa ma coeva, indica la fonte dalla quale forse sono stati copiati i testi: *Commissiones Alexandrie, Baruti, Flandrie et cetera sunt in altero libro, videlicet in commissionibus extraordinariis extra Italiam, f. 127.* La copiatura dei testi e la composizione del codice devono essere avvenute, come poc'anzi accennato, dopo il 14 gennaio 1402, data della parte datata più recente inserita nei testi principali dei capitani delle galee da mercato.

Negli anni seguenti la legatura, alle commissioni così copiate furono aggiunte parti e decreti che in tempi successivi – come dimostrano le mani, sempre diverse, che li registrano – furono emanati dal Senato e da altri consigli. Non è possibile datare con certezza, per tutte, quando tali aggiunte furono inserite. Per far fronte al poco spazio rimasto alla fine dei corpi originari, molte di esse furono abbreviate e corredate da un *signum* di rimando alla versione integrale. I *signa* di rimando – per i quali si veda il Repertorio in Appendice – fanno riferimento ad altri testi contenuti nello stesso codice o a registri diversi del Senato. I riferimenti interni indicano, chiaramente, le connessioni intercorrenti tra le commissioni del capitano e i sopracomiti del Golfo da una parte e quelle tra le commissioni dei capitani delle galee *a mercato* dall'altra.

Dopo la legatura furono tagliate le carte mancanti, i lati lunghi delle quali debordano ancora dalla cucitura. Non è possibile stabilire con certezza se queste carte fossero scritte; il numero, peraltro, non sembra sufficiente a ritenere che contenessero altre commissioni integrali.

La regolarità della cartulazione e della fascicolatura, interrotte solamente dalle carte mancanti, e il rispetto della regola di Gregory dimostrano che il codice non subì ulteriori modifiche. Un intervento di restauro, probabilmente dei primi dell'Ottocento, aggiunse la coperta in cartone e le carte di guardia cartacee.

Rimangono da spiegare la datazione indicata sulla coperta cartonata (1429) e la motivazione, che portò all'estrazione delle carte mancanti.

Appendice

Tabelle dei fascicoli

Fascicolo	Carta	Descrizione
	Guardia cart.	
1.	Guardia perg.	Indice
	2	tagliata
	3	*Comissio capitaneorum Culphi*
	4	
	5	
	legatura	
	6	
	7	
	8	
	9	
	10	tagliata
	Sbordo guardia c.	

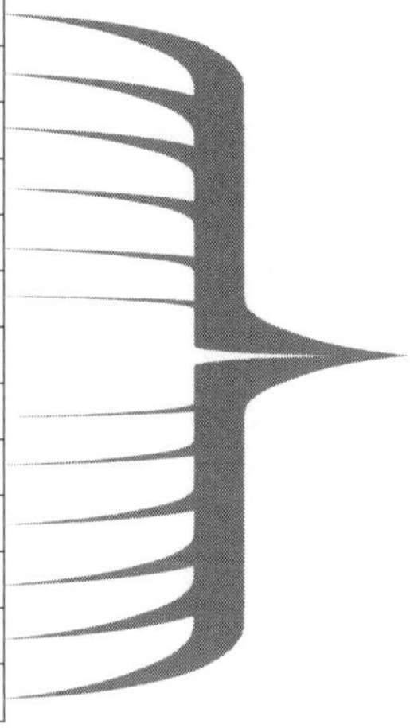

Fascicolo	Carta	Descrizione
2.	11	*Comissio supracomitorum Culphi*
	12	
	13	
	14	tagliata
	15	*Comissio capitaneorum galearum Romanie*
	legatura	
	16	
	17	
	18	
	19	
	20	

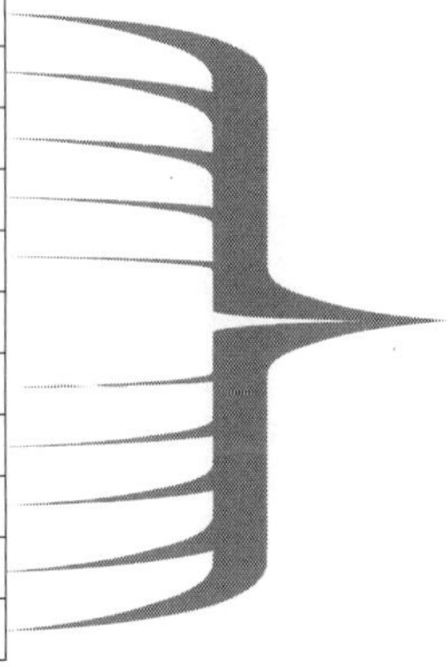

FASCICOLO	CARTA	DESCRIZIONE
3.	21	
	22	
	23	
	24	
	25	
	legatura	
	26	
	27	
	28	
	29	
	30	tagliata

FASCICOLO	CARTA	DESCRIZIONE
4.	31	tagliata
	32	tagliata
	33	*Comissio capitaneorum galearum viagii Alexandrie*
	34	
	35	
	legatura	
	36	
	37	
	38	
	39	
	40	

FASCICOLO	CARTA	DESCRIZIONE
5.	41	
	42	
	43	
	44	
	45	
	legatura	
	46	
	47	
	48	tagliata
	49	tagliata
	50	tagliata

FASCICOLO	CARTA	DESCRIZIONE
6.	51	*Comissio capitaneorum galearum viagii Baruti*
	52	
	53	
	54	
	55	
	legatura	
	56	
	57	
	58	
	59	
	60	

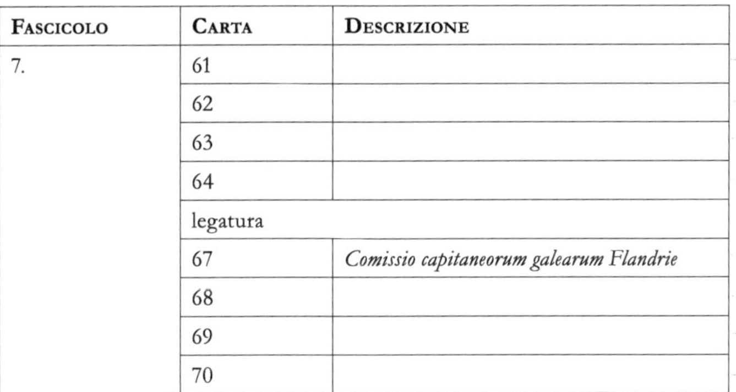

FASCICOLO	CARTA	DESCRIZIONE
7.	61	
	62	
	63	
	64	
	legatura	
	67	*Comissio capitaneorum galearum Flandrie*
	68	
	69	
	70	

FASCICOLO	CARTA	DESCRIZIONE
8.	71	cartulazione appena visibile
	72	
	73	
	74	
	75	
	legatura	
	76	
	77	
	78	tagliata
	79	tagliata
	80	tagliata
	Guardia cart.	(non legata al fascicolo)

Repertorio dei *signa* di rimando

Legenda

Capitano del Golfo (CG)
Sopracomito del Golfo (SG)
Capitano delle galee di Romània (CR)
Capitano delle galee di Alessandria (CA)
Capitano delle galee di Beirut (CB)
Capitano delle galee di Fiandra (CF)

N.	*Signum*	Carta	Testo
1	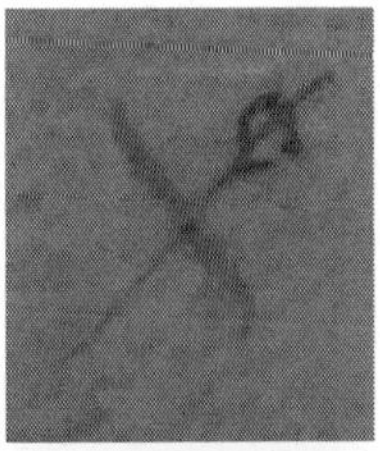	3v	CG
2		6r; 12r	CG; SG;
3	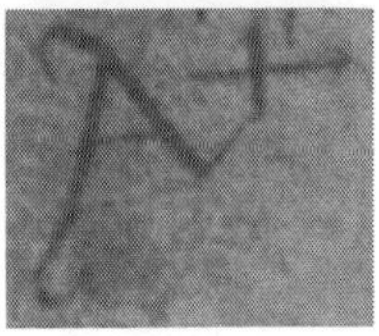	7v; 12r	CG; SG

4	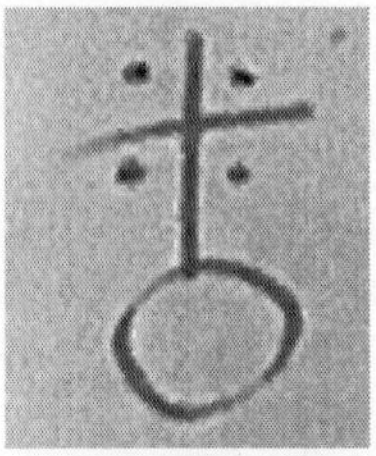	8v, 9r; 12v	CG; SG
5		9r; 12v	CG; SG;
6	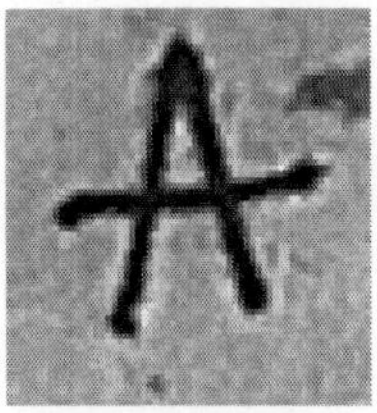	9v; 12v	CG; SG;
7		9v; 13r	CG; SG;
8	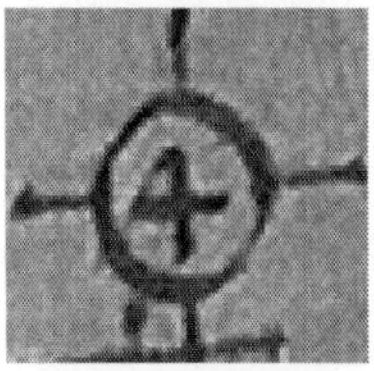	9v; 13r	CG; SG;
9		9v; 13r	CG; SG;

10		9v	CG
11		26r	CR
12	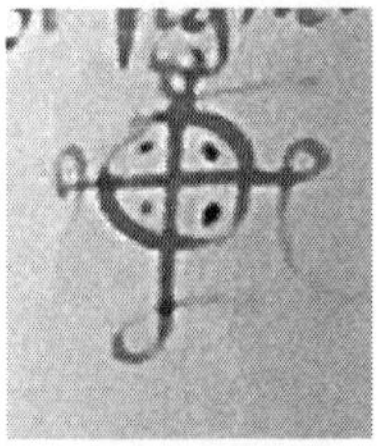	29r; 47r; 64r; 77v	CR; CA; CB; CF
13	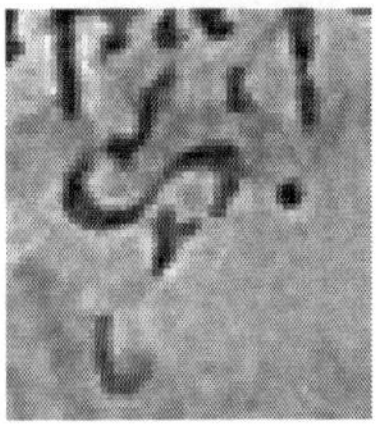	67r; 77v	CF

Edizione dei testi

La trascrizione dei testi è di Umberto Cecchinato e Alessandra Rizzi, alla quale si devono anche le introduzioni ai singoli formulari.

Criteri di edizione

Questa edizione è basata sul manoscritto *Collegio, Formulari di commissioni*, registro 4, conservato presso l'Archivio di Stato di Venezia. Trattandosi di un codice d'uso, i testi sono stati rimaneggiati e corredati di aggiunte nel corso degli anni.

Di seguito le soluzioni adottate per facilitare la lettura e la comprensione delle scritture e ordinarle nella presente edizione.

Gli estremi cronologici di ciascun formulario comprendono la datazione del corpus originario – ove possibile – e quella più recente individuata nelle aggiunte.

Ogni testo è preceduto da una breve descrizione per chiarirne struttura e peculiarità.

La trascrizione dei formulari segue il loro ordine nel codice.

I testi presentano una titolazione di mano coeva al *corpus* originario; in tutti è omessa la *N* di *Nos*.

Qualche incertezza di lettura della mano principale è dovuta a un *ductus* ordinato, ma non particolarmente calligrafico (*c* e *t*, ad esempio, non sempre si distinguono), all'inchiostro che talora trapassa il supporto e a un uso frequente di abbreviazioni generiche.

Quanto alla lingua d'uso, non mancano errori e sviste corretti solo nei casi più significativi.

La parte più antica dei testi è riportata in modo continuativo, inserendo la numerazione dei paragrafi, come riportata nel manoscritto, fatti salvi alcuni emendamenti per sanare errori e sviste dello *scriptor*.

Le aggiunte posteriori sono state numerate progressivamente, con cifre tra parentesi tonde (per distinguerle da quelle della numerazione originale dei corpi principali), e riportate nell'ordine in cui compaiono nel codice.

Tutti i testi, in particolare le aggiunte, sono corredati da *signa* grafici, attinenti al sistema di rimandi delle aggiunte posteriori; dei *signa* si dà conto in nota e in una tabella riassuntiva (*Repertorio dei* signa *di rimando*).

In nota:

– si segnalano emendamenti e integrazioni (nel testo o a margine) dello *scriptor* principale, nonché correzioni a sviste di mani diverse o introdotte dall'editore per migliorare la comprensione del dettato originario;

- si riportano modifiche di amanuensi successivi;
- si riproducono aggiunte di mani posteriori, a margine, indicando la loro posizione nel testo, nel caso in cui vi siano segni di rimando al luogo esatto di inserimento.

Sono conformi all'originale:
- oscillazioni e varianti grafiche dei termini (es. *Culphum*/*Culfum*);
- l'assenza dei dittonghi *ae* e *oe*;
- le cifre romane (trascritte sempre in maiuscolo), anche se inserite al posto di numeri cardinali (es. IIII^{or}).

Per facilitare lettura e comprensione del testo:
- *v* e *u* sono distinte secondo l'uso moderno;
- le abbreviazioni sono sciolte;
- punteggiatura, segni diacritici e maiuscole seguono l'uso moderno;
- *siquis* e *decetero* sono uniformati alle forme prevalenti *si quis* e *de cetero*;
- *j* è diventata *i*, mentre *y* è mantenuta;

inoltre, si utilizzano:
- parentesi tonde ( ) per letture dubbie;
- parentesi quadre [ ] per integrazioni del testo, necessarie in caso di danni del supporto pergamenaceo (lettere o parole sbiadite, macchie…); le restituzioni impossibili sono segnalate, all'interno delle parentesi, con tre punti [...];
- parentesi uncinate < >, ove necessario a una migliore comprensione del dettato, per l'inserimento di lettere o parole omesse per errore o svista dallo *scriptor*; lezioni peculiari, accolte nell'edizione, sono segnalate da <*sic*>.

La cartulazione adottata segue quella originaria, essendo l'unica esistente. Il passaggio di carta è evidenziato da due barre verticali | | fra le quali è indicato il numero di carta, distinguendo tra *recto* e *verso*.

1

Capitano del Golfo
post 1392, 12 febbraio-1472, 6 marzo

Il formulario di commissione si trova in ASVe, *Collegio*, *Formulari di commissioni*, registro 4, cc. 3r-9v. Il testo è costituito dal *corpus* originario (cc. 3r-8r) e dalle aggiunte successive (cc. 8v-9v). Il *corpus* originario, redatto in minuscola gotica cancelleresca e preceduto dalla titolazione coeva *Comissio capitaneorum Culphi*, rinvia nell'intestazione al dogado di Antonio Venier (1382-1400), ma con verosimiglianza fu compilato non prima del 12 febbraio 1392 (termine *post quem*), data a cui risale la norma datata più recente inserita nel testo. L'ultimo capitolo (il 59), una disposizione assunta 17 dicembre 1401 (presa, congiuntamente da Minor consiglio, Senato, Quarantia e Zonta), sarebbe un'aggiunta successiva, inserita nel corpo originario durante una supposta operazione di copiatura e riunione dei testi traditi nel registro 4, compiuta durante il dogado successivo di Michele Steno (1400-1413). Altre istruzioni, invece, sono precedenti all'età del Venier. Le aggiunte al *corpus* originario, delibere del Senato veneziano, sono comprese, ove sia stato possibile datarle, fra il 1431 e il 1472; fa eccezione un accordo fra Genova e Venezia («ordinem datum [...] per dominum ducem Ianue et suum consilium ex una parte, et nos et nostrum comune ex altera»), del 1375, articolato in più punti e posto in calce al formulario originario (come aggiunta n. 1), evidentemente molto più tardi. Quanto ad esso, infine, note a margine (nn. 24 e 26) segnalano che, a una data imprecisabile, esso non fu inserito nei testi redatti per i capitani del Golfo in partenza per il loro incarico.

| c. 3r | Comissio capitaneorum Culphi

1 <N>os Anthonius Venerio, Dei gratia dux Venetiarum et cetera, comittimus tibi nobili viro ... dilecto civi et fideli nostro, quod in nomine Yesu Christi et tocius curie celestis vadas et sis capitaneus generalis galearum nostrarum Culphi et omnium navigiorum nostrorum armatorum et disarmatorum, gerendo et gubernando ipsas galeas et homines earum sicut tue prudentie videbitur pro honore nostro, pro quibus de tua industria plurimum confidentes damus tibi libertatem eundi, ordinandi et disponendi ac faciendi sicut tibi melius videbitur pro honore nostro et persecutione piratarum in omnem partem; et sis ad conditionem XII regiminum.

2 Et si eundo vel redeundo inveneris aliquem vel aliquos cursarios qui offendissent gentem nostram vel dannificassent, debeas eos capere, damnificare et punire sicut tibi videbitur, considerata offensione quam fecissent et conditionem eorum. Et si aliquos cursarios inveneris, qui essent manifesti et publici cursarii et non offendissent gentem nostram, debeas homines permittere abire, et de lignis sit in tuo arbitrio comburendi vel non comburendi, sicut tibi melius videbitur[1].

3 Item observabis ordinem novum infrascriptum contra cursarios, captum in millesimo trecentesimo nonagesimo primo, indictione quintadecima, die XII februarii. Modus est iste, quod si in via reperieris aliquod navigium vel fustum armatum quod damnificaverit navigia nostra, personas vel bona existentia in eisdem, vel alia navigia venientia Venetias vel de Venetiis exeuntia cum mercationibus et bonis suis, vel contrafecerit hiis, que alias (dici) fecimus omnibus dominiis et comunitatibus existentibus intra Culphum ab utraque parte per nostrum

1. *Nel margine interno* contra piratas.

nuntium, iuxta formam partis capte in hoc consilio superinde, cuius copia detur prefatis galeys pro sua informatione[2], debeas ipsa fusta intromittere et capere, et homines in eis existentes tractare velut publicos cursarios pro bono exemplo aliorum. Verum si super navigiis vel fustis predictis essent aliqui qui per vim fuissent super positi, vel non damnificassent nostrates nec alios venientes vel recedentes de Venetiis, de quo faciant bonam et diligentem examinationem, debeant permittere illos abire, mandando eis, quod de cetero sibi caveantur de eundo cum lignis vel fustis predictis. Si vero reperies alique fusta piratarum que non damnificassent subditos vel fideles nostros, nec contrafecissent nostre intentioni predicte, ordinatum est[3] quod nichilominus debeas navigia intromittere et comburere, et homines in eis existentes deponere in illo loco qui tibi habilior erit, secundum formam tue commissionis[4].

4 Effectus capte partis de qua supra fit mentio, capte in Rogatis millesimo trecentesimo octuagesimo nono, indictione XIIª, die ultimo mensis augusti, est, quod non valentes talia [ulterius tolerare, que sunt causa obsidionis terre nostre et tanti nostri danni, nos notificamus eis et de hoc instanter rogamus quatenus placeat de cetero cavere sibi a damnificando navigia et subditos nostros in personis et bonis eorum ac bonis in ipsis existentibus, et similiter omnes alias nationes venientes ad civitatem nostram, et inde recedentes quocunque intra Culphum nostrum, videlicet a Sasno et a Capite Otranti citra, usque Venetias, quod si hoc faceret a die presentis notificationis, capitaneus noster Culphy habeat in mandatis a nobis, et sic ei mandetur et similiter habebunt omnes alie nostre galee, quod debeant procedere contra tales seu contra publicos cursarios. Et ultra hoc habebimus | c. 3v | regressum contra illas terras in quibus ipse galee et ligna armata erunt, seu a quibus fuerint receptata prout iustum nobis videbitur cum intentio nostra sit quod intra dictum nostum Culphum omnes secure venire possint ad civitatem nostram cum navigiis, bonis et mercationibus suis, et inde recedere ad beneplacitum suum secundum quod semper fecerunt][5].

5 Rationem et iusticiam facies inter gentem tibi commissam, secundum tuam discretionem, bona fide et sine fraude. Verum si per gentem tibi commissam comitterentur aliqui excessus in aliquibus terris vel locis nostre iurisditioni suppositis, in quibus president nostri rectores, ad tollendum audatiam et materiam delinquendi hominibus galearum, committibus tibi quod quociens casus occurerint, tenearis et debeas dare omnem operam ad faciendum eos capi et detineri illos, quos si in fortiam tuam habere poteris antequam recedas de iurisditione et districtu loci ubi dicti excessus commissi fuerint, rectoribus nostris facere conssignari, omni causa remota, ut ipsi rectores procedere valeant contra eos, prout eorum culpe et demerita exposcent, verum si haberi non possent, et ad tuas pervenirent manus te existente extra iurisditionem loci ubi dicti excessus fuerint perpetrati, debeas in hoc casu[6] de dictis deli<n>quentibus facere iustitiam[7].

2. *Da* vel *a* informatione *testo racchiuso fra due segni di richiamo.*

3. *In interlinea con segno di richiamo.*

4. *Nel margine interno, incolonnati:* 42 40, 91e 41 33.

5. *Il testo, illeggibile in diverse parti per sovrimpressione del verso, è stato integrato (cfr. ASVe, Senato, Deliberazioni, misti, reg. 41, c. 35v, righe 17-27).*

6. *Fra* c *e* a *aggiunta successivamente* s *per errore.*

7. *Nel margine esterno* Ac iustitia reddenda turmis *e, a seguire,* si quis delinquit ex turmis in iurisdictione alicuius rectoris, detur in eius potestatem.

6 Fecimus autem secundum usum tibi dari litteras quas mittimus Nigropontem in Cretam et castellanis Coroni et Mothoni, ut tibi si requisiveris pro tua armata subveniant de panatica et aliis opportunis, sine pecunia.

7 Supracomiti tuarum galearum predictarum debent tibi in omnibus obedire.

8 Et non potes recedere de tua custodia Culphi sine nostro speciali mandato pro veniendo Venetias.

9 Et infra XV dies postquam redieris Venetias, teneris ostendere et solidare rationes tuas ad officium armamenti pro bono nostri comunis, sub penis solitis; et nichilominus postmodum ipsas rationes etiam ostendas offitialibus racionum.

10 Item quia galee ad hanc custodiam deputate sepe de calafatis sustinent deffectum de stopa, pice, sepone et agutis[8], ne de hiis sit deffectus, volumus quod pro unaquaque galea habere debeas in numero naucleriorum tres calafatos ultra eos quos habere debes ex consuetudine pro qualibet galea, qui teneantur esse ad custodiam naucleriorum; et omnia tenentur facere sicut nauclerii et in ipsis galeis laborare sicut eis praecipies et mandabis.[9]

11 Item non potes ullo modo habere nec uti pro coquo, canipario vel famulo aliquem soldatum comunis, nec permittere quod comiti et nauclerii hoc faciant.

12 Item ordinavimus quod omnes homines de pede armate predicte teneantur habere arma sua sicut ballistarii, secundum quod hactenus extitit consuetum, et quelibet galea habere debet L bonas spatas XXX cervelerias[10] ac balistas et alia arma solita.

13 Item ordinatum est quod ballistarii esse debeant ad tuam mensam et supracomitorum tuorum, pro mensa quorum hebere debetis a nostro comune grossos duos[11] pro quolibet ballistario in die, et non aliud, ullo modo. Verum | c. 4r | tenentur habentes ballistarios ad suam mensam, facere eis talem mensam quod non habeant causam querelle, sed possint bene contentari.

14 Et ut fiat erga ballistarios in facto mense id quod fieri debet, volumus quod inquiras et facias inquiri diligenter in galeys tibi commissis si habentes ballistarios ad suam mensam, facient eis convenientem mensam. Et propterea habes libertatem imponendi penam predictis librarum L et infra pro quolibet et qualibet vice quod faciant bonam mensam ballistariis, de qua non possit fieri gratia, sub pena librarum C pro quolibet ponente vel consenciente partem in contrarium.

15 Item non portabis nec portari permittes in tuis galeys, ullo modo vel ingenio, ligna ab igne ultra quam per X dies ad plus.

16 Nova quecunque habueris digna relatu, et qecunque feceris, nobis debeas tuis litteris quamcicius poteris denotare.

17 Item scire debes quod captum est in Maiori consilio, quod iudices magni salarii et alii iudices non faciant rationem de debitis vel plezariis que fient in galeys tuis, vel specialium personarum per comitos, naucleros et alios soldatos galearum, nisi scripta fuerint per notarium capitanei. Et si galee non haberent capitaneum, scribi debeant per scribas galearum in quibus fient predicta, cum voluntate armatoris seu patroni, et aliter non fiet eis ratio per iudices predictos.

8. -t- *corretta su altra lettera.*

9. *Nel margine esterno, signum n. 1.*

10. *Ms.* cervederias.

11. *Segue* cum dimidio *in interlinea con segno di richiamo; nel margine esterno* + cancellatum vigore partis capte in Rogatis.

18 Omnia que tibi dicendo mandabimus attendes et observabis bona fide et sine fraude[12].

19 Galeas autem tuas omni mense ad minus examinari facies, si indigent bruscatione ut non devastentur et facies ipsas bruscari quantum et quociens fuerit opportunum. Verum teneris et debes bis ad minus in quatuor mensibus facere ipsas bruscari, palmizari et nombolizari, ut tibi necessarium videbitur.

20 Mercatum autem facere non potes, per te vel alium, ullo modo vel forma, sub pena librarum V^{c} que debent exigi per officiales Raxi<on>e.

21 Bona morientium ab intestato qui essent sub tua custodia custodies et salvabis, et ea debeas intromittere infra XV dies postquam Venetias veneris, legi facies presentari.

22 Quaternos tui armamenti debes tenere, et omni mense teneris videre et circare, et videri et circari facere, semel ad minus, si galee[13] erint bene furnite et si habebis gentem tuam ad plenum, et scribere tua manu nomina hominum qui deffecerint servire, et diem qua cessaverint seu defficient.

23 Omnia que ad tuas manus pervenerint ad nostrum comunem spectantia custodies et salvabis[14] bona fide, et de ipsis reddes rationem officialibus deputatis super hoc.

24 Et omnes denarios spectantes nostro comuni in tuo reditu presentabis nobis, et facies et dabis sicut tibi duxerimus ordinandum.

| c. 4v | 25 Et quandocumque galee tibi commisse ibunt Coronum et inde Mothonum possint merces subtiles qui essent in Corono conduci Mothonum.

26 In galeys tibi commissis nullus galiotus vel suprasaliens vel homo de pede possit portare ultra unam barillam de quarta vel unam zangolam competentem, et hoc fiat eis notum quando soldizabuntur, ut non teneant se gravatos.

27 In galeys autem predictis non ponantur de subtus nisi vivandam et coreda galee, nec aliqua mercimonia, nec aliqua alia recipi possint vel poni alicubi in dictis galeys, sine licentia nostra.

28 Item est ordinatum quod comiti, nauclerii vel suprasaliens vel aliquis qui non vogaret, non audeat vendere vel vendi facere per se vel alios vinum vel rem aliquam hominibus galearum, vel societatem cum aliquo havere, vel aliquam aliam menam vadagnarie facere, sub pena librarum decem comito et librarum quinque naucleriis et scribis et aliis hominibus de pede, pro quolibet et qualibet vice. Et nichilominus totum id in quo fuerit contrafactum amittatur, vel valor eius quarum rerum et penarum tu capitaneus habeas tercium, tercium accusator si inde fuerit, et comune aliud tercium; et si non fuerit accusator, habeas medietatem et comune aliam medietatem. Et si de predictis per te facta non fuerit accusa vel proccessus, officiales Raxi<on>e dictas penas et res exigant, et habeant partem ut dictum est.

29 Comitus possit portare ponendo de subtus in galeys unum bigontium vini, unum sachum biscoti pro sua mensa et capsam unam longam tribus pedibus cum dimidio pro suis pannis, et ultra hoc non possit aliquid aliud portare.

30 Teneris omni mense semel ad minus per sacramentum circare vel circari facere galeas per tuum admiratum de predictis rebus. Et de omnibus que inveneris contrafactum, habebis medietatem penarum et rerum inventarum; et si admiratus circabit, habeat ipse medietatem rerum et penarum, et aliam medietatem habeat comune; et non potes aliquid reddere vel gratiam facere de dictis rebus.

12. *Disposizione depennata; nel margine esterno* quod in fine debet poni.

13. *Segue* eritnt *depennato.*

14. *Ms.* salvadis.

31 Postquam recessis de Venetiis de rebus concessis portari in galeys super cohoperta possis poni facere de subtus sicut tibi videbitur.

32 Item captum est in Maiori consilio quod addatur in hac commissione consilium de supracomitis, comitis, naucleriis et cetera, et quod ad similem penam incurat capitaneus si non servaverit que in dicto consilio continentur, videlicet preterea si capitaneus preceperit quod supracomiti, comiti et alii de galeys debeant ferire inter inimicos et non ferierint, et si ferierint et aliqua galearum secesserit a prelio, prelio non finito, supracomiti, comiti, nauclerii et hii qui essent ad temones debeant perdere capita, et si non possent reperiri, sint perpetuo forbaniti de Venetiis et omnibus terris et locis ubi dominus dux et comune Venetiarum habent dominium, et omnia sua bona veniant in comune. Illis tamen exceptis et exemptis qui manifeste non reperirentur culpabiles.

33 Teneris partire et partiri facere equaliter inter omnes galeas omnia dona et strinas que quocumque tibi darentur vel gale[y]s.

| c. 5r | 34 Quia occaxione extimarie que solebat dari admirato multa scandala et errores oriebantur, et etiam erat causa maioris caritudinis hominibus galearum, volumus quod dicta extimaria amplius non detur ipsi admirato, sed quod per te super ipsa extimaria provideatur, sicut pro bono et aleviatione armate nostre et hominum videris expedire taliter quod de ipsa extimaria nichil possit aufferi. Et quod homines nullam angariam recipiant, verum loco dicte extimarie provideatur admirato quod habeat soldos XX grossorum de salario et provisione dicte extimarie, et ultra dictos soldos XX grossorum nichil possit habere vel recipere.

35 Ad removendum omnes errores et cavilationes ac scandala que possent occurere in casu quo alie armate nostre tam mercatorum quam alia quecumque navigia tam armata quam disarmata se reperirent tecum, ordinatum est per nos et nostra consilia Minus, Rogatorum et XL, quod tu capitaneus Culphi sis et esse debeas capitaneus generalis dictarum armatarum galearum et omnium navigiorum predictorum tam armatorum quam disarmatorum, et facere capitaneriam donec eritis simul.

36 Quia dantur hominibus de remo in mense pro quolibet libras X, ad quod precium non inveniuntur nisi homines vagabundi et vilis conditionis de Sancto Marco, est ordinatum quod sit in libertate tua et pagatorum armamenti vel maioris partis vestrum, considerata conditione et qualitate personarum, dandi ipsis hominibus in mense id quod vobis videbitur, faciendo taliter quod non veniant subtus supra ultra libras undecim pro quolibet homine.

37 Socius tuus habere debet in mense libras viginti et massarius libras XVI, habendo arma que tenentur habere nauclerii.

38 Non possit concedi alicui rectori vel persone cuiuscumque conditionis existat vel fieri gratia quod levetur super galeys ad custodiam Culphi deputatis, eundo vel redeundo, sub pena librarum quingentarum pro quolibet ponente vel consenciente partem in contrarium. Et propterea tibi mandamus quod nullo modo recipias vel levari permittas aliquem, sub pena librarum mille pro quolibet et qualibet vice in tuis bonis, exceptis ab hiis ambaxiatoribus et nuntiis salariatis nostri comunis et personis forinsecis notabilis conditionis, qui possint levari si captum fuerit in consilio Rogatorum per maiorem partem congregatis, a LX supra. Non intelligendo in dicta prohibitione de mercatoribus solitis levari in reditu galearum per Riperiam, si captum fuerit de levando mercatores super eis. Et si aliquis accusaverit aliquem aliquem contrafacientem Advocatoribus comunis, ita quod per eius accusam veritas habeatur, habeat tercium dicte penne et teneatur de credentia, Advocatores predicti tercium et comune reliquum. Et ita intelligatur de supracomitis galearum Crete ad Culphi custodiam deputatis, comittendo rectoribus quod exigant penam a contrafacientibus, et partem habeant quam haberent Advocatores comunis in Venetiis.

| c. 5v | 39 Quia utile est dare omnem operam possibilem quod galee Culphi continue sint leves in mari quia, sicut habetur, fuerunt plures facientes de mercationibus cum maximo periculo ipsarum galearum, captum est in nostris consiliis Minori, Rogatorum et XL, sic firmiter et inviolabiliter observabis, videlicet quod de cetero capitanei, supracomiti, comiti, nauclerii, patroni et scribe[15] nostrarum galearum vel etiam galearum de cetero armandarum in Cretam pro custodia Culphi, vel alii pro eis, nullo modo audeant facere vel fieri facere de mercationibus super dictis galeys pro mercimoniando, sub pena perdendi totum id in quo fuerit inventum contrafieri. Et committatur extra Venetias capitaneo Culphi, et predicta faciat publicari super galeys ut nota sint omnibus, et inquirat de contrafacientibus habendo tercium condemnationum, comune tercium, et accusator reliquum tercium, si fuerit per quem habeatur veritas, et sit de credentia; et si non fuerit accusator, pena dividatur per medium. Et similiter comittatur extra Venetias nostris rectoribus qui viderent vel sentirent de contrafacientibus cum conditione dicta de capitaneo in facto inquirendi, examinandi et condemnandi et cetera. In Venetiis vero committatur Dominis de nocte, Catavere, Capitaneo postarum, officialibus Levantis et Provisoribus comunis, qui inquirant de contrafacentibus et penas exigant, habendo partem ut dictum est supra.

40 Item quia super galeys deputatis ad custodiam Culphi continue subtus cohopertam addicitur vinum Venetias in bona quantitate, de quo comune nostrum nullum dacium[16] recipit[17] vel utilitatem, quod est inconveniens ut notum est, ordinatum est per nos et nostra consilia Minus, Rogatorum et XL, et sic servabis et facies servari inviolabiliter, videlicet quod de cetero de toto vino quod adducetur Venetias cum dictis galeys subtus cohopertam, solvantur ducati X pro qualibet anfora de nabulo nostro comuni, videlicet extraordinariis. Et si aliquis contrafaceret vel discaricaret de dicto vino alibi extra Venetias, solvere teneatur ducatos XX pro anfora de eo in quo fuerit contrafactum; et si accusator fuerit in predictis, habeat medietatem dictorum XX ducatorum et sit de credentia; et alia medietas dividatur per medium, videlicet medietas sit officialium primo invenientium et alia sit comunis. Et predicta committantur inquirenda Catavere, Capitaneo postarum, officialibus Levantis, extraordinariis et aliis officialibus contrabannorum, qui inquirant de contrafacientibus et exigant penas habendo partem ut dictum est. Intelligendo quod sit licitum capitaneo et supracomitis solum adducere secum tres caratellos pro quolibet, et non ultra, sine aliquo nabulo.

41 Preterea quando capitaneus et supracomiti applicuerint Venetias, statim teneantur sequenti die presentare quaternos suos pagatoribus sub pena librarum V^{c} pro quolibet et qualibet vice. Et quandocumque aliquis de soldatis faliret a galeys, teneantur notari facere diem qua recesserit. Et similiter si redierit postea ad galeas, teneantur facere notari diem qua redierit, et hoc servare debeant sub pena librarum L pro quolibet homine in quo contrafacerent, et qualibet vice. Que omnia committantur inquirenda et pene exigende pagatoribus antedictis de quibus habeant partem ut de aliis penis sui officii.

42 Item captum est in nostris consiliis Minori, Rogatorum et XL quod sicut | c. 6r | super qualibet galea Culphi esse debent ballistarii XX cum salario et conditione alias captis, sic esse debeant ballistarii XVIII super qualibet galea. Verum pro suplendo huic deffectui est ordinatum quod nauclerii, scribani et marangoni ac calafati sint et esse debeant et accipiantur ultra dictum numerum ballistariorum, ad conditionem et cum modis et ordinibus ballistario-

15. *Ms. corretto su* scribo.

16. *Nel margine esterno.*

17. *Segue* nabulum *depennato.*

rum solitis, cum soldo tamen vel salario librarum XVI pro quolibet dictorum naucleriorum, scribarum, marangonorum et calafatorum in mense, habendo etiam expensas a supracomitis et aliis capitaneis galearum sicut habent ballistarii ultra soldum suum. Quam partem observabis et facies inviolabiliter observari. Et scias quod omnes predicti, tam ballistarii, nauclerii, scribani et marangoni quam calafati, tenentur habere ballistas, veretonos et alia arma solita haberi et teneri per ballistarios antedictos, et facere de eis monstram ad circham secundum usum.

43 Item scias quod super qualibet galea tam comunis quam specialium personarum possint esse quatuor nobiles pro ballistariis, cum soldo et conditionibus aliorum.

44 De galeys deputatis ad custodiam Culphi, nullum sit lignum ante guardiam, sed de facto anteguardie provideas ad zornatam, vel ad ebdomadam, vel per alium modum meliorem, sicut tibi videbitur pro bono agendorum.

45 De omnibus condemnationibus quas facies in tua capitaneria non potes, postquam eas feceris, te impedire in remittendo vel revocando, in toto vel parte, ullo ingenio seu forma.

46 Quia galeys Crete deputatis ad custodiam Culphi non dantur refrescamenta quando sunt extra prout dantur galeys nostris de Venetiis, et bonum sit dare causam hominibus dictarum galearum Crete se bene gerendi, comittimus tibi quod de cetero, quando dabuntur refrescamenta galeys de Venetiis, debeas dari facere refrescamenta etiam galeys de Creta, equaliter per modum quo dabuntur dictis galeys de Venetiis, ut est iustum.

47 Preterea non potes ullo modo tu nec supracomiti tui accipere nec manum ponere in aliqua vivanda, pane, vino, sachis et aliis rebus deputatis pro hominibus galearum, sed pocius vos furniatis de propria bursa, sub pena restituendi quod acceperitis in duplum.

48 Item observabis infrascriptam partem captam in consilio Rogatorum, in quantum ad te spectat. Cum in comissione capitanei Culphi contineatur quidam ordo antiquus qui non observatur, vadit pars, confirmando nichilominus in totum dictum ordinem, quod capitaneus Culphi et supracomiti de cetero eligendi, et similiter aliarum galearum que armarentur pro comuni, nullo modo vel ingenio[18] | c. 6v | possint per se vel alios emere nec emi facere. Et similiter aliquis homo galearum predictarum nec de extra galeas possit emere nec emi facere panem nec aliquam grassam ab aliquo homine galearum, in pena librarum XXV pro quolibet supracomito et librarum V pro quolibet homine de galea, pro qualibet vice qua ement vel emi facient, ut dictum est. Quam penam exigant Solutores armamenti, habentes partem ut de aliis sui officii; et si accusator inde fuerit, per quem veritas habeatur, habeat a nostro comuni libras X parvorum, quas sibi debeant dare Solutores nostri armamenti, et teneatur de credentia. Si vero superhabundaret hominibus galearum panis vel grassa, et requirerent capitaneo quod ipsam emeret, teneatur et debeat capitaneus de mense in mense dictis hominibus galearum solvere dictum panem, ad rationem grossorum trium parvorum pro stario, et grassam ad precium quod valeret; et si capitaneus tunc non haberet pecuniam, scribatur in ratione suarum comissionum. Et in casu quo dicti homines galearum non velent vendere dictum panem et grassam, tunc ordinetur quod illud quod superhabundaret debeat solvi eis ad iustum et rationabile precium, sicut venit nostro comuni. Et dicti Solutores armamenti debeant illud solvere.

49 Item observabis, in quantum ad te spectat, partem infrascriptam captam in nostris consiliis Rogatorum et additionis in MCCCLXXXIII, indictione VII[a], die primo decembris, cuius tenore talis est. Item pro reducendo gentem ab habitandum in districtu Canee, vadit pars quod comittatur capitaneis nostris Culphi qui erunt per tempora, quod omnes (malatos) quos de cetero recuperabunt de manibus Turchorum qui non essent de terris et locis nostris, faciant

18. *Nel margine interno, signum n. 2.*

conduci Caneam, ut ibi habitent cum conditionibus et immunitatibus scriptis rectori Canee, et successoribus suis.

50 Item comittimus tibi quod, quando extra Venetias fient page hominibus galearum tibi commissis, exigere debeas, tam ab hominibus a remo quam ab aliis hominibus qui soliti sunt solvere, nec non ab hominibus quos extra Venetias acciperes pro subventione galearum, quibus fierent page sue de mense in mense, grossos quinque parvorum in monetis in mense pro quolibet homine, pro armis nostri comunis, scribendo ordinate in rationibus tuis illud quod exegeris; et in reditu tuo ostendere debeas officialibus nostris Rationum veterorum.

51 Insuper quod de denariis qui mittentur tibi per dominationem nostram, pro subventione sive paga hominum galearum, non possis nec debeas ullo modo retinere pro te nec dare supracomitis de pluri <*sic*> pro rata, eo quod dabis hominibus de remo. Sed debeant dicti denarii dividi, equaliter et pro rata, intra te capitaneum et supracomitos et homines de pede et de remo, et per soldos et libras sicut est iustum et rationabile, ut omnes habeant partem suam secundum quod eos tanget, et non possendo tamen dare de dictis denariis qui mittentur pro subventione predicta pauciores quam grossos duodecim parvorum pro quolibet homine a remo. Et hoc in pena de libris L pro centenario eius quod tu et supracomiti accepissetis | c. 7r | de pluri, ultra ratam vestram. Quam penam Solutores armamenti debeant exigere, dividendam intra eos secundum consuetudinem officii. Verum teneantur dicti Solutores, in reditu dictarum galearum, videre omnes [r]ationes tuas et supracomitorum, et examinare si diviseritis bene pecuniam tibi missas secundum modum et ordinem suprascriptum, in pena librarum XXV. ipsis officialibus in suis propriis bonis, quam penam exigant Advocatores comunis, habentes partem ut de aliis sui officii.

52 Item observabis partem captam in nostris consiliis Minori, Rogatorum, XL et additionis MCCCLXXXIII, indictione sexta, die XIII mensis maii huius tenor, videlicet cum alias captum fuerit et ordo sit quod super navigiis nostris armatis et disarmatis non possit levari vel caricari intra Culphum pro portando extra Culphum ramum nec alia metala vel res, sicut in dictis ordinibus continetur, et nulla mentio fiat de ramine quod caricaretur extra Culphum, unde omnino, pro bono terre nostre et pro obviando periculis que possent occurrere, est providendum specialiter super facto raminis, vadit pars quod etiam de cetero in aliquibus locis extra Culphum aliquis civis subditus vel fidelis comunis Venetiarum non possit nec audeat [a]liquo modo, forma vel ingenio emere nec emi facere, levare, caricare aut levari vel caricari facere, super aliquo navigio, tam armato quam disarmato, et tam Veneti quam forensis, aliquod ramum quod non sit laboratum vel affinatum Venetiis, pro portando ad aliquas partes extra Culfum; nec dictum ramum in recomendisiam vel aliter recipere aut tanxare in partibus predictis de extra Culphum, sub pena perdendi dictum ramum vel valorem eius, de qua pena non possit fieri gratia, donum, remissio vel recompensatio, sub pena ducatorum mille pro quolibet ponente vel consenciente p[ar]tem in contrarium. Et predicta comittantur inquirenda Provisoribus comunis et aliis officialibus contrabannorum. Et si de premissis fuerit accusator per quem veritas habeatur, habeat tercium et sit de credentia, officiales tercium et comune reliquum. Et scribatur et addatur in commissione omnium rectorum, consulum et baiulorum nostrorum de extra Culphum, cum illa libertate et conditionibus quibus commissum est in Venetiis Provisoribus comunis et aliis officialibus contrabannorum, et cridetur ut omnibus sit manifestum.

53 Habere debes pro tuo salario ducatos quinquaginta[19] auri, in mense et ratione mensis; et propterea habere et tenere debes tuis salario et expensis sex domizellos, unum presbyterum

19. *Depennato e corretto, in interlinea, da* sexaginta *e* centum.

notarium et unum coquum. Item habere debes ad tuas expensas solummodo oris unum admiratum. Item habere debes ad tuam mensam unum medicum phisicum, unum socium a stendardo, unum pedotam, unum notarium laycum, unum magistrum a curaciis, unum magistrum a balistis, qui magister a ballistis sit in numero ballistariorum secundum usum. Pro mensa vero suprascriptorum habere debes grossos duos cum dimidio[20] pro quolibet in | c. 7v | die a nostro comuni. Verum medicus cirugicus faciat sibi expensas de suo proprio, quia habet unum grossum pro qualibet paga cuiuslibet hominis galearum. Item debes habere sonatores videlicet duos tubetas, duos zaramellas et unum nacharinum, qui nacharinus scribatur in numero hominum de remo. Et habeant omnes suprascripti sonatores solum mensam a galea, sicut habent homines a remo. Verum declaretur quod omnes suprascripti, mense quorum solvuntur tibi per nostrum comune, non habeant panem nec vivandam a galea. Ballistarii autem nauclerii, marangoni et scribe et calafati sint et remaneant in statu et conditionibus solitis, videlicet de grossis duobus[21] pro quolibet in die. Item teneris et debes presentare nostro dominio unum de tuis scribis plus sufficientem, pro essendo supramassarium armate, si confirmabitur per nos.

54 Et quia, per tempora elapsa, presbyter et notarius capitanei Culphi solebant accipere grossos duos pro quolibet homine soldato galearum quando fiebat paga, contra Deum et omnem equitatem, in maximum sinistrum pauperum hominum, prohibimus et expresse tibi committimus quod nullo modo vel ingenio permittas presbyterum nec notarium tuum, nec aliquam aliam personam, excepto medico cirugico ut superius continetur, accipere aliquid a dictis pauperibus hominibus, sub pena tibi capitaneo restituendi illud quod acceptum fuisset, et tantundem de tuo proprio, officialibus Rationum.

55 Et pro aleviamento galearum, ut sint minus angarizate, ordinetur quod debeas dare hominibus de remo soldos quinque parvorum in mense pro quolibet, loco vini consueti dari dictis hominibus de remo.

56 Insuper scias quod, in recognitionem loci del Sasno a dominio nostro, domina Avalone promisit dare et sic tenetur nobis, omni anno, tres homines ad suum soldum, qui debeant ascendere et stare super galeys nostris Culphi, donec redierint Venetias; unde requirere debeas illos tres homines a domina suprascripta, et ipsos tenere usque reditum tuum Venetias. Verum quando eris rediturus Venetias, facias illos ponere in terram in quam habiliori loco poteris, ut redeant domum suum quam comodius fieri poterit.

57 Insuper scias quod domina predicta Avalone, pro recognitione turris (del Diacuali) a nostro dominio, similiter dare tenetur et ponere singulis annis tres homines super galeys nostris Culphi, quos mittere tenetur Corphoy ad tale tempus quod possint ascendere super dictis galeys Culphi; et si ipsos non miserit, tenetur reficere nostro comuni ad rationem ducatorum trium pro quolibet hominum predictorum in mense et ratione mensis, pro tanto tempore quanto galee nostre Culphi steterint extra.

58 Item observabis partem captam in Rogatis 1359 die XVII iunii cuius tenor talis est. Cum dominus bannus Sclavonie predicte per suum specialem ambaxiatorem nos requisiverit, quatenus cum aliqua nostra navigia[22] | c. 8r | transeuntia per insulas fecerint et faciant damnum in animalibus et bonis subditorum suorum, placeat nobis, pro conservatione amoris et pacis, taliter ordinare quod de cetero per nostros talia non committantur, et utile sit ymo debitum

20. cum dimidio *aggiunto in interlinea.*

21. *Segue* cum dimidio, *in interlinea, depennato. Nel margine esterno* cancellatum vigore partis 1431 de mense.

22. *Nel margine esterno, signum n. 3.*

nobis super hoc dare talem ordinem, quod ipse vel alii in posterum causam non habeant conquerendi, vadit pars quod cridetur publice quod aliqua nostra navigia, armata vel disarmata, seu aliqui nostri fideles, transeundo per insulas et partes Sclavonie, nullo modo audeant vel presumant facere da<m>num vel violentiam aliquam in animalibus vel aliis bonis partium predictarum, sub pena haveris et personarum ad voluntatem dominii. Et si quis contrafecerit et aliquis eum accusaverit, habeat accusator de bonis accusati, si per eius accusationem veritas habeatur, medietatem condemnationis pecuniarie et teneatur de credentia, et reliquum sit Advocatorum comunis, quibus hec committantur. Et si plures fuerint ad committendum damnum et unus vel plures accusaverint alios, nichilominus habeant dictum meritum et ipsi absolvantur ab omni pena et omnem penam, quam sustinere debuissent ipsi accusantes, ferre debeant accusati, et si consilium et cetera.

59 Item observabis partem infrascriptam, captam in nostris consiliis Minori, Rogatorum, XL^{ta} et additionis MCCCCI indictione X^{a}, die XVII decembris, cuius tenor talis est, videlicet item quia asseritur quod caniparii, seschalchi et cochi ac familiarii capitaneorum et supracomitorum, scribuntur et solvuntur pro ballistariis et in numero ballistariorum, vadit pars, ut obvietur huic errori, quod capitanei et supracomiti teneantur facere scribi ad officium armamenti caniparios, seschalchos, cochos ac familiares suos, ut possit de eis fieri circa sicut de aliis hominibus. Et propter hoc capitanei teneantur facere circam de predictis quando facient circam aliorum hominum dictarum galearum, et videre et perquirere si ultra numerum hominum a remo et de pede et ballistariorum habebunt dictos caniparios, seschalchos et cochos. Et in casu quo aliquis contrafecerit, videlicet quod super sua galea sit scriptus aliquis de predictis pro ballistario, homine de pede vel a remo, cadant tam capitanei qui contrafecerint quam quilibet supracomitorum contrafacientium, in penam non possendi amplius esse capitanei nec supracomiti ad Culfum usque decem annos. Et hec pena sit ultra penas alias, que continentur in aliis ordinibus nostris. Et si fuerit accusator, per quem sciatur veritas, teneatur de credentia et habeat libras centum de bonis contrafacientium; et non possit de predictis penis fieri contrafacientibus gratia, sub pena ducatorum mille pro quolibet ponente vel consenciente partem in contrarium. Et hic ordo habeat vigorem in omnibus galeys que armabuntur nunc et de cetero per nostrum comune, in omni parte.

| c. 8v | (1) MCCCLXXV[23]

Insuper observabis infrasscriptum, ut galee partium sese pro amicis cognoscant, et ne inter ipsas possint de cetero aliqua discrimina, danna seu offense quolibet evenire[24].

Primo si galee Ianuensium invenerint aliquas galeas Venetorum vel e converso si alique galee Venetorum invenerint aliquas galeas Ianuensium, ille que plures fuerint, quia pluribus non cedit ad pudorem, levent stendale suum comunis, quibus stendale sui comunis similiter erecto seu elevato respondeant pauciores. Et hoc observetur tempore diurno, ita tamen quod ille galee que ut supra primo levaverint seu erexerint stendale suum teneantur levare unam banderiam in pupa, et cum ipsa ire elevata usque ad proram, et hoc modo sibi corespondeant alie pauciores, et revertantur usque ad mediam galeam cum ipsis banderiis elevatis; et ipsas ibi elevatas teneant quousque sese recognoverint.

Si vero pares fuerint ille seu illa que magis fuerint, versus boream incipiat erigere seu levare stendale suum in pupa, et eodem modo alie sibi respondeant. Et ultra hoc illa seu ille que pri-

23. *Nel margine superiore.*

24. *Nel margine esterno* Non ponantur hii ordines signati quia non observantur, *con riferimento all'intero contenuto di c. 8v; segue signum n. 4.*

us suum stendale levaverint, debeant levare in pupa[25] unam banderiam, et ipsam elevatam portare usque ad proram; et eodem modo alie faciant et respondeant, et cum ipsis banderiis elevatis redire usque ad mediam galeam, et ipsas banderias elevatas tenere donec sese recognoverint.

Et si sese invenerint versus boream, ita una pars propinqua sicut alia, tunc illa galea seu ille que magis fuerint deversus orientem levare incipiant suum stendale predictum, et subsequenter leventur banderie et portentur elevate prout superius dictum est.

Si vero de nocte fuerit, ille que plures fuerint primo incipiant levare in pupa lanternas duas accensas, et ipsas elevatas tenant donec relique pauciores similiter levaverint in pupa duas lanternas accensas. Et stantibus sic dictis lanternis accensis, ille que prius levaverint dictas lanternas sive lumina levent unam aliam lanternam accensam in proram, et ipsam ibi accensam teneant donec per simile signum alie pauciores sibi respondebunt. Qua responsione ut supra facta, ille que prius levaverint dicta lumina portent dictum lumen de propra ad pupam, et relique iddem faciant donec ipsa tria lumina per utramque partium fuerint reducta in pupam. Et per hec signa cognoscant se amicos.

Et hec signa lanternarum et luminum fiant et osberventur prout superius dictu<m> est; et levare incipiant et tenere ille galee que fuerint magis versus boream, donec alie galee per eadem signa sibi coresponderint.

| c. 9r | Et si se invenerint versus boream ita propinque una pars sicut alia, tunc illa galea seu ille que magis fuerint deversus orientem levare incipiant et tenere lanternas et lumina supradicta, donec alie galee sibi responderint per eadem lumina atque signa[26].

(2) Ceterum committimus et mandamus tibi cum nostris consiliis Rogatorum et additionis quod quotienscumque licentiare debebis galeas Crete que tecum erunt, quod redeant in Candidam ad disarmandum, tu debeas videre et examinare si in armata tua erunt aliqua corpora galearum meliora et utiliora pro dictis de Creta pro annis futuris quam sint corpora illarum galearum de Creta que tecum erunt. Et si in dicta armata erunt aliqua talia, volumus quod illa cambiri facias cum corporibus predictis de Creta, faciendo[27] çurmas nostras venturas Venetiarum ascendere illa corpora galearum de Creta et çurmas de Creta super corpora galearum predictarum que cambiabuntur, ita quod continue habeant bona corpora galearum. Et ultra hoc tenere debeas modum quod tam arma quam omnia alia fulcimenta necessaria pro dictis galeis ituris in Cretam videantur et examinentur bene et diligenter; et si fuerint aliqua non bona neque bene in ordine, facias sibi dari de bonis et bene in ordine, accipiendo non bona tecum, ut semper regimen Crete habeat bona corpora galearum, bona coreda, arma et alia oportuna, denotando regimini Crete omnia fulcimenta, arma et quelibet alia que mittes cum corporibus antedictis, et similiter omnia fulcimenta, arma et quelibet alia que dimittentur tibi, ut comune nostrum hic et ibi in dictis rebus habeat drictum suum.

(3) Item observabis, in quantum ad te spectat, ac facies observari, inviolabiliter[28] partem captam in nostris consiliis Rogatorum et additionis infrascripti tenoris, videlicet quia galee

25. -a *corretto su* -j.
26. *Nel margine interno, signum n. 4; infra* non ponatur in commissione quia non observatur.
27. -e- *corretto su* -a-.
28. *Segue* infrascriptam *depennato*.

nostre Culphi, quasi omnes cum se reducunt ad partes Corphoy, stant ibi multis diebus[29] et[30] in illa stantia multa homicidia, mala et enormia committunt, propter quod est necessarium providere superinde, vadit pars quod prohibeatur expresse capitaneis et supracomitis nostris Culphy, tam presentibus quam futuris, quod, quotiescumque declinabunt cum galeis sibi commissis ad terram Corphoy, non possint nec[31] debeant stare ibi ultra diem qua illuc applicuerint et sequentem, nec etiam palmare in dicto loco, sub pena librarum centum, pro quolibet eorum et qualibet vice qua per eos fuerit contrafactum, ac amissionis mense et page suorum hominum de pede de illis diebus quibus plus ibi starent quam superius dictum sit. Quam penam exigant offitiales et pagatores nostri armamenti habentes partem ut de aliis sui officii. Et si accusator inde fuerit per quem sciatur veritas, habeat tercium et teneatur de credencia, pagatores predicti tercium et comune reliquum. Et ut melius adimpleatur et servetur intencio terre, committatur rectoribus Corphoy quod debeant quotidie habere (additentiam) si per aliquem ex dictis capitaneis et supracomitis foret contrafactum, significando nobis omnes illos qui contrafacerent, habendo terciam partem penarum[32] | c. 9v | predictarum, terciam habeant pagatores et reliquum sit comunis, fatiendo dictas literas registrari in cancellaria loci predicti, et poni in commissionibus predictorum capitaneorum et supracomitorum, ut sint omnibus manifeste. Et similiter facere debeat dictus baiulus et capitaneus Corphoy in informando regimen nostrum Crete, si fuisset contrafactum per supracomitos Crete, ut pena exigatur ab illis sicut superius dictum est.

(4) Concessimus[33] comunitati nostre Nigropontis quod si de cetero per aliquem ex hominibus galearum tibi commissarum fiet aliquod damnum, tam in civitate quam in insula Nigropontis, in animalibus vel aliis bonis partium predictarum, ille talis condemnetur per regiminem deinde ad reficiendum damnum. Et si ille vel illi non reperientur vel si homines galearum non dabunt illum vel illos predones in manibus regiminis[34], omnes salariati illius galee vel galearum solvere debeant damnum predictum. Et in hoc casu regimen Nigropontis mittat in scriptis nostro dominio[35] et officialibus armamenti damna predicta, ut per salariatos galearum damna predicta reficiantur. Ideo in quantum ad te spectat illud observa et facias observare.

(5) Item ponatur pars posita in libro 58 Rogatorum, ad cartam 35, sub hoc signo[36].

(6) Item pars remorum galearum ut in 58 Rogatorum, ad cartam 93.

(7) Item pars faciendi palmare galeas et pro circhis ut in 58, ad cartam 172.

29. *Nel margine esterno segno di richiamo, depennato, riprodotto nel margine interno.*

30. *Per gran parte coperto da macchia d'inchiostro.*

31. *Parzialmente coperto da macchia d'inchiostro.*

32. *Nel margine interno, signum n. 5.*

33. *Nel margine esterno* 1429, die X° marcii *e, a capo,* non ponatur quia illuc navigare Turci prohibent.

34. -s *corretto su* -b.

35. *Segue* damna pd *depennato.*

36. *Segue signum n. 6.*

(8) Item observabis sicut captum est in consilio Rogatorum 1433, die 14[37] iulii, videlicet quod capitanei et supracomiti et alii, qui ex denariis hominum galearum retentis in sacculo habebunt pro dando predictis hominibus, teneantur et debeant dictis hominibus dare, quando illos sibi dare debebunt, dictos denarios in auro prout retenti fuerint et non in monetis ullo modo. Et hoc sub pena perpetue privationis capitaneriarum et supracomitariarum, preconiarum[38] nostrarum, et ultra hoc restitutionis eius quod retinuissent et tantundem[39] pro pena. Et predicta sunt commissa exequenda et pene exigende nostris Advocatoribus comunis habentibus partem ut de aliis sui officii[40].

(9) Item ponatur pars de galeotis ut continetur in 7° Rogatorum per mare[41], ad cartam 91, sub hoc[42].

(10) Item ponatur pars de columnis non onerandis ut continetur in 7° Rogatorum per mare, ad cartam 93[43], sub hoc[44].

(11) Item ponatur pars de ballistariis nobilibus ut continetur in 7° Rogatorum per mare, ad cartam 94[45], sub hoc[46].

(12) Item ponatur pars libras L[ta] biscoti dandi supracomitis pro quolibet in die ut in 8 per mare, carta 54.

(13) Ponantur due partes altera pro zurmis vulneratis que incipit «Atterita» et cetera, altera pro ballistariis remanentibus in terra, que incipit «Multociens» et cetera[47] ut continetur in 8 Rogatorum per mare, ad cartam 122.

(14) Ponatur pars de denariis dispensandis inter zurmas, que incipit «L'andarà parte et cetera» ut in nono per mare, ad cartam 127.

37. *Su* primo *depennato.*
38. *In interlinea con segno di richiamo.*
39. Et tantundem *depennato e nel margine esterno* et medietatem de pluri.
40. *Nel margine esterno, signum n. 7.*
41. *Segue* ut continetur *depennato.*
42. *Segue signum n. 8.*
43. -3 *corretto su* -2.
44. *Segue signum n. 9.*
45. -4 *corretto su* -5
46. *Segue signum n. 10.*
47. *Segue* 63 *barrato.*

2

Sopracomito del Golfo
post 1392, 12 febbraio-1472, 13 aprile

Il formulario di commissione si trova in ASVe, *Collegio*, *Formulari di commissioni*, registro 4, cc. 11r-13r. Il testo è costituito dal *corpus* originario (cc. 11r-12r) e dalle aggiunte successive (cc. 12v-13r). Il *corpus* originario, redatto in minuscola gotica cancelleresca e preceduto dalla titolazione coeva *Comissio Supracomitorum Culphi*, rinvia nell'intestazione al dogado di Antonio Venier (1382-1400). I capitoli 16 e 17 rimandano ad altrettante disposizioni del Senato (la prima non è datata, la seconda è del 1358), avvertendo, in entrambi i casi, «ut in commissione capitanei Culphi continetur» e, quindi, facendo propendere per una stesura di tale testo successiva a quella del formulario per il capitano del Golfo. Al capitolo 18 inoltre, come nella precedente commissione, si ritrova il provvedimento del 17 dicembre 1401: anche in questo caso si tratterebbe di un'aggiunta successiva, inserita nel corpo originario durante la supposta operazione di copiatura e riunione dei testi traditi nel registro 4, compiuta durante il dogado di Michele Steno (1400-1413). A margine alcune correzioni, posteriori, riportate in nota; in coda le aggiunte: si tratta di delibere del Senato veneziano comprese, ove sia stato possibile datarle, fra il 1431 e il 1472; fa eccezione un accordo fra Genova e Venezia («ordinem datum [...] per dominum ducem Ianue et suum consilium ex una parte, et nos et nostrum comune ex altera»), del 1375, articolato in più punti e posto in calce al formulario originario (come aggiunta n. 1) evidentemente molto più tardi.

| c. 11r | Comissio supracomitorum Culphi.

1 <N>os Anthonius Venerio, Dei gratia dux Venetiarum et cetera, comittimus tibi, nobili viro ... civi et fideli[48] nostro, quod de nostro mandato vadas et sis supracomitus ad custodiam Culphi in presenti armata, cuius est capitaneus nobilis vir ... cui capitaneo debeas in omnibus fideliter obedire.

2 Habere debes in mense ducatos XXV annuatim de salario, et teneris habere et conducere tres famulos tuis expensis.

3 Et non potes facere mercatum, per te vel alios, in galeys nec extra, ullo modo vel ingenio, sicut etiam facere non potest capitaneus.

4 Item non potes[49] ullo modo habere nec uti pro coquo, canipario vel famulo aliquem de soldatis galearum comunis, nec permittere quod comiti vel nauclerii hoc fatiant.

5 Item observabis partem infrascriptam videlicet quod si capitaneus preceperit quod supracomiti, comiti et alii de galeys debeant ferire inter inimicos et non ferrierint, et etiam si ferrierint et aliqua galearum secesserit a prelio, prelio non finito, supracomiti, comiti, nauclerii et hii qui erunt ad themones debeant perdere capita. Et si non possent reperiri, sint perpetuo forbaniti omnibus terris et locis ubi dominus dux et comune Venetiarum habent dominium, et omnia sua bona veniant in comune. Illis tamen exceptis et exemptis qui manifeste non reperirentur culpabiles.

48. -de- *coperto da macchia d'inchiostro.*
49. *Con segno d'abbreviazione sovrabbondante.*

6 Item ordinatum est quod omnes homines armate predicte de pede teneantur habere arma sua sicut tenentur ballistarii, secundum quod extitit hactenus consuetum; et quelibet galea habere tenetur L bonas spatas et XXX cervelerias et balistas, et alia arma solita haberi et teneri.

7 Et scias quod super qualibet galea, tam comunis quam specialium personarum, possint esse quatuor nobiles pro balistariis, cum soldo et conditionibus aliorum.

8 Item ordinatum est quod balistarii presentis armate esse debeant ad mensam capitanei et supracomitorum; pro mensa quorum habere debeant predicti a nostro comune grossos duos cum dimidio[50] pro quolibet ballistario in die, et non aliud ullo modo. Verum teneantur, habentes ballistarios ad suam mensam, facere eis talem mensam, quod non habeant causam querelle, sed possint merito contentari.

9 Et ut erga ballistarios in facto mense fiat quod fieri debet, volumus quod capitaneus inquirat et inquiri faciat diligenter in galeys sibi | c. 11v | comissis si habere debentes ballistarios ad suam mensam facient convenientem mensam ipsis ballistariis. Et propterea capitaneus habet libertatem imponendi penam librarum L vel inde infra pro quolibet et qualibet vice quod predicti faciant bonam mensam ipsis ballistariis, de qua pena non potest fieri gratia, sub pena librarum centum pro quolibet ponente vel consenciente partem in contrarium.

10 Non potest concedi vel fieri gratia alicui rectori vel persone cuiuscumque conditionis existat quod levetur super galeys ad custodiam Culphi deputatis, sub pena librarum quingentarum usque in infinitum[51] pro quolibet ponente vel consenciente partem in contrarium. Et propterea mandamus tibi quod nullo modo recipias vel levari permittas aliquem, sub pena librarum mile pro quolibet et qualibet vice in tuis bonis, exceptis ab hiis ambaxiatoribus et nuntiis salariatis nostri comunis, et personis forinsecis notabilis conditionis, qui possint levari si captum fuerit in Rogatis per maiorem partem congregatis a LX supra; non intelligendo in dicta prohibitione de mercatoribus solitis levari in reditu galearum per Riperiam, si captum fuerit de levando mercatores super eis; et si aliquis accusaverit aliquem contrafacientem Advocatoribus comunis, ita quod per eius accusam veritas habeatur, habeat tercium dicte pene et teneatur de credentia, Advocatores predicti tercium, et comune tercium. Et ita inteligatur de supracomitis galearum Crete ad Culphi custodiam deputatis, comittendo rectoribus quod exigant penam a contrafacientibus, et partem habeant quam haberent Advocatores comunis in Venetiis.

1<1> Quia utile est dare omnem operam possibilem quod galee Culphi continue sint leves in mari, capta fuit pars in Rogatis, et sic firmiter servabis, videlicet quod de cetero capitanei, supracomiti, comiti, nauclerii, patronii et scribe nostrarum galearum, vel etiam galearum de cetero armandarum in Creta pro custodia Culphi, vel alii pro eis, nullo modo audeant facere vel fieri facere de mercationibus super ipsis galeis, nec aliquod, caricare vel caricari fac<ere> in eis pro mercimoniando, sub pena perdendi totum id in quo contrafecisse invenientur. Et committatur extra Venetias capitaneis Culphi, quod predicta faciant publicari super galeys ut omnibus nota sint; et inquirant de contrafacientibus habendo tercium condennationum, tercium comune, et reliquum tercium accusator, si fuerit per quem habeatur veritas, et sit de credentia. Et si non fuerit accusator per quem habeatur veritas, pena dividatur per medium. Et similiter comittatur extra Venetias nostris rectoribus qui viderent et sentirent de contrafacientibus, cum conditione dicta de capitaneo in facto inquirendi, examinandi et condennandi ut supra. Et in

50. Cum dimidio *in interlinea, con segno di richiamo, depennato e, nel margine interno,* cancellatum cum dimidio – cum dimidio *in interlinea con segno di richiamo* – vigore partis capte 1431 de mense [...] et habeant solummodo grossos duos.

51. usque ... infinitum *nel margine esterno con segno di richiamo, anticipato nel testo dopo* quingentarum.

Venetiis comittatur Dominis de nocte, catavere, capitaneis postarum[52], officialibus Levantis et Provisoribus comunis, qui inquirant de contrafacientibus, et penas exigant habendo partem ut dictum est.

12 | c. 12r | Ordinatum est quod de toto vino quod de cetero conducetur Venetias cum dictis galeys subtus cohopertam, solvantur ducati decem pro qualibet anfora de nabulo nostro comuni, videlicet extraordinariis. Et si aliquis contrafaceret vel discaricaret de dicto vino alibi extra Venetias, solvere teneatur ducatos viginti pro anfora de eo in quo fuerit contrafactum. Et si accusator fuerit in predictis, habeat medietatem dictorum XX ducatorum et sit de credentia[53], et alia medietas dividatur per medium, videlicet medietas sit officialium primo invenientium, et alia medietas sit comunis. Et predicta comittantur inquirenda catavere, capitaneis postarum, officialibus Levantis extraordinariis et aliis officialibus contrabanorum, qui inquirant de contrafacientibus et penas exigant, habendo partem ut dictum est. Intelligendo quod sit licitum capitaneis et supracomitis solum adducere secum tres caratellos pro quolibet, et non ultra, sine aliquo nabulo; que omnia servabis et facies observari.

13 Item captum est, et sic servabis et facies observari, videlicet quod sicut super qualibet galea Culphi esse debent ballistarii XX cum salario et conditionibus alias captis, sic esse debeant ballistarii XVIII pro qualibet galea[54], verum, pro supplendo huic deffectui, est ordinatum quod nauclerii, scribe, marangoni et kalafati sint et esse debeant et accipiantur ultra dictum numerum ballistariorum, ad conditionem et cum modis et ordinibus ballistariorum solitis, cum soldo tantum vel salario librarum XVI pro quolibet dictorum naucleriorum, scribarum, marangonorum et kalafatorum in mense, habendo etiam expensas a supracomitis et aliis capitibus galearum, sicut habent ballistarii, nauclerii, scribani, marangoni et kalafati; et tenentur habere ballistas, veretonos et alia arma solita haberi et teneri per ballistarios antedictos, et facere de eis monstram ad circham secundum usum.

14 De galeys deputatis ad custodiam Culphi, nullum debeat esse lignum ante guardiam. Sed de facto anteguardie, capitaneus provideat quod fiat ad zornatam vel ad ebdomadam, vel per alium m[eli]orem modum sic eidem videbitur pro bono galearum.

15 Preterea non potes ullo modo accipere nec manum ponere in aliqua vivanda, pane, vino, sachis et aliis rebus deputatis pro hominibus galearum, sed pocius te furnias de propria bursa, sub pena restituendi id quod acceperis in duplum.

16 Item observabis infrascriptam partem captam in consilio Rogatorum prout in commissione capitanei Culphi continetur sub hoc signo[55].

17 Item observabis partem captam in Rogatorum 1359, die XVII iunii, ut in commissione capitanei Culphi continetur sub hoc signo[56].

| c. 12v | 18 Item observabis partem infrascriptam captam in nostris consiliis Minori, Rogatorum, XL^{ta} et additionis MCCCCI inditione X^{a}, die XVII decembris, cuius tenor talis est, videlicet item quod asseritur quod caniparii, seschalchi, cochi et familiares[57] capitanei et

52. capitaneis postarum *depennato e, nel margine esterno,* capitaneorum postarum officium commissum est officialibus Levantis [...].

53. *Ms.* decredentia *separato dallo scriptor con tratto verticale.*

54. -a *parzialmente coperto da macchia d'inchiostro.*

55. *Segue signum n. 2.*

56. *Segue signum n. 3.*

57. -m- *con segno sovrabbondante.*

supracomitorum scribuntur et solvuntur pro ballistariis et in numero ballistariorum, vadit pars, ut obvietur huic errori, quod capitaneus et supracomiti teneantur facere scribi ad officium armamenti caniparios, seschalchos, cochos et familiares suos, ut possit de eis fieri circa sicut de aliis hominibus. Et propter hoc capitanei teneantur facere circam de predictis quando facient circam aliorum hominum dictarum galearum, et videre et perquirere si ultra numerum[58] hominum a remo et de pede et ballistariorum habebunt dictos caniparios, seschalchos, cochos et familiares. Et in casu quo aliquis contrafecerit, videlicet quod super sua galea sit scriptus aliquis de predictis pro ballistario, homine de pede vel a remo, cadant tam capitanei qui contrafecerint quam quilibet supracomitorum contrafacientium in penam non possendi amplius esse capitaneum nec supracomitos ad Culphum usque decem annos, et hec pena sit ultra alias penas quae continentur in aliis ordinibus nostris. Et si fuerit accusator, per quem sciatur veritas, teneatur de credentia, et habeat libras centum de bonis contrafacientium. Et non possit de predictis penis fieri contrafacientibus gratia, sub pena ducatorum mille pro quolibet ponente vel consenciente partem in contrarium. Et hic ordo habeat vigorem in omnibus galeys quae armabuntur nunc et de cetero per nostrum comune in omni parte.

(1) Insuper osbervabis infrasscriptum ordinem, datum et ordinatum per dominum ducem Ianue et suum consilium ex una parte, et nos et nostrum comune ex altera et ceterum, ut in comissione capitanei Culphi continetur sub hoc signo[59].

(2) Nota quod facta fuit commissio nobili viro ser Nicolao Fusculo, capitaneo Culphi in forma suprascripta cum isto capitulo addito, videlicet quod commissum fuit dicto ser Nicolao Fuschulo per partem captam in consilio Rogatorum et additionis, quod quando senciet ultimam armatam galearum venire debere Venetias, ad quod debeat stare vigil in perscutiendo, debeat, licenciando galeas Crete que vadant in Cretam ad disarmandum, venire cum ipsa ultima armata Levantis Venetias, et cum aliis galeis sibi deputatis ad disarmandum, salvo si aliud mandatum de novo non recepisset a nostro dominio.

(3) Insuper observabis partem captam in nostris consiliis Rogatorum et additionis positam in fine commissionis capitanei Culphy sub hoc signo[60].

(4) Item ponatur pars posita in libro 58 Rogatorum ad cartam 35, sub hoc signo[61].

(5) Item ponatur pars remorum galearum ut in 58 Rogatorum ad cartam 93.

(6) Si supracomiti ibunt sine capitaneo extra, ponatur pars palma<n>di galeas ut in 58 ad cartam 172[62].

58. *In interlinea con segno di richiamo.*

59. *Segue signum n. 4. Da* Insuper *a* signo *depennato e, nel margine esterno,* Hic ordo non observatur, ideo non ponatur in commissione.

60. *Segue signum n. 5.*

61. *Segue signum n. 6.*

62. *Nel margine inferiore* Respice in latere sequenti.

| c. 13r | (7) Item ponatur pars posita in fine commissionis capitanei Culfi sub hoc signo[63].

(8) Item ponatur pars de galeotis ut continetur in 7° Rogatorum per mare ad cartam 91 sub hoc[64].

(9) Item ponatur pars de columnis non onerandis ut continetur in 7° Rogatorum per mare ad cartam 92 sub hoc[65].

(10) 1472 Item ponatur pars de contrabannis Apolmontoris et Arimini ultra 9 per mare, k. 130.

63. *Segue signum n. 7.*
64. *Segue signum n. 8.*
65. *Segue signum n. 9.*

3

Capitano delle galee di Romània
post 1402, 14 gennaio-1412, 13 giugno

Il formulario di commissione si trova in ASVe, *Collegio, Formulari di commissioni*, registro 4, cc. 15r-29v. Il testo è costituito dal *corpus* originario (cc. 15r-29r) e le aggiunte posteriori (cc. 29r-v). Il *corpus* originario, redatto in minuscola gotica cancelleresca e preceduto dalla titolazione coeva *Comissio capitaneorum galearum Romanie*, rinvia al dogado di Michele Steno (1400-1413); più precisamente si ritiene che sia stato composto dopo il 14 gennaio 1402 (data della disposizione datata più recente interna al *corpus*) e prima del 30 marzo 1407 (data della prima aggiunta in calce). Figurano diverse annotazioni a margine e in interlinea, che potrebbero rinviare a una successiva riforma e riscrittura della commissione. Si segnalano, nello specifico, le espressioni verbali *ponatur/ponatur totum usque/ponatur sed incipiatur* in corrispondenza delle disposizioni che si intendevano mantenere nel testo aggiornato (in toto o in parte); o, invece, *non ponatur/non ponatur quia aliter est provisum/corrigatur* a fianco di quelle che, al contrario, andavano cassate. I capitoli 103-109, inoltre, contrassegnati singolarmente da un segno distintivo (Ç), risultano depennati. Si segnalano, inoltre, due errori di numerazione dei capitoli, che sono stati emendati. Il capitolo 53, infatti, è numerato una prima volta a c. 19v, e una seconda volta, come 54, nella carta successiva, ove termina (c. 20r); perciò dal capitolo 54 al capitolo 76 di questa edizione, la numerazione presenta erroneamente, nel manoscritto, un'unità in più; inoltre, poiché il capitolo 77 non è numerato, col 78 la numerazione riprende correttamente (si veda anche nota 98). Tali inesattezze potrebbero essere imputate al fatto che i capitoli fossero numerati successivamente alla loro stesura. Le due aggiunte presenti (del 1407 e del 1412) sono riproposte in tutte le commissioni per i capitani delle galee da mercato qui edite (testi 3-6). La prima aggiunta, in particolare, è qui in forma estesa e ad essa rinviano le altre commissioni («observabis partem captam [...] que scripta est in fine commissionis capitanei galearum Romanie»), ove è riportata, invece, in forma abbreviata; la seconda, infine, rimanda a una disposizione del Senato, *Deliberazioni, misti* (reg. 49, cc. 114v-116r).

| c. 15r | Comissio capitaneorum galearum Romanie.

1 <N>os Michael Steno, Dei gratia dux Venetiarum et cetera, comittimus tibi nobili viro ... dilecto civi et fideli nostro, quod de nostro mandato, in Christi nomine et bone gratie, vadas et sis capitaneus presentium galearum nostrarum iturarum ad viagium Romanie et Tane, quas galeas, cum mercatoribus et mercationibus existentibus in eis et hominibus earum, eundo, stando et redeundo regere et gubernare debeas, sicut pro honore nostro et conservatione gentis nostre et mercationum predictarum videris convenire.

2 Rationem et iusticiam facies inter gentem tibi commissam secundum tuam discretionem, bona fide sine fraude. Verum, ad tollendum audatiam et materiam deli<n>quendi hominibus galearum, comittimus tibi quod, quociens casus advenerit aliquas de gentibus tibi commissis in aliquibus terris vel locis nostre iurisditioni suppositis, et in quibus president nostri rectores, aliquos excessus committere, debeas et teneris dare omnem operam efficacem ad faciendum eos capi et detineri illosque, si in fortiam tuam habere poteris, antequam recedas de iurisditione districtus loci ubi dicti excessus commissi fuerint, rectoribus nostris dictorum locorum facere assignari, omni causa remota, ut dicti rectores procedere valeant contra eos, prout eorum culpe

et demerita exposcent. Verum si dicti deli<n>quentes haberi non possent et ad tuas manus pervenerint quoquo modo te existente extra iurisditionem terre vel loci ubi excessus huiusmodi fuerint perpetrati, debeas in hoc casu de dictis deli<n>quentibus facere iusticiam, quam debuisset facere rector loci ubi commisissent excessus.

3 Et ad evitandum scandala, facere debeas tuo posse quod homines tuarum galearum non portent arma in terram ubi descenderent, tam in terris nostris quam alienis, imponendo in hoc illam penam et eam exigendo que tibi videbitur; et costringere debeas quod de gente tuarum galearum descendant in terram quam pauciores poterunt in qualibet parte. Et si per aliquem de galeys in aliqua terra, tam nobis subiecta quam non, offensa, briga vel scandalum fieret, quod absit contra aliquem de galeys vel alium subditum nostrum vel alium quemvis, possis inde facere sicut tibi, pro honore nostro et salvatione galearum et haveris ac gentis nostre tibi commisse et pro scandalo vitando, melius apparebit, intelligendo quod commissiones nostrorum rectorum remaneant in suo statu.

4 Item non potes habere partem in galeys vel aliqua earum, nec facere mercationes ullo modo; verum licitum est tibi habere de tuo aliis recomendato super dictis galeys; nec potes ire cum aliqua persona ad videndum mercationes, nec dormire in terram.

5 Arma et remigium dictarum galearum, quando voluerint palmizare, non ponantur in terram, sed debeant palmizare quociens opportuerit particulariter, | c. 15v | et non omnes simul, ponentibus illis pro quibus voluerint palmizare remigium et arma in illam vel illas que non palmizabunt, sicut tibi et patronis dictarum galearum videbitur opus esse pro securitate galearum.

6 Et in omni loco ubi caricabuntur in galeys tibi commissis mercimonia, carcare debeas, ne carizentur ultra signa et mensuras, tam eundo quam redeundo. Et omni vice qua eas vel earum aliquas inveneris caricatas ultra mensuras, eas reduci facias ad mensuram[66].

7 Prohicies autem vel prohici facies mercatores in terris vel locis ad quas ire debebunt secundum naulizamenta eorum; et de ordine standi et expectandi in aliqua parte nichil specialiter tibi committimus, non putantes quod sit necesse, sperantes de tua provisione et discretione, quod melius scies providere, quam posset tibi committi, salvo capitulo de subtus posito loquente de termino quo stare debes in Constantinopoli vel Tana[67].

8 In hiis galeys non possunt caricari vel recipi nec poni in eis seu earum aliqua, in reditu earum in partibus Romanie, Nigropontis, videlicet citra per Riperiam, nisi mercationes nate, laborate vel facte in partibus ubi caricabuntur in dictis locis, et illud quod adduceretur contra hoc incurat ad penam contraordinis[68].

9 Inhibemus quoque tibi, si intraveris bucam Avedi, quod nullo modo descendas in terra, in aliqua terra seu castro, eundo vel redeundo, in dictis locis.

10 Alique mercationes non possunt caricari super dictis galeys in Venetiis, sine licentia et bulleta officialium ad quos spectat, et extra Venetias sine licentia et bulleta tui capitanei; et in caricando et discaricando serventur ordines soliti cum penis ordinatis, exigendis secundum usum[69].

11 Et quia posset accidere quod patroni presentium galearum reciperent mercimonia mercatorum cum tua bulleta, et ipsa postea ponerent in terram sine tua licentia, ordinavimus quod,

66. *Nel margine esterno* non ponatur.
67. *Nel margine esterno* non ponatur.
68. *Nel margine esterno* non ponatur.
69. *Nel margine esterno* non ponatur.

si patroni receperint aliqua mercimonia cum tua bulleta et ipsa ponerent in terram sine tua licentia, incurere debeant penam ducatorum decem pro quolibet miliari omnium mercationum. Et ultra hoc credatur[70] mercatoribus quorum erunt dicta mercimonia, quibus satisfiat de donis patronorum usque ad integram emendam sui danni. Et ultra hoc commissum est officialibus Levantis qui inquirere debeant et exigere, habendo partem ut de aliis sui officii. Et si in predictis fuerit accusator, habeat terzium et sit de credentia, officiales terzium, et comune reliquum. Et de dicta pena non possit fieri gratia vel remissio, sub pena librarum CC pro quolibet ponente vel consenciente partem in contrarium. Et hoc idem servetur in hiis qui ponerent mercationes in galeys ad refusam[71].

| c. 16r | 12 Et quia dicte galee esse debent ad unum denarium eundo, stando et redeundo, et bonum est circa hoc taliter providere quod fraus comitti non possit et quilibet habeat partem suam, comissum est Extraordinariis quod tam in caricando quam in discaricando dictas galeas, observent illum modum et ordinem qui servatur per eos quando galee armantur per comune, exigendo nabula dictarum galearum hoc modo, videlicet quod denarii qui recipientur a mercatoribus debeant computari pro nabulo dictarum galearum, quorum si qui defficerent, principales et plezii solvere teneantur totum[72] id quod defficeret infra quinque menses postquam Venetias applicuerint, sub pena soldorum duorum pro libra exigenda per Catavere comunis. Et si denarii recepti, ut dictum est, superhabundarent, debeant superhabundantes restitui patronis galearum; verum si aliqui mercatores restarent solvere, debeant eos ordinate dare in scriptis capitaneo, ut sciat quantum et a quibus exigere debet. Et ob hoc inhibitum est quod aliquid onerari non possit in galeys, sub penis ordinatis, absque bulleta nostrorum Extraordinariorum predictorum nec exonerari, sub pena terzii nabuli, quod solvi deberet; ad quam penam incurant tam ille cuius essent mercationes, quam patronus galee. Est etiam inhibitum quod aliquis patronus non possit accipere aliquod nabulum sub dicta pena, de qua dicti officiales habeant medietatem, et alia medictas sit comunis. Et si accusator inde fuerit, pena dividatur per terzium. Et de foris committimus tibi quod simul cum dicto armatore scribi facias ordinate omnes mercationes que caricabuntur et discaricabuntur, et quod debeas recipere nabula scribendo a quo recipies, quantum et pro qua re. Et similiter inhibitum est quod aliquid onerari non possit nec extrahi sine tua bulleta. Et non possint patroni predicti recipere aliquod nabulum sub pena predicta et per modum predictum; verum si aliquis patronorum voluerit extra partem suam, possis eam sibi dare, scribendo cui dideris et quantum. Et in tuo reditu teneris dare nabula per te excussa et omnia predicta, ordinate in scriptis, dictis Extraordinariis, ut possint exigere id quod restabit et facere secundum quod eis commissum est. Et propterea comittimus tibi quod predicta, in quantum ad te spectant, debeas observare[73].

13 Non permittes notarium tuum, in Venetiis vel extra, accipere aliquid seu recipi facere pro aliqua bulleta vel licentia caricandi[74].

14 In reditu autem tuo debes venire cum armata Nigropontem, et inde per Riperiam, levando mercatores et mercationes secundum usum.

70. *Ms.* credattur.
71. *Nel margine esterno* non ponatur.
72. *Ms.* totud *con* -d *depennato e segno di abbreviazione.*
73. *Nel margine interno* non ponatur.
74. *Nel margine interno* corrigatur.

15 Et tenetur quilibet patronus recipere a quolibet mercatore, tam eundo quam redeundo, illa mercimonia que sibi presentabuntur, si galee poterunt illa levare, sub pena librarum quinque pro qualibet balla, et librarum X pro quolibet centenario quod recipere recusarent[75].

16 | c. 16v | Patronus cuiuslibet galee tenetur per sacramentum recipere mercatores qui volent ponere omnes mercationes in galeys pro eundo ad loca ad que ibunt ipse galee magis longe, prohiciendo eos in illis locis ad que volent per Riperiam, accipiendo nabulum solitum, sicut anno elapso, et non ultra. Et debet etiam quilibet patronus accip[er]e cuilibet mercatori, qui volet ponere octo ballas in galeys, unum miliare ponderis, si ipse mercator volet ponere; et ita per ratam pro tot ballis quot mercator dabit ipsi patrono, idem patronus debet recipere miliare ponderis; et eodem modo et ratione possint ponere armatores galearum, et non aliter, et patronus ita tenetur sibi sicut aliis[76].

17 Item debet dimitti inter utramque glavam cuiuslibet galee tibi commisse, per longitudinem, pedes undecim pro recipiendo vivandam, nec possint ibi poni merces, sub pena soldorum decem grossorum pro quolibet collo, salvis maioribus penis et stricturis. Et hec commissa sunt inquirenda et pena exigenda officialibus Levantis in Venetiis, et extra Venetias tibi capitaneo; de qua debes habere tercium, accusator terzium, per quem sciatur veritas, et sit de credentia, et comune reliquum. Et canipe non possint esse minores quatuor pedibus per latitudinem. Et alicui cadenti ad dictam penam non possit fieri gratia vel ulla remissio, sub pena librarum V^{c} pro quolibet ponente vel consentiente partem in contrarium[77].

18 Ordinavimus etiam quod pedote presentium galearum accipi debeant per te capitaneum de melioribus et sufficientioribus qui haberi poterunt pro bono galearum; quorum soldum vel salarium tenentur solvere patroni galearum, ita quod non vadant in varcam ullo modo.

19 Patroni omnium galearum armatarum tenentur per sacramentum dari facere hominibus suarum galearum panem, vinum et vivandam ordinatam, non possendo dictam vivandam dandam differe ultra duos dies, nec de dando eis panem vel aliam vivandam per plures duobus diebus; vinum autem dare debeant sicut ordinabitur per capitaneum, sub pena unius grossi pro quolibet homine, cuius pene medietatem habeant homines de remo, quartum capitaneus, et quartum tres constituendi pro qualibet galea. Et si capitaneus hoc sciret absque manifestatione dictorum trium, habeat aliam medietatem. Verum huiusmodi capitulum quantum in facto non possendi dare vivandam ultra duos dies, non extendatur ad factum casei, quia difficile esset patronis singulis duobus diebus modicum casei dare zurme.

20 Teneris et debes omni causa remota, sub pena ducatorum centum auri | c. 17r | in tuis bonis propriis, antequam transeas Polam constituere tres de magis idoneys et sufficientibus mercatoribus nobilibus pro qualibet galea, a XXV annis supra, qui non habeant partem in armata; et si non essent a XXV annis supra, constituas de illis qui erunt maioris etatis. Qui tres, postquam fuerint constituti per te, non possint ullo modo reffutare, sub pena librarum centum pro quolibet; et teneantur, astricti per sacramentum, tam eundo quam redeundo, inquirere et investigare, scire et examinare, si patroni galearum observant ordines terre, et si dant panem, vinum et aliam vivandam ordinatam hominibus galearum; et de omnibus que scient patronos non servare ordines, debeant manifestare tibi capitaneo per sacramentum vel aliis officialibus, quibus est commissum, ut pena[78] a contrafacientibus exigatur. Et habeant ipsi tres de omnibus

75. *Nel margine esterno* non ponatur.
76. *Nel margine esterno* non ponatur.
77. *Nel margine esterno* non ponatur.
78. *Ms.* penas.

que manifestaverint partem accusatoris penarum accusatori per nostros ordines deputatam. Et ut[79] possint melius scire ordines, tu capitaneus, antequam de Venetiis recedas, tenearis accipere ab officialibus Levantis ordines terre omnes pertinentes dictis galeys, quos ipsi officiales dare debeant in scriptis, et quos tu capitaneus dari facias dictis tribus constituendis pro qualibet galea ut supra.

21 Quelibet dictarum galearum habere d<eb>et[80] pro zurma in recessu de Venetiis vivandam pro diebus XXII ad minus.

22 Quandocumque facies circam de galea aliqua, tam de carico quam de zurma hominum, unus ad minus dictorum trium esse debeat tecum ad faciendum dictam circam. Verum non potes tu nec dicti tres constituendi pro galea de penis condenationum, que vobis venirent per ordines deputatos, remittere, sub debito sacramenti, totum vel partem, nec facere de ipsis donum vel gratiam aut promissionem, modo aliquo vel forma.

23 Patroni dictarum galearum tenentur levare mercatores cum una traponta, uno plumatio, uno scrineo et una valisia, et cum armis suis et suorum famulorum, sub pena librarum XXV pro quolibet predictorum.

24 Quicunque mercator ab annis XVI supra et L infra, qui vadit super galeys armatis, habere debet unam ballistam et unum carchassium cum veretonis XXV supra ipsa galea. Et tu capitaneus teneris per sacramentum facere circari de predictis antequam transeas Culphum, et facere quemlibet tendere suam ballistam. Et si aliquis ipsorum non servaret, cadat in penam librarum X pro qualibet ballista defficiente; quam penam exigere debeas, de qua medietas sit tua et alia medietas sit comunis. Et patroni galearum teneantur levare dictas ballistas et sagitamentum, et eas conservare sub cohoperta. Quam circam fieri facies, et aliquis dictorum mercatorum non possit mutuare aliquid alteri de predictis[81].

| c. 17v | 25 Patroni galearum non possint ponere nec poni permittere in scandolario mercimonia, nec vivandam, nec aliquid aliud, nisi solum arnesias mercatorum, tam eundo quam redeundo; vivanda galeotorum stare debet in galea ad portam de medio de subtus, sub pena librarum II^{c}, salvis maioribus penis, quam exigant hic officiales Levantis, remanente consilio de aqua portanda in pupi in suo statu[82].

26 Ordinare debeas quod omnia arma mercatorum poni debeant de subtus scandolarium apud canipam, ita quod melius pre manibus habeantur; et si arma omnia ibi poni non possent, facias reponi restum ad portam de medio de subtus super omnes alias res. Similiter etiam arma omnium ballistariorum ponantur in illo loco qui tibi videbitur, habendo libertatem imponendi penam et penas sicut videbitur tibi, ut predicta effectualiter adimpleantur.

27 Quia galee non onerantur equaliter, tam eundo quam redeundo, quod inducit periculum armatis, relinquimus in discretione et libertate tua, tam eundo quam redeundo, de accipi faciendo de una galea et poni in alia, pro equando eas sicut tibi pro bono armate et galearum videbitur; et ut predicta observentur possis imponere penam et penas que tibi videbuntur.

28 Et quia galee multum impediuntur super cohopertam de barilibus galeotorum et aliorum, quod inducit periculum armatis, relinquimus in discretione tua, si de predictis facta fuerit querella, de faciendo poni in terram de dictis barilibus et aliis, et etiam prohici in aquam, sicut tibi melius videbitur, faciendo tamen hoc cum quam minori danno poteris hominum galearum.

79. *Di mano diversa, in interlinea, con segno di richiamo.*
80. Habere d<eb>et *di mano diversa, in interlinea, con segno di richiamo.*
81. *Nel margine esterno* non ponatur.
82. *Nel margine esterno* non ponatur.

29 Teneris quoque in tuo reditu, postquam Venetias applicueris, presentare condenationes factas in tua capitaneria officialibus ad quos spectant, ut exigant; et postquam Venetias veneris et fueris, non potes aliquem absolvere vel condenare sub pretextu tue capitanerie.

30 De omnibus condennationibus quas facies in tua capitaneria non possis, postquam eas feceris, te impedire in remittendo vel revocando in toto vel parte, ullo ingenio seu forma.

31 Bona morientium ab intestato, que essent sub tua capitaneria, debes intromittere et eas, infra dies XX postquam Venetias applicueris, legi debes presentare.

32 Omnia que ad manus tuas pervenerint, ad nostrum comune spectantia, bona fide custodies et salvabis; de quibus redes rationem illis qui prefuerint rationibus recipiendis.

| c. 18r | 33 Galee debent caricari ad signa ordinata et non ultra, sub pena ordinata, quam exigant officiales Levantis vel tu capitaneus, si inveneris; et si fuerit accusator per quem sciatur veritas, habeat terzium, et comune reliquum.

34 Teneris partire seu partiri facere equaliter inter omnes galeas tibi comissas omnia dona et strinas que quocumque tibi fient.

35 Cum galeys armatis, que de cetero exibunt per divisim, non extrahi vinum quod constet ultra libras XX pro anfora[83].

36 Et quia ab aliquo tempore citra alique expense ponuntur in varca, que non solebant poni, silicet de donis que fiunt admirato, comito, medicis, presbitero et scribis galearum, seu etiam de expensis dictorum scribanorum, est ordinatum quod aliqua dona que fient predictis vel alicui eorum non ponantur in barca. Et est commissum Extraordinariis quod ipsa non recipiant nec ponant in varcam <*sic*>.

37 Admiratus presentium galearum habere debet de salario seu soldo pro toto viagio ducatos octuaginta auri et non ultra. Qui solvantur per patronos galearum, ita quod nulla varca fiat ullo modo vel ingenio.

38 Patroni galearum tibi comissarum esse debent XXX annorum vel inde supra; quorum si quis aliquo causa de extra deffecerit in dicto viagio, tunc loco defficientis unum alium constitues armatorem quam meliorem poteris, accipiendo de illo tempore et de illis de quibus accipi poterit per nostra consilia[84].

39 Cum galeys armatis, que de cetero exibunt, debet portari scala sufficiens secundum usum, sub pena soldorum XL grossorum pro qualibet galea et quolibet viagio[85].

40 Captum est in Maiori consilio quod iudices magni salarii non faciant rationem de debito vel plezaria, nec de mutuys vel pignoribus, que fient de cetero in galeys per comitos, nauclerios vel soldatos galearum, nisi forent scripta per notarium capitanei; et si galee non haberent capitaneum, scribi debeant per scribanum galee in qua fient predicta, cum voluntate armatoris seu patroni; et aliter non fiat eis ratio per iudices predictos.

41 Item captum est in Maiori consilio quod addatur in commissionibus capitaneorum, consilium loquens de supracomitis naucleriisque, et quod ad similem penam incurrant capitanei qui non servarent | c. 18v | contenta in dicto consilio, cuius tenor talis est, videlicet preterea si capitaneus preceperit quod supracomiti et alii de galeys debeant ferire inter inimicos et non ferierint <*sic*>, etiam si ferierint <*sic*> et aliqua galearum secesserit a prelio, prelio non finito, supracomiti, comiti, nauclerii et alii qui erunt ad themones debeant perdere capita. Et si non possent reperiri, sint perpetuo forbaniti de Venetiis et omnibus terris et locis ubi dominus dux

83. *Nel margine esterno* non ponatur.
84. *Nel margine esterno* non ponatur.
85. *Nel margine esterno* non ponatur.

et comune Venetiarum habent dominium, et omnia sua bona deveniant in comune, illis tamen exceptis et exemptis qui manifeste non reperirentur culpabiles. Et si eundo vel redeundo inveneris aliquos qui offendissent gentem nostram vel damnificassent, debeas eos capere, damnificare et punire sicut tibi videbitur, considerata offensione quam fecissent et conditione eorum. Et si aliquis inveneris, qui essent manifeste publici cursarii et non offendissent gentem nostram, debeas permittere homines abire, et de lignis sit in tuo arbitrio comburendi vel non.

42 Patroni galearum accipere debeant a[86] mercatoribus pro mensa grossos quatuor pro quolibet in die, et non plures ullo modo, et grossos duos famulis pro quolibet in die[87]; et ad hanc conditionem sint etiam mercatores forenses qui essent super galeys.

43 Pro obviando fraudibus que comitti possent in discaricando ballas, est ordinatum quod balle et mercationes Nigropontis et Constantinopolis debeant poni et discaricari in locis predictis, secundum quod hic in Venetiis scripte fuerint, et non in alio loco vel parte, ullo ingenio vel modo, sub pena quarti valoris mercationum illi qui extraxerit dictas ballas et merces contra id quod dictum est, et ducatorum XX pro collo patrono illius galee unde extrahetur, et ducatorum quinque scribanis; de quibus penis non fieri gratia contrafacientibus, sub pena librarum CC pro quolibet ponente vel consenciente partem in contrarium. Et si fuerit accusator per quem habeatur veritas, habeat quartum, tu capitaneus quartum et comune reliquum. Et si non fuerit accusator, habeas quartum et comune reliquum[88].

44 Ad removendum omnes errores et cavillationes, que possent occurrere in casu quo alie nostre armate, tam mercatorum quam quecumque alia navigia, tam armata quam disarmata, se reperirent cum capitaneo Culphi, ordinatum est per nostra consilia, quod capitaneus Culphi sit et esse debeat capitaneus generalis dictarum galearum et omnium navigiorum, tam armatorum quam disarmatorum, et facere capitaneriam donec erunt insimul.

| c. 19r | 45 Ordinatum est, propter multa contrabanna[89] que occurrebant in reditu galearum nostrarum a mercato quando inveniebant se simul propter capitaneriam que fiebat ad zornatam, quod nunc et de cetero probentur in consilio Rogatorum tres capitanei armatarum nostrarum a mercato, videlicet Romanie, Cipri et Alexandrie. Et ille capitaneus, qui plures ballotas habuerit, faciat capitaneriam dictarum armatarum usque Venetias, non existente cum eis capitaneo nostro Culphi, qui in omni casu esse debeat capitaneus generalis; secundus vero capitaneus, qui plures ballotas habuerit, in absentia primi, faciat capitaneriam predictam. Et illa armata que fuerit ante aliam et viderit ipsam, teneatur eam expectare et venire simul Venetias per modum predictum, pro omni bono respectu[90].

46 Havere capse quod portabitur cum dictis galeys ad partes Nigropontis, Clarentie, Corphu, Coroni et Mothoni, et etiam havere capsele quod portabitur ad partes Constantinopolis et intra Mare Maius, solvere debeat nabulum solitum et quartum plus[91].

47 Rame et stagnum quod portabitur cum dictis galeys solvere debet de nabulo soldos quinque grossorum, et omnia alia miliaria solvant soldos quatuor grossorum pro miliari, verum fil de ferro et merzaria solvant soldos sex grossorum pro miliari secundum usum[92].

86. *In interlinea con segno di richiamo.*
87. *Segue segno di richiamo, ripetuto nel margine esterno dopo* ponatur totum usque.
88. *Nel margine esterno* non ponatur.
89. *Depennato e in interlinea, con segno di richiamo,* malla.
90. *Nel margine esterno* non ponatur.
91. *Nel margine esterno* non ponatur.
92. *Nel margine esterno* non ponatur; est positum in additione.

48 Habere quidem debes, pro tuo salario, libras sex grossorum in mense et ratione mensis. Et propterea teneris habere et tenere tres famulos, unum presbyterum notarium, unum admiratum, cui dare debes expensas oris, soldum autem recipere debet unde tu tuum, quia ordinatum est quod patroni dictarum galearum teneantur solvere salaria seu soldos capitaney, ballistariorum, tubetarum, medicorum, pedotarum barcharum, admirati et omnium aliorum de quibus possent ullo modo fieri varce, ita quod nulla varca fiat, ullo modo, nisi de vellis et arnesiis, que casu fortune perderentur[93].

49 Verum pro aleviatione patronorum ordinatum est quod ubi solitus eras habere quatuor tubatores, sic solum habeas duos, et duos zaramellas, qui sint ad expensas solitas[94].

50 Mercatores, qui non solvent hic nabula de suis mercationibus quas mittent cum galeys, solvant in Constantinopoli pro singulo ducato caratos XV; de mercationibus vero que defferentur hinc intra Mare Maius solvi debeat de quibuslibet soldis decem grossorum unus summus; de mercationibus | c. 19v | vero que portabuntur de Constantinopoli intra Mare Maius solvi debeat de quibuslibet decem ipperparis unus summus, solvendo de qualibet balla a pagamento ipperpara tria, et de aliis rebus tantum per ratam. Verum mercationes que discaricarentur in Constantinopoli teneantur solvere illud nabulum quod solvunt alie mercationes que conducentur Tanam. Ille vero mercationes que discaricarentur in Constantinopoli et postea caricarentur, solvant[95] tria ipperpara ut dictum est supra. De mercationibus vero que conducentur ad partes Tane et Trapesunde solvatur deinde ad rationem de soldis decem grossorum pro quolibet summo, et in Constantinopoli ad rationem de grossis XII pro quolibet ipperparo.

51 Quicunque patronus approbatus per nostra consilia, qui exiverit de Venetiis, non possit, postquam de Venetiis exiverit, remanere in aliqua parte aliqua causa, nisi pro causa infirmitatis sue persone, que sit talis quod acceptetur per capitaneum armate. Et in isto casu, capitaneus ponat alium sufficientem et sufficientiorem quem poterunt, et contrafacientes cadant ad penam de libras V^{c} pro quolibet et qualibet vice. Et comissum est Advocatoribus comunis in Venetiis et capitaneo extra Venetiis, et predicta faciant observare et exigant a contrafacientibus penam predictam, de qua habeant medietatemet reliquum sit comunis. Et si Advocatores erunt negligentes ad excutiendum ipsam penam, cadant de tantumdem. Et Domini de nocte exigant penam ab Advocatoribus et capitaneis negligentibus, habendo partem ut de aliis penis sui officii. Et de dictis penis non possit fieri gratia contrafacientibus, videlicet armatoribus, capitaneis aut Advocatoribus, sub pena librarum II^{m} pro quolibet ponente vel consenciente partem in contrarium.

52 Galee nostre a mercato, vel aliqua earum, veniendo Venetias non possint transire canale sive rivum Sancti Laurentii, nisi primo fuerint circate ordinate per officiales Levantis, sub pena librarum M pro qualibet galea non circata. Et de dicta pena non fieri gratia sub pena ducatorum mille pro quolibet ponente vel consenciente partem in contrarium. Et commissum est officialibus Levantis quod inquirant ordinate de contrafacientibus et penas exigant, habendo partem ut de aliis sui officii. Remanentibus aliis ordinibus, contradictis contra caricantes[96] ultra mensuram in suo statu.

93. *Nel margine esterno* non ponatur.
94. *Nel margine esterno* non ponatur.
95. *Ms.* solvvant.
96. -i- *in interlinea con segno di richiamo.*

53 Sub debito sacramenti debes esse solicitus et attentus in faciendo fieri ratas mercationum super galeys, recte et legaliter, ita et taliter[97] | c. 20r | quod[98] quilibet habeat contentari. Si vero dictas ratas iniuste faceres, et non recte et legaliter, dimittendo eas in terram vel aliter faciendo in dannum mercatorum, et ex nunc commisimus Advocatoribus comunis quod inquirant contra te; et si invenerint te culpabilem, debeant te placitare et ducere ad consilia, sicut placitant alios qui contrafaciunt suis commissionibus.

54 Postquam recesseris de locis ubi fuerint caricate mercationes in galeys, non possis facere bulletam de aliquibus mercationibus que fuissent caricate in galeys in dictis locis, sub pena ducatorum decem pro quolibet collo, in tuis bonis propriis; de qua pena non fieri gratia, sub pena ducatorum ducentorum pro quolibet ponente vel consentiente partem in contrarium. Et comisimus officialibus Levantis quod inquirant et penas exigant, habendo partem ut de aliis sui officii. Et si accusator fuerit, pena dividatur per terzium[99].

55 Omnes bulletas, quas extra Venetias fieri facies pro caricando mercationes in galeys, debeas facere ordinate registrari et scribi in uno quaterno, ut bene appareant; et similiter comittere debeas patronis galearum tibi commissarum quod omnes bullete, que facte fuerint per te pro caricando, debeant per suum scribam facere notari et diligenter registrari, salvando tamen bulletas predictas, ne perdantur. Quos omnes quaternos tu et patroni predicti simul cum dictis cedulis dare teneamini in vestro reditu et presentare Extraordinariis, quibus commissum est quod debeant discaricare galeas iuxta formam dictorum quaternorum et zedularum.

56 Item est ordinatum quod aliquis civis fidelis vel districtualis Venetiarum nullo modo possit adducere nec adduci facere, mittere nec mitti facere aliquod lignum vel navigium, armatum vel disarmatum, vel merces aliquas de extra Culphum ad aliquas partes intra Culphum alio quam Venetias, sub pena de L pro centenario tocius eius quod portaretur vel mitteretur aut discaricaretur contra hoc. Et si maiores pene invenirentur apposite per alios ordines nostros, ille maiores pene exigantur a contrafacientibus. Et pro omni bono respectu est etiam ordinatum quod de cetero nullus civis fidelis vel districtualis Venetiarum possit levare vel levari facere super aliquibus navigiis, armatis vel disarmatis, aliquod havere Venetorum subtile vel grossum, quod foret conductum de extra Culphum ad aliquas partes intra Culphum, sub dicta pena de L pro centenario; in quam penam etiam[100] | c. 20v | incurant nostri patroni navigiorum armatorum et disarmatorum, super quibus levaretur de dicto havere. Et si levaretur de havere forensium, cadant tam nostri patroni predicti, super quorum navigiis levaretur, quam nostri mercatores contrafacientes de C pro centenario valoris eius in quo fuerit contrafactum. Et si maiores pene forent posite super hoc, exigantur a contrafacientibus; et predicta omnia commissimus inquirenda omnibus officialibus, quibus commissa sunt contrabana, qui inquirant de contrafacientibus et penas exigant, habendo partem ut de aliis sui offic[ii. Et] si fuerit accusator habeat tercium et sit de credentia, officiales tercium et comune reliquum. Et propterea committimus tibi quod predicta facias observari et inquiras de contrafacientibus, cum illa libertate et conditione quibus est commissum in Venetiis officialibus antedictis, habendo partem sicut haberent

97. *Nel margine esterno* non ponatur.

98. *Lo scriptor, al cambio di carta, numera nuovamente il capitolo (apponendo per errore, nel margine interno, 54). Dal capitolo successivo, pertanto, e fino al 76 compreso (dopo il quale l'errore s'interrompe) la numerazione dei capitoli è stata diminuita di una unità rispetto all' originale (perciò nella presente edizione compaiono i numeri 54-76, anziché 55-77 del manoscritto). Si veda, inoltre, la nota introduttiva al formulario.*

99. *Nel margine interno* non ponatur.

100. *Nel margine interno* non ponatur.

officiales. Et de dictis penis non fieri gratia, sub pena ducatorum mille pro quolibet ponente vel consenciente partem in contrarium. Et predicta revocari non possunt, nisi per sex consiliarios, tria capita de XLta, et tres partes consilii Rogatorum congregatorum[101] ab LXXX supra.

57 Teneris accipere sacramentum omnibus mercatoribus galearum si recte et legaliter solverint nabula de suo havere capsele, quod portabunt cum ipsis galeys.

58 Patroni nostrarum galearum a mercato tenentur levare mercimoniam nostrorum mercatorum iuxta mandatum et bulletas nostrorum capitaneorum, sub penis solitis. Verum si aliquis patronus galee a mercato recusabit recipere in galeys merces mercatorum, vel nolent iuxta mandatum et bulletas capitanei, ut dictum est, tunc ipse mercationes remaneant ad risicum patronorum in terram; de quibus teneantur respondere ad reditum galearum mercatoribus in totum, sicut venderentur in Venetiis.

59 Pro favore et comodo nostrorum mercatorum et ubertate terre, ordinatum et proclamatum est quod nullus civis noster vel habitator Venetiarum vel alia persona, quevis sit, audeat levare vel caricare aut levari vel caricari facere aliquas mercationes cuiuscumque conditionis existant intra Culphum pro portando extra Culphum cum aliquo navigio armato, excepto auro et argento, sub pena perdendi totum quod fuerit caricatum vel levatum in dictis navigiis armatis; de quo non fieri ulla gratia vel remissio aut predictorum revocatio, sub pena ducatorum ducentorum pro quolibet ponente vel consenciente partem in contrarium. Et commissum est Catavere, capitaneis Postarum, officialibus Levantis, Provisoribus comunis[102] | c. 21r | et aliis officialibus contrabannorum quod inquirant de contrafacientibus et penas exigant, habendo partem ut de aliis sui officii. Et si fuerit accusator, per quem sciatur veritas, habeat medietatem et sit de credentia, et alia medietas dividatur inter comune et officiales primo invenientes.

60 Aliquis patronus, comitus vel scribanus seu aliter salariatus nostrarum galearum de mercato non audeat ponere nec poni facere merces aliquas inter duas glavas, nec in armarolo, nec in canipa, nec in scandolario, nisi inter duas glavas magnas, sub pena perdendi totum quod fuerit positum contra hoc, vel valorem eius si non esset suum; de quo nulla gratia vel remissio fieri possit, sub pena ducatorum centum pro quolibet ponente vel consenciente partem in contrarium. Et commissum est officialibus Levantis, Catavere, capitaneis Postarum, et aliis officialibus contrabannorum quod inquirant de contrafacientibus et penas exigant, habendo partem ut de aliis sui officii. Et si fuerit accusator, habeat medietatem et sit de credentia, et reliqua medietas dividatur intra comune et officialem primo invenientem. Et propterea committimus tibi quatenus predicta quater in hoc viagio, ubi et quando tibi videbitur, facias cridari super galeys, ut sint omnibus manifesta.

61 Nostri rectores, qui ad eorum regimina cum aliquibus galeys mercatorum ire voluerint vel ab ipsis regiminibus Venetias remeare, debeant cum patronis in facto nabuli esse concordes, quod si erit bene quidem, alioquin nos, cum consiliariis nostris et capitibus de XLta, per maiorem partem nostrum, terminare debeamus quantum ipsi rectores solvere debeant tam eundo quam redeundo. Verum aliquis ambaxiator nostri comunis, qui iret cum dictis galeys vel rediret, non teneatur nec debeat aliquid solvere pro nabulo.

62 Nullus patronus galearum de mercato, silicet Cipri, Alexandrie, Romanie et Tane, ullo modo vel forma aude<a>t per se vel alium recipere vel recipi facere mercationes aliquas in galeys sine bulleta nostrorum officialium in Venetiis, et extra Venetias sine bulleta nostrorum capitaneorum, sub pena librarum mille parvorum, pro quolibet contrafaciente et qualibet vice,

101. *Ms.* congregatis.

102. *Nel margine esterno* non ponatur.

in suis propriis bonis; et ultra hoc sit perpetuo privatus patronia galearum de mercato. Comiti vero, patroni posticii et scribe dictarum galearum, si contrafacerent in levando vel levari faciendo mercationes contra id quod dictum est et sine precepto patronorum s[u]orum, cadant de libris centum parvorum pro quolibet et qualibet vice. Et | c. 21v | ultra hoc sint perpetuo privati comitaria, patronia posticia vel scribania sicut esset. Nauclerii vero vel alie persone minoris conditionis, contrafacientes predictis et caricantes mercimonia sine precepto patronorum suorum ut dictum est, cadant de libris XXV et stent uno mense in uno carcere inferiore pro quolibet et qualibet vice. Et predicta commisimus inquirenda Provisoribus comunis, Catavere, capitaneis Postarum, officialibus Levantis, Dominis de nocte, Capitibus sexteriorum, Extraordinariis, qui per sacramentum tenentur inquirere de contrafacientibus et penas exigere, habendo partem ut de aliis sui officii. Et si fuerit accusator in predictis, habeat tercium et sit de credentia, officiales primo invenientes terzium et comune reliquum. Et de omnibus dictis penis non possit fieri gratia, donum, remissio aut recompensatio ullo modo vel forma, sub pena librarum mille pro quolibet consenciente vel ponente partem in contrarium. Et propterea tibi committimus quod semel antequam transeas Ragusium teneris predicta facere in galeys publice proclamari, ut omnibus nota sint, sub pena librarum CC in tuis bonis. Et cum applicueris ad loca tui viagii, antequam incipias fieri facere bulletas aliquas, similiter facias ipsas cridari, sub dicta pena, de qua tibi non fieri gratia aliqua vel remissio, sub predicta pena librarum mille. Et commisimus Advocatoribus quod inquirant contra te, si fueris negligens; et penas exigant, habendo partem ut de aliis penis sui officii. Intelligendo quod si capitanei vel supracomiti, comiti, patroni posticii, scribe vel nauclerii et alii, ut dictum est, galeas comunis se reperirent ad dicta viagia, vel daretur ordo quod irent, quod teneantur ad omnia predicta; et si contrafecerint predictis, est commissum solum Advocatoribus quod inquirant contra eos, et penas exigant, cum modis et ordinibus supradictis.

63 Sicut alias solvebantur de seta et solute fuerunt tres pro centenario, contando libram soldos L, sic solvi debeant tres pro centenario, contando libram libras IIII^{or}, et hoc intelligatur de seta que conducetur de Tana et de Constantinopoli; de seta vero que conducetur de Nigroponte, sicut solitum erat solvi libras XLta pro miliari, addendo quintum supra, sic solvi debeant libras XXV, defalcando quintum infra[103].

64 Eundo ad viagia, antequam transeas planam, facias cridari super qualibet galea quod nullus scriba, patronus, comitus vel alii de galeys ullo modo audeat caricare vel facere caricari super galea de supra cohopertam coria aliqua, sub pena perdendi illa in totum. Et si accusator fuerit per quem sciatur veritas, habeat terzium et sit de credentia, tu terzium et comune reliquum. Redeundo vero teneris, antequam transeas planam predictam, facere diligenter caricari omnes galeas. Et si aliquis contrafecerit, habeas ipsum pro caduto de pena predicta per modum predictum. Et nichilominus ad primum locum ad quem applicueris[104], | c. 22r | statim facias poni in terram coria predicta pro bono galearum predictarum; et contrafacientibus non fieri gratia, donum vel remissio, sub pena librarum centum pro quolibet ponente vel consentiente partem in contrarium.

65 Comiti et patroni posticii galearum nostrarum a mercato, videlicet Tane, Romanie, Cipri et Alexandrie, possint caricare et ponere in suis armarolis sine aliquo nabulo, cum bulletis ordinatis et cum ordinibus terre, videlicet comiti unum miliare ponderis, et patroni posticii libras V^{m} ponderis et non ultra, quod sit de suo et non de alieno, sub penis ordinatis[105].

103. *Nel margine esterno* non ponatur.
104. *Nel margine esterno* non ponatur.
105. *Nel margine interno* non ponatur.

66 Rate viagii Romanie, que conducentur cum navigiis disarmatis, sint ad conditionem ratarum Cipri et Alexandrie in hoc, videlicet quod de omnibus mercationibus, tam galearum quam navigiorum disarmatorum a rata, fiat unum corpus, et solvantur V pro centenario nostro comuni, sicut servatur de aliis armatis[106].

67 Alique bale et mercationes galearum Romanie, que fuerint discaricate in partibus Mothoni et Coroni vel inde infra in aliqua parte, non possint ullo modo de illis locis vel partibus extrahi, donec galee Cipri et Alexandrie transiverint dicta loca vel partes, sub pena perdendi totum quod fuerit extractum contra hoc; de quo nulla gratia vel remissio fiat alicui, sub pena librarum mille pro quolibet ponente vel consenciente partem in contrarium; sed cum galeys Cipri et Alexandrie predictis bene possint levari et extrahi de locis illis sine aliqua pena. Et etiam quando galee Cipri et Alexandrie transiverint dicta loca, sit in libertate mercatorum extrahendi et mittendi de locis et partibus illis ipsas ballas vel merces, sicut volunt. Et predicta sint commissa omnibus officialibus contrabannorum, qui inquirant de contrafacientibus, habendo partem ut de aliis contrabannis. Et si accusator fuerit, habeat terzium et sit de credentia[107].

68 In casu quo galee viagii Romanie in Tana non possent discaricare et facere facta sua, propter nova que ibi essent, ut differentia non sit inter patronos et mercatores, ordinatum est quod de qualibet balla de pagamento que reducetur de Tana Constantinopolim, habere debeant patroni galearum grossos XII[108], faciendo te capitaneum totum posse tuum de levando in dicto casu mercatores et mercationes existentes in Tana, si volent levari super galeys. Etiam si dicti mercatores propter novitates imperii Constantinopolis volent levari et conduci cum mercibus suis versus Mothonum, Nigropontem vel Coronum, debeant conduci, habentibus patronis pro nabulo pro qualibet balla de Tana usque ad loca de ultra Constantinopolim soldos duos grossorum in totum[109], et sic solvant alie mercationes per rationem[110].

| c. 22v | 69 Officium[111] navigantium revocatum est in totum cum provisionibus infrascriptis. Videlicet quod Veneti nostri originarii quantum ad navigandum sint in illa libertate et statu quibus erant antequam officium predictum esset creatum; forenses autem facti Veneti per privilegium non possint navigare nisi de quanto faciunt imprestita nostro comuni, secundum formam suorum privilegiorum, sub pena de L pro centenario, et de omnibus aliis penis et stricturis ordinatis que invenirentur. Verum si aliqui ex dictis forensibus, factis civibus per formam partium et ordinum datorum hactenus per nos, deberent habere aliquam prerogativam, ut eis non defficiamus de promissis servetur eis id quod inveniretur sibi esse promissum. Et ut turbetur quod nullus noster Venetus tanxet havere forensium, est ordinatum quod aliquis noster Venetus, vel qui pro Veneto tractaretur, non audeat vel presumat modo aliquo, iure, forma, colore vel ingenio, per pactum scriptum manu, obligationes, cautelas, credentias, cambia, recomendisias, collegantias, plezarias vel aliter per aliquem modum qui possit dici vel cogitari, directe vel indirecte, tanxare havere alicuius forensis in Venetiis, nec in aliqua alia parte, exceptis partibus Ponentis silicet a Capite Borsani supra, que partes sunt

106. *Nel margine interno* non ponatur, *con* non *depennato.*

107. *Nel margine interno* non ponatur.

108. grossos XII *tra segni di richiamo e, nel margine interno,* tantum quantum habere deberent de Constantinopoli Tanam *tra medesimi segni di richiamo.*

109. *Da* soldos *a* totum *tra segni di richiamo e, nel margine interno,* tantum quantum solveretur de ipsis locis Tanam.

110. *Nel margine interno* ponatur (*segue* illo *depennato*) aptando.

111. *Nel margine esterno* ponatur.

Flandria et loca illarum partium; nec illud havere forensium extrahere nec extrahi facere de Venetiis, nec de aliquibus aliis partibus cum aliquibus navigiis armatis vel disarmatis, pro portando vel portari faciendo ad aliquas partes Levantis, intelligendo partes Levantis Romaniam bassam et inde supra, silicet Ciprum, Romaniam, Tanam, Cretam, Alexandriam, Armeniam et alia loca dictarum partium Levantis; nec etiam illud havere forensium conducere vel conduci facere de aliqua dictarum partium Levantis ad aliquas partes intra Culphum, sub pena de L pro centenario valoris eius quod fuerit tanxatum vel contrafactum. Et insuper sit privatus tanxans vel contrafaciens, si fuerit nobilis, duobus annis omnibus officiis, regiminibus, consiliis et beneficiis comunis Venetiarum, intus et extra; et si erit popularis sit privatus duobus annis de veniendo in insulam Sancti Marci et Rivoalti, et cadat ille cuius havere tanxatum fuerit in Venetiis vel extra de C pro centenario valoris eius quod sibi tanxatum fuerit. Et si Venetus, vel qui pro Veneto tractaretur, tanxans et contrafaciens predictis, accusabit forensem cuius havere tanxatum fuerit, vel forensis, cuius havere fuerit tanxatum, accusabit Venetum, vel qui pro Veneto tractaretur, tanxantem et contrafacientem, ut dictum est, sit absolutus primo accusans ab omni pena in quam incurisset et sit de credentia, et habeat partem penarum velut accusator. De quibus penis vel aliqua earum non possit contrafacientibus fieri aliqua gratia, donum, provisio, remissio, recompensatio vel termini elongatio, sub pena ducatorum mille pro quolibet ponente vel consenciente partem in contrarium. Et revocatio consiliorum habeatur pro gratia in hac parte. Et predicta omnia commissimus Provisoribus nostris comunis in Venetiis qui inquirant de contrafacientibus et penas exigant, habendo partem ipsarum videlicet medietatem, et reliqua medietas sit comunis. Et si inde fuerit accusator per quem veritas habeatur, pena dividatur per tercium, et sit de credentia. Et extra Venetias commisimus omnibus nostris rectoribus | c. 23r | de intus et extra Culphum cum auctoritate et libertate nostrorum Provisorum; et si dictis rectoribus extra Venetias fuerit aliquis accusatus, occasione predicta, et videbitur eis non habere tantum ad plenum quod velint procedere, tunc teneantur infra unum mensem vel per prima navigia Venetias venientia, postquam viderint se non esse claros, mittere Venctias nostris Provisoribus accusam depositam vel quicquid habuerint in hoc facto particulariter et distincte sub suo sigillo; et in hoc casu non habeant ipsi rectores partem penarum. Et pro inquirendis et exequendis melius predictis, possint Provisores imponere penam et penas, et personas ad sacramentum et detinere in carceribus, qui sibi videbuntur, pro habenda veritate promissorum. Et ut nemo sub spe ignorantie se tueri possit, teneantur nostri Provisores in Venetiis et nostri rectores extra Venetias facere ter predicta in anno cridari, sub pena librarum quingentarum pro quolibet et qualibet vice; et similiter tibi predicta committimus que ter in galeys tibi commissis facias cridari sub pena predicta, que exigatur per Provisores, habendo partem ut dictum est.

70 Mercationes subtiles, que conducentur de Tana et Romania Mothonum, possint deinde extrahi et conduci per galeas Romanie Venetias, solvendo de nabulo ipsis galeys tantum quantum fecissent si conducte essent de Constantinopoli[112].

71 De quanto stabis in partibus Tane non debes de die vel de nocte recedere de galeys ullo modo, et similiter dabis ordinem quod de hominibus tuarum galearum non exeant in terram ultra XXV vel XXX pro galea, apponendo in hoc illas penas que tibi videbuntur[113].

72 In partibus Constantinopolis nullo modo descendas in terram. Verum relinquimus in liberatate tua de ponendo pupim in terram in dictis partibus cum galeys predictis, prout tibi pro bono et securitate dictarum galearum haveris et gentis tibi commissis utilius apparebit, nec etiam

112. *Nel margine interno* non ponatur.
113. *Nel margine interno* non ponatur.

permittas ullo modo de hominibus dictarum galearum, ultra quam XXV pro galeys, descendere in terram. Et patroni dictarum galearum, et similiter supracomiti Culphi qui te associarent, tenentur et sunt astricti continue dormire in galeys de quanto stabunt in Constantinopoli, possendo te super hoc imponere penam et penas, et eas exigere, prout tibi videbitur pro observatione premissorum, habendo semper respectum et vigilando ad securitatem galearum nostrarum et gentis[114] nostre tibi commisse.

73 Et quia non est limitatum nabulum rebus que caricantur super dictis galeys extra Venetias pro eundo Constantinopolim, ordinatum est quod de rebus et mercationibus ac havere que caricabuntur super dictis galeys extra Venetias de hinc usque Mothonum pro eundo Constantinopolim, solvi debeat totum illud nabulum quod solveretur si forent caricate in Venetiis. De illis vero rebus, mercationibus et havere que caricabuntur super dictis galeys in Mothono et inde supra pro eundo Constantinopolim, solvi debeat medietas nabuli quod solveretur si forent caricate in Venetiis. Et quia sunt ali[q]ue res que caricantur tam in Venetiis quam extra super dictis galeys, de quibus est tanxatum quod solvi[115] | c. 23v | debet, ordinatum est quod de dictis rebus non tanxatis solvi debeat illud nabulum quod tibi capitaneo videbitur. Verum comittimus tibi quod reducas nabulum dictarum rerum non tanxatarum ad precium nabuli aliarum rerum tanxatarum, quam plus poteris.

74 Patroni dictarum galearum tenentur, antequam recedant de Constantinopoli pro intrando Mare Maius, se bene furnire de panatica et victualibus pro L diebus, ita quod ad minus habeant pro qualibet galea kanteria CL panatice pro subventione hominum soldatorum dictarum galearum, ultra vivandam et mensam mercatorum, sub pena ducatorum quinque pro quolibet centenario. Quam panaticam non debeant ullo modo in aliqua parte vel loco dare, donare vel mutuare alicui ullo modo vel ingenio, sed ipsam convertant in zurmam galearum. Et propterea comittimus tibi quod, antequam recedas de Constantinopoli, facias quod dicti patroni observent predicta, et facias videre pro parte tua, ponderare et caricare dictam panaticam totam in galeys, ut cum gratia Dei gens nostra dictarum galearum non sustineat deffectum. Et inquiras de contrafacientibus, et exigas penas habendo partem ut de aliis tibi commissis; de quibus penis non potest fieri gratia, donum, remissio vel presentis partis revocatio, sub pena ducatorum C pro quolibet ponente vel consenciente partem in contrarium[116].

75 Cum aliqua galearum nostrarum a mercato non potest levari nec conduci in aliquam partem aliquis sclavus masculus vel femina, ullo modo vel ingenio, sub pena ducatorum centum pro quolibet sclavo vel sclava contra hoc conducta, et qualibet vice. Et propterea comittimus tibi quod inquiras de contrafacientibus, et penas exigas habendo partem ut de aliis tibi commissis. Verum licitum sit cuilibet mercatori posse reducere cum dictis galeys Venetias sclavos suos, quos extraserint de Venetiis cum ipsis galeys; et sclavi etiam qui fuerint extracti de Venetiis cum navibus possint reduci Venetias cum galeis predictis[117].

76 Cum homines, qui vadunt cum istis galeys Romaniam, recipiant pagam in Venetiis solum de tribus mensibus, ita quod, si stant ultra dictum terminum, patroni mutuant eis certam partem pecunie, et postea contant eam in pagis suis, tali et sic inhonesto modo, quod dicti homines non habent integre id quod debet, quod est in maximum damnum ipsorum, comittimus tibi quod in reditu tuo, quando fueris Constantinopoli, si videbis quod galee sint pro stando

114. *Corretto su* gentium *con* -m *depennato.*

115. *Nel margine interno* non ponatur.

116. *Nel margine esterno* non ponatur *depennato.*

117. *Nel margine esterno* non ponatur.

ultra dictum terminum trium mensium, ita quod homines veniant ad habendum refusuram, debeas facere dari per patronos dictis hominibus illam partem refusure que tibi videbitur. Et residuum dicte refusure debeant ipsi patroni dare dictis hominibus in Venetiis. Verum si patroni se excusarent quod non haberent pecuniam, debeas tu capitaneus accipere per cambium pecuniam necessariam pro dando hominibus predictis per modum predictum; quam pecuniam debeant patroni solvere in Venetiis de nabulis suis[118].

<77> Omnes mercationes Romanie basse, tam eundo quam redeundo, debent solvere dictis galeys illud nabulum quod solvunt galeys Cipri et Alexandrie[119].

| c. 24r | 78 Cera, piper et species grosse de partibus Tane et Trapesunde solvere debent dictis galeys libras XXV ad grossos pro miliari, sicut faciunt galeys viagii Cipri.

79 Cera, piper et species grosse de partibus Constantinopolis solvere debent libras viginti pro miliari.

80 Havere capselle quod portatur cum dictis galeys de Venetiis Constantinopolim solvere debet ipsis galeys soldos XX grossorum pro centenario librarum grossorum.

81 Omnes nauclerii, calafati et marangoni galearum a mercato tenentur habere balistas et arma, et ipsas operari quando opus fuerit, prout faciunt illi de galeys Culphi, et[120] debent accipi per modum et ordinem quo accipiuntur illi de galeys Culphi[121].

82 Teneris et debes facere levare super galeys tibi commissis, tam comunis quam specialium personarum, totum mel quod tibi presentabitur per mercatores nostros de Corphoy[122], de Nigroponte et per totam Romaniam bassam, solvendo de nabulis dictis galeys, super quibus caricatum fuerit ipsum mel, ducatos quatuor cum dimidio auri pro miliari, intelligendo miliare libras mille et centum ad grossos, ad pondus Venetiarum.

83 Totum metalum cuiuslibet conditionis, excepto auro et argento, quod caricabitur extra Culphum super nostris galeys et fuerit extractum de intra Culphum, solvere debeat datium nostro comuni et nabulum galeys sicut si esset conductum Venetias et caricatum in Venetiis super galeys; et propterea tibi committimus quatenus exigas dictum datium et nabulum.

84 Item captum et ordinatum est quod addatur in comissione capitanei galearum Romanie, quod omnes mercationes que caricabuntur super dictis galeys per Constantinopolim, mercatores in Constantinopoli, alio die postquam galee illuc applicuerint ante terzias, faciant scire scribanis dictarum galearum quod illas suas mercationes volunt habere in Tana vel Trapesunda. Et si dicte mercationes discaricabuntur in Constantinopoli et postea recaricarentur, vel si mercatores non notificarent scribanis, ut dictum est, tunc solvi debeant de illis mercationibus de Constantinopoli in Tana vel Trapesunda ipperpera tria pro balla secundum usum[123].

85 Preterea est ordinatum, quia sepe occurrunt multa incomoda nostris mercatoribus in solvendo nabula que solventur in Constantinopoli quia patroni galearum volunt nabula de ducatis, quod quilibet, qui non solvet nabula suarum mercationum in Venetiis, teneatur solvere in Constantinopoli ad rationem caratorum LX pro ducato, possendo solvere[124].

118. *Nel margine esterno* non ponatur, *con* non *depennato.*
119. *Nel margine esterno* non ponatur.
120. *Tra segni di richiamo e, nel margine interno,* qui balistarii, *preceduto da medesimo segno di richiamo.*
121. *Nel margine interno* aptando.
122. *Segue segno di richiamo, ripetuto nel margine interno davanti a* Mothono et Corono ac.
123. *Nel margine interno* non ponatur, *con* non *depennato.*
124. *Nel margine interno* non ponatur.

86 Insuper ordinatum est per nos et nostra consilia, et sic servabis et facies observari, quod omnes specie et alia que descendent ad partes Mothoni et Coroni possint venire Venetias cum quacumque armata, solvendo de[125] | c. 24v | nabulo[126] in totum de dictis rebus, sicut solvunt mercationes que conducuntur de Candida Venetias, declarando quod res que veniunt de Romania ad dictas partes obligentur de veniendo cum galeys Romanie, solvendo de nabulo sicut si forent caricate in Constantinopoli; et in casu quo non possent recipi super ipsis galeys, possint venire cum omnibus aliis nostris armatis, solvendo illis galeys cum quibus venient illud quod solverent si essent extracte de Candida, ut dictum est.

87 Teneris et debes bene et diligenter ac legaliter facere ratas tuarum galearum ut teneris per formam tue commissionis. Si vero ipsas ratas bene et legaliter non[127] feceris, ut dictum est, dimittendo aliquas mercationes in terram per fraudem in damnum alicuius, ex nunc cadas de libris mille in tuis propriis bonis, et ultra hoc sis perpetuo privatus capitaneriis omnibus galearum nostrarum; de quibus penis non potest fieri gratia vel remissio, sub penis omnibus et stricturis contentis in parte nova contrabannorum, salvo semper officio Advocatorum comunis[128].

88 In reditu vero, postquam recesseris de Mothono, si galee non habebunt suum plenum et poterunt levare mercationes, ire debeas ad partes Clarentie ad levandum et conducendum Venetias mercatores et mercationes deinde[129].

89 Quia non est limitatum nabulum meli de Mothono et Corono, quod vadit cum galeys nostris a mercato, ordinatum est per nos et nostra consilia quod dictum mel solvat de cetero dictis galeys ducatos tres cum dimidio pro miliare ad pondus solitum.

90 Item ordinatum est, ut detur causa mercatoribus faciendi conduci Venetias de varis pannis sete et panis auri et non mittendi ad alias partes, quod sicut dicte res solvunt de Tana et de Constantinopoli tria et tria et quartam pro centenario de nabulo, sic de cetero solvantur duo cum dimidio[130].

91 Item ordinetur, pro securitate galearum viagii Romanie, quod capitaneus teneatur et debeat, antequam transeat Mothonum vel Nigropontem ad longius, accipere unum pedotam sufficientem inter omnes galeas de Egeopelago; qui pedota vadat cum galeys usque in Romaniam ad expensas patronorum. Et similiter in reditu accipiant unum alium pedotam in Romania, qui veniat saltem usque Nigropontem ad expensas patronorum.

92 Item observabis partes infrascriptas captas in nostris consiliis Rogatorum et additionis, MCCCLXXXVIIII, die octavo iunii, videlicet, pro securitate galearum nostrarum a mercato, ordinatum est quod capitanei galearum nostrarum a mercato teneantur de cetero, sub pena privationis omnium capitaneriarum nostrarum a mercato per quinque annos, observare et facere observari capitulum sue commissionis, continens distincte quod galee non caricentur ultra signa et mensuram debitam. Que mensure poni debeant per patronos nostros arsenatus ad pupim et ad proram et in medio corporis galearum nostrarum, secundum ordines nostros, quos habent officiales Levantis ordinate; que signa signentur tali modo quod possint bene videri, et sic debeat de cetero observari[131].

125. *Nel margine interno* non ponatur.
126. *Ms.* de nabulo*, con* de *ripetuto per errore.*
127. *In interlinea con segno di richiamo.*
128. *Nel margine esterno* bene stat.
129. *Nel margine esterno* non ponatur.
130. *Nel margine esterno* non ponatur.
131. *Nel margine esterno* non ponatur *ripetuto infra.*

| c. 25r | 93 Insuper cum in commissionibus capitaneorum galearum nostrarum a mercato contineatur quod non possint habere partem in galeys vel in aliqua earum nec facere mercationes ullo modo, verum est licitum eis habere de suo recomendato aliis super ipsis galeys, nec potest ire capitaneus cum aliqua persona ad videndum mercationes, et quod non possit dormire in terram, ordinatum est pro omni bona causa quod addatur dicto ordini quod non possint ire capitanei ad videndum nec ostendendum mercationes in terram neque in galeam, non intelligendo in hoc lapides nec perlas de conto, et hoc sub pena librarum V[c] capitaneo, et privationis annorum quinque omnium capitaneriarum galearum a mercato; quam penam pecuniariam exigant Catavere, habentes partem ut de aliis sui officii. Qui Catavere, statim cum galee redierint, debeant, sub pena librarum XXV in suis propriis bonis, examinare et inquirere si capitaney observaverint ut dictum est; quam penam exigant Advocatores nostri comunis a Catavere; et si fuerit accusator in predictis, per quem veritas habeatur, habeat tercium pene pecuniarie, et teneatur de credentia.

94 Item ordinetur, et addatur in commissionibus omnium capitaneorum nostrarum galearum a mercato, quod de omnibus nabulis que excucient extra Venetias, tam de mercationibus caricatis Venetiis quam extra Venetias, debeant iidem capitanei scribere in uno quaterno per se omnes denarios, quos excucient, et nomina personarum et de quibus mercationibus. Et similiter scribant in dicto quaterno quando dabunt aliquos denarios patronis galearum; quos denarios debeant capitaney dare patronis de tempore in tempus, sicut est iustum. Quem quaternum debeat quilibet capitaneorum predictorum in reditu suo consignare et dare officialibus nostris Extraordinariorum, ut quilibet possit videre facta sua.

95 Item ordinetur et sic debeat de cetero observari quod, quando caricabuntur alique mercationes extra Venetias super nostris galeys a mercato, debeant patroni subito facere scribi per suos scribanos pacta et conventiones quas fecerint mercatores cum patronis, et precium quod debebunt dare pro nabulo, et declarare inter se cum quo pondere debebunt ponderari ipsas mercationes, et singulariter omnia que contrahentur inter mercatores et patronos. Patroni autem teneantur infra terziam diem ad longius portare zedulam dicti naulizati et conventionum suo capitaneo particulariter et distincte. Qui capitaneus teneatur et debeat scribere vel scribi facere ipsa naulizata et conventiones in uno quaterno, quem dabit in reditu suo officialibus Extraordinariorum pro informatione omnium, quibus spectabunt. Verum si patroni contrafecerint, vel eorum aliquis predictis vel alicui predictorum, et postea foret aliqua differentia inter mercatores et patronos occasione predicta, credatur sacramento mercatorum; et per dictum suum procedatur sicut erit de iure, et non audiantur patroni, nec testificationes eorum dicta de causa.

96 Item quia observatur per patronos omnium galearum a mercato quando veniunt Venetias quod, ubi debent accipere pedotas sufficientes pro intrando portum nostrum Venetiarum | c. 25v | cum securitate, ipsi solidant rationem alicuius ex soldatis galearum suarum, et constituunt ipsum pedotam, quod est cum evidenti periculo galearum nostrarum, ordinetur quod patroni galearum predictarum teneantur omnino in reditu suo accipere suos pedotas, sicut tenentur de illis qui non sunt nec fuerint soldati super galeys suis, sed accipiant de pedotis solitis, quos reperient in Istria.

97 Item quia sunt quam plures ordines super facto barilarum, que fieri debent ad unam mensuram, et per indirectum contrafit dictis ordinibus, quia tam in Venetiis quam extra Venetias reperitur modus habendi barilas magnas cum maximo periculo galearum, quia per istas excessivas barilas galee sunt nimis caricate, ordinetur et sic mandetur capitaneis nostris galearum a mercato quod de cetero observent quod in Pola, et in omnibus aliis locis que videbuntur capitaneis, debeant facere diligenter circari, et omnes barilas quas invenient, que sint capacitatis

ultra quartam et siculum ad plus, debeant omnino facere poni in terra, ut galee vadant cum qua<m> maiori securitate poterunt[132].

98 Item observabis partem infrascriptam captam in Rogatis MCCCLXXXVII, die XXVIII decembris, videlicet prout omnibus patet, semper dominatio providit et fecit quam plures leges, ut hominibus nostris, tam de remo quam de pede, fierent integre sue solutiones, ut ipsis hominibus nullo modo fieret obliquum, et similiter dominatio fecit quam plures provisiones ut galee nostre a mercato irent et redirent bene armate, et hec omnia nequaquam observata fuerunt, quia pauperibus hominibus non dantur sue livrationes, nec fiunt eis sue livrationes et refusure prout debent fieri, ymo patroni galearum faciunt apunctare pauperes homines in meridie, multociens tenentibus ipsis scalam in terram, quod est contra Deum et rationem, et illas apunctaturas non dant capitaneo ut tenentur, et tales apunctature non date capitaneo non debent poni ad computum pauperum hominum, etiam pro quolibet homine a remo ipsis patronis defficiente, qui debent habere homines 171, ipsi patroni debent solvere libras XXIIII in mense, et super his[133] sit totaliter providendum prout consulunt Advocatores comunis, vadit pars[134] quod committatur nostris solutoribus armamenti quod debeant facere suas rationes omnibus hominibus tam de remo quam de pede, qui fuerunt cum galeys nostris a mercato, que venerunt nuper et que venirent per futura tempora, in hac forma, videlicet primo quod videant illud quod ipsi homines restant habere de suis livrationibus et refusuris, et faciant ipsis hominibus dare integre illud quod restabunt habere, et quod pactum aliquod, quod ipsi homines fecissent, valere non debeat. Et quod aliqua apunctatura non ponatur pauperibus hominibus, postquam ipsas apunctaturas non dederint capitaneo, prout tenentur, audientibus ipsis solutoribus pauperes homines, patronos et scribanos, et videntibus quaternos ordinate, habendo libertatem imponendi penam et penas et ipsas exigendi, ac etiam ponendi personas ad sacramentum prout eis videbitur, habendo insuper | c. 26r | libertatem imponendi penam et penas patronis ipsarum galearum in suis propriis bonis, et ipsas penas exigendi, de faciendo sibi dari de presenti tot denarios quot eis videbuntur, possendo solvere ipsis hominibus de eo quod habere debebunt, amodo usque octo dies, sub pena librarum centum pro quolibet et pro quolibet homine, qui ipsis patronis defecerit ad habendum homines 171 a remo, libras XXIIII in mense, secundum formam partis que ipsis nostris solutoribus mittatur, ut ipsam debeant observare.

99 Item observabis partem que in nostris consiliis Minori, Rogatorum, XLta et zonta capta fuit infrascripti tenoris, videlicet MCCCLXXXXVI, die XXV maii, quia utillissimum et pium est providere ad bonum et securitatem galearum nostrarum a mercato, que veniunt Venetias tempore yemali, navigando nocturno tempore et faciendo scalam in mari inter nostrum Culphum, cum tantis manifestis periculis, consideratis ipsis periculis et pessimis incovenientiis, que iam ex hoc evenerunt et evenire possunt in futurum, nisi super hoc salubriter provideretur, vadit pars[135] quod prohibeatur expresse omnibus nostris capitaneis galearum a mercato quod de cetero, in suo reditu Venetias a Ragusio usque in Istriam, non audea<n>t ullo modo facere noctem in mari, ymo bona hora se reducere ad portum et ferum ponere in illo loco qui eis tucior et melior videbitur, non se levando de portu ullo modo, nisi per duas horas vel tres

132. *Nel margine esterno* non ponatur.

133. *Ms.* hiis.

134. *Segue segno di richiamo, ripetuto nel margine esterno dopo* ponatur sed incipiatur sic: Item ordinatum est.

135. *Segue segno di richiamo, ripetuto nel margine interno dopo* ponatur incipiendo: Captum et ordinatum est per nostra consilia.

ad plus ante diem, sub pena librarum mille cuilibet capitaneo contrafacienti et qualibet vice. De qua pena si accusator fuerit per quem veritas habeatur habeat medietatem, quartum sit comunis et aliud quartum sit officialium, quibus primo accusa facta fuerit. De qua pena alicui capitaneo contrafacienti non possit fieri gratia, donum, remissio nec aliqua recompensatio, nisi per sex consiliarios, tria capita de XLta, XLta de XLta, et quatuor partes Maioris consilii. Et comittantur predicta inquirenda Advocatoribus comunis, Provisoribus comunis et nostris officialibus de Catavere, qui in adventu galearum nostrarum predictarum debeant, sub debito sacramenti, facere inquisitionem diligenter de predictis; et iniungatur in commissione omnium capitaneorum nostrorum predictorum. Et similiter debeat observare capitaneus noster Culphi, in casu quo se reperiret cum nostris galeys a mercato, sub penis et stricturis predictis[136].

100 Item observabis infrascriptam partem captam in nostris consiliis Minori, XL, Rogatorum et additionis, millesimo[137] trecentesimo nonagesimo septimo, indictione quinta, die XIIII iunii, cuius tenor talis est, videlicet cum super galeys nostris a mercato multociens caricentur in Venetiis mercationes pro Corono, et quando dicte galee sunt in Mothono discaricantur mercationes pro mittendo eas Coronum, cum iactura mercatorum nostrorum, et utile sit pro bono mercatorum nostrorum et utilitate loci nostri Coroni providere, considerata parva distantia existente de Mothono usque Coronum, vadit pars quod de cetero capitanei galearum nostrarum a mercato, silicet Romanie, Baruti et Alexandrie, teneantur, cum galeys sibi commissis[138] | c. 26v | expeditis de Mothono, ire Coronum et stare ibi quatuor horis ad minus, pro dextro loci nostri predicti. Et addatur in eorum commissionibus quod partem predictam teneantur observare, sub pena capitaneis librarum CC et cuilibet patronorum librarum centum in suis propriis bonis; et comittatur omnibus officialibus contrabannorum quod dictam partem exigant, habentes partem ut de aliis sui officii. Et si fuerit accusator per quem veritas habeatur, habeat terzium, officiales quibus facta fuerit accusa terzium et comune reliquum. De qua pena non possit contrafacientibus fieri gratia, sub pena librarum centum pro quolibet ponente vel consenciente partem in contrarium.

101 Item observabis infrascriptam partem captam in consilio Rogatorum 1397, die XIIII iunii, cuius tenor talis est. Cum sit quedam pars continens quod patroni nostrarum galearum a mercato possint super qualibet galea habere ballistarios quatuor nobiles nostros de Maiori consilio in numero aliorum ballistariorum, et sicut est manifestum ad presens sunt multi nostri nobiles, non habentes aliquod inviamentum, probi et apti ad navigandum, quibus est bonum et utile subvenire, vadit pars quod de cetero patroni omnium galearum nostrarum a mercato teneantur habere super qualibet galea ballistarios tres nobiles de Maiori consilio a XX annis supra et quadraginta infra, in numero aliorum ballistariorum, possendo accipere de illis per quos exirent de consilio, quibus dare debeant soldum, quod habent alii ballistarii, et tabulam. Et ipsi ballistarii nobiles tenentur habere ballistas et omnia alia arma necessaria, sicut habent alii ballistarii, et illa ostendere ad circam, sicut est consuetum. Sit tamen in libertate patronorum habere unum alium ballistarium nobilem, ultra illos tres quos omnino teneantur habere, ut est dictum. Insuper teneantur dicti patroni, quando collegium deputatum ad accipiendum ballistarios volet ballistarios accipere, presentare capitaneo nomina illorum trium nobilium quos acceperint, ut capitanus sit de illis informatus. Si vero patroni illos non accepissent nec dedissent nomina eorum in scriptis capitaneo, ut dictum est, teneatur capitaneus et collegium

136. *Nel margine interno, signum n. 11.*
137. *Ms.* mullesimo.
138. *Nel margine interno* non ponatur.

deputatum, quando accipiet alios, accipere etiam istos tres; si invenient volentes ire, quos videre debeant, caricare et prohicere in illo loco qui dicto collegio videbitur[139].

102 Item observabis partem infrascriptam captam in nostris consiliis Rogatorum, XLta et additionis, millesimo trecentesimo nonagesimo nono, indictione octava, die quarto ianuarii, tenoris infrascripti, videlicet cum in commissionibus capitaneorum nostrarum galearum a mercato sint multa capitula et ordines super facto zurmarum, quas habere debent galee a mercato, continentes modos quos servare habent capitanei in faciendo circas galearum, et id quod solvere debent patroni galearum in mense et ratione mensis pro quolibet homine defficiente, sed tamen, ut notum est, galee predicte non vadunt fulcite hominibus quos habere debent, contra intentionem terre, cum manifesto periculo galearum, hominum et haveris in eis existentium, et utile sit ymo necessarium providere quod galee predicte vadant armate sicut est intentio terre, vadit pars quod omnia capitula existentia in commissionibus capitaneorum galearum a mercato loquentia super facto dictarum zurmarum, in quantum ad hoc spectant, revocentur et anichilentur. Et de cetero infrascripte partes per capitaneos galearum nostrarum a mercato, qui per tempora fuerint, debeant observari, et in eorum commissionibus addantur pro maiori observatione[140].

| c. 27r | 103 Primo ordinetur quod quelibet galea a mercato habere debeat ultra patronum nobilem unum comitum, unum patronum iuratum, duos scribas, unum hominem consilii, unum marangonum et unum calafatum, octo nauclerios, quindecim ballistarios, in quorum numero sit unus remarius, centum et septuaginta unum homines a remo, unum cochum et unum caniparium et unum famulum patroni. Tota que zurma habere debeat expensas a galeys iuxta solitum; ballistarii autem accipi debeant ad bersaleum, iuxta solitum, et cum soldo consueto. Teneatur insuper quelibet galearum ultra numerum suprascriptum habere pedotas, qui accipi debent per capitaneos iuxta solitum. Capitanei vero habere debeant admiratos, medicos, sonatores et alios eis deputatos, secundum consuetudinem, intelligendo quod galee nostre Flandrie habere debeant ballistarii viginti, sicut solite sunt habere[141].

104 Item teneantur capitanei, antequam recedant de Venetiis, facere quod patroni galearum dent et consignent eis quaternos galearum suarum, in quibus sint scripti omnes homines soldati galearum suarum; quos quaternos dicti capitanei retinere debeant penes se per totum viagium, donec redierint Venetias. Et antequam capitanei predicti transeant Polam, teneantur personaliter fecere circam omnium galearum, faciendo circam ad galeam ad galeam, faciendo vocari homines ad unum ad unum; et defficientes, quando fiet dicta zircha, scribere debeant suis manibus in quaternis predictis ad postas suas pro falitis. Et teneantur ultra hoc capitanei predicti dare sacramentum patrono, comito et scribis quod homines omnes, quos invenerint ad circam, sint soldati galearum, sicut in quaternis continebitur. Et si defficient homines ad numerum supradictum, tam de pede quam a remo, debeant capitanei suo posse, antequam transeant Polam, tenere modum quod galee sint fulcite hominibus, quos habere debent ad expensas patronorum. Et in casu quo non possint se fulcire in Pola, teneantur in quacumque parte, in qua se reperient, accipere homines, si poterunt, ita quod eundo, stando et redeundo omnes galee sint fulcite et habeant numerum suorum hominum, quos habere debent. Et debeant predicti capitanei homines quos accipient notari facere in dictis quaternis galearum, et diem quo eos

139. *Nel margine esterno* non ponatur.

140. *Nel margine esterno* non ponatur quia aliter est provisum.

141. *Nel margine interno* omnes infrascripti capituli signati hoc signo Ç non ponantur, quia aliter est provisum ut patet (*ms.* petet) libro Rogatorum 49, carta 115; et loco istarum partium ponantur partes que sunt ibi notate in dicto libro 49, carta 115. *I capitoli 103-109 sono depennati.*

accipient, dantes semper sacramentum patrono et scribis galearum quod omnes dicti homines, quos capitanei scribi facient, non sint de hominibus soldatis galearum[142].

105 Et ut melius videri possint homines defficientes de tempore in tempus, teneantur capitanei, omnibus singulis quindecim diebus ad minus, facere circham suarum galearum, faciendo dictam zircham personaliter ad galeam ad galeam, et faciendo descendere homines in terram et vocari eos facere ad unum ad unum. Et si essent in loco in quo homines non possent descendere in terram, facere debeant dictam zircham in galeys, faciendo transire homines mediam galeam, et vocando illos ad unum ad unum, ac dando continue sacramentum patrono, comito et scribis cuiuslibet galee quod illi homines sint soldati galearum, sicut in quaternis continetur[143].

| c. 27v| 106 Et teneantur scribe galearum, quando remanebit a dictis galeys aliquis homo, dare in scriptis capitaneis, ad primum locum in quo posuerint ferum, diem et locum in quo remanserit; quos homines sic fallitos capitanei debeant scribere in dictis quaternis suis manibus ad suas postas, notando diem et locum in quo remanserint. Et hoc observare debeant scribe galearum, sub pena librarum decem parvorum pro quolibet homine quem non dederint in scriptis capitaneis, ut superius dictum est, et pro qualibet vice. Et teneantur capitanei dictarum galearum, antequam transeant Polam, reddere de hoc previsos scribas galearum; et non intelligatur quod aliquis homo acceptus sit nec sit soldatus galearum, nisi postquam scriptus fuerit in quaternis galearum qui erunt in manibus capitaneorum[144].

107 Et ut patroni habeant causam tenendi galeas suas armatas et fulcitas omnibus hominibus, ordinetur et sic observetur per capitaneos quod patroni predicti teneantur solvere pro quolibet homine galeys predictis defficiente, postquam transiverint Polam, in mense et ratione mensis, in hunc modum et per diem et horam, videlicet pro comito libras octuaginta, pro patrono iurato libras quinquaginta, pro homine consilii ducatos sex, pro scribis, marangonis et calafatis libras triginta sex pro quolibet, pro ballistariis libras viginti octo pro quolibet, pro hominibus a remo libras viginti quatuor pro quolibet, pro cocho et canipario libras viginti octo pro quolibet, pro famulo patroni libras octo. Quos denarios exigere debeant capitanei de bonis galearum seu de bonis propriis patronorum eundo, stando et redeundo; et de toto quod exigent, capitanei predicti habere debeant unum terzium, et alia duo terzia sint comunis, que in reditu suo capitanei predicti consignare debeant Camerariis comunis infra dies octo postquam applicuerint Venetias. Et si capitanei non exegissent totam illam quantitatem, quam solvere debuissent patroni occasione predicta, debeant infra dies octo postquam applicuerint Venetias dare in scriptis Extraordinariis id quod restaret ad exigendum. Qui Extraordinarii teneantur exigere de nabulis galearum id quod per capitaneos sibi fuerit datum in scriptis; de quo dare debeant Camerariis comunis duo terzia pro parte comunis, et aliud terzium capitaneis ut dictum est, non possendo patronos obligare nabula suarum galearum in tantum quantum solvere tenerentur occasione predicta. Et si nabula galearum non essent sufficientia, Extraordinarii exigere debeant de bonis propriis patronorum, si de illis habere poterunt; et si de bonis patronorum habere non possent, exigant de bonis participum id quod tangit quemlibet eorum per suos caratos, ita quod omnino dicti denarii solvantur. De quibus denariis tangentibus nostrum comune, sive soluti fuerint sive non, non possit patronis nec participibus fieri gratia, donum, remissio, recompensatio nec aliqua declaratio, sub pena librarum mille pro quolibet consiliario, capite, sapiente, vel alio ponen-

142. *Nel margine interno Ç.*
143. *Nel margine interno Ç.*
144. *Nel margine esterno Ç.*

te vel consenciente partem in contrarium; et sic procedat de pena[145] | c. 28r | in penam usque in infinitum. Capitanei autem de parte eos tangente non possint patronis vel participibus aliquid remittere vel donare sub aliquo modo, colore vel forma, sub pena sacramenti, et ultra hoc sub pena librarum quingentarum pro quolibet capitaneo contrafaciente, quam exigant Advocatores comunis; cuius pene medietas sit accusatoris, si fuerit per quem sciatur veritas, et alia medietas sit Advocatorum; et si non fuerit accusator, pars accusatoris veniat in comune.

108 Et tenantur capitanei, infra octo dies postquam applicuerint Venetias, dare solutoribus armamenti omnes quaternos galearum predictarum. Qui solutores teneantur examinare illos; et si per eorum examinationes invenient capitaneos non exegisse a patronis totum id quod solvere deberent pro hominibus sibi defficientibus, secundum ordines sibi datos, seu non dedissent in scriptis Extraordinariis, ut superius dictum est, debeant dicti solutores exequi et facere totum id quod dicti capitanei facere debuissent. Et ob hoc habeant dicti solutores, de toto eo quod non fuisset excussum per capitaneos seu non dedissent in scriptis Extraordinariis et per eorum examinationem exigeretur, illam partem quam haberent capitanei, que dividatur inter eos sicut faciunt alias utilitates sui officii. Et ultra hoc cadant dicti capitanei in suis propriis bonis de tanto quantum eos tetigesset pro sua parte de eo quod non exegissent seu non dedissent in scriptis Extraordinariis; que pena sit solutorum predictorum, et illam dividant ut superius dictum est. Quibus solutoribus comittatur examinatio quaternorum predictorum, remanentibus in sua firmitate omnibus partibus mentionem agentibus de illis qui constitui debent per capitaneos super qualibet galea ad inquirendum quod panis, vinum et alia vivanda dentur hominibus galearum secundum usum, et omnibus partibus mentionem facientibus de refusuris fiendis hominibus galearum per solutores armamenti predictos[146].

109 Et ut capitanei possint exequi et facere omnia suprascripta, teneantur Extraordinarii, ante recessum capitaneorum de Venetiis, dare et consignare dictis capitaneis ducatos centum pro qualibet galea de nabulis dictarum galeraum; de quibus denariis capitanei predicti teneantur solidare homines et exequi ut superius dictum est. Et si dicti denarii non essent sufficientes, debeant capitanei predicti accipere de nabulis galearum, que exigent extra Venetias, tantam quantitatem quod continue habeant ducatos centum in manibus suis pro qualibet galea, pro adimplendo intentionem dominii ut superius dictum est[147].

110 Item observabis partem infrascriptam captam in nostris [c]onsiliis Rogatorum, XL[ta], et additionis, MCCCLXXXX, indictione XIIII[a], die penultimo decembris, infrascripti tenoris, videlicet cum sit ordo quod aliquis ambaxiator nostri comunis, eundo et redeundo cum galeys nostris a mercato, non debeat solvere aliquod nabulum dictis galeys, et nulla mentio fiat de provisoribus, sindicis et aliis nuntiis nostri comunis, licet intentio terre fuerit generaliter de omnibus nuntiis comunis, vadit pars, pro bono comunis et declaratione omnium, quod de cetero dictus ordo se extendat et inteligatur[148] | c. 28v | generaliter de omnibus ambaxiatoribus, provisoribus, sindicis et tractatoribus ac omnibus aliis nuntiis nostri comunis, qui ibunt et redibunt ad expensas nostri comunis cum galeys nostris a mercato predictis.

111 Item observabis partem captam in nostris consiliis Minori, Rogatorum, XL[ta] et additionis, millesimo trecentesimo nonagesimo terzio, indictione prima, die XXVIIII maii, infrascripti tenoris, videlicet quod pro evidenti bono patronorum galearum nostrarum a mercato, et

145. *Nel margine esterno* Ç.
146. *Nel margine interno* Ç.
147. *Nel margine interno* Ç.
148. *Nel margine interno* non ponatur.

pro omni bono respectu, addatur in commissionibus omnium capitaneorum nostrorum galearum a mercato quod generaliter omnia nabula galearum et etiam nabula hominum de passagio extra Venetias ipsi capitanei exigere debeant[149], et ipsa nabula subito ad primum portum quem applicuerint consignare patronis galearum nostrarum, tenendo dicti capitanei[150] pecuniam necessariam pro hominibus qui defficerent galeys, ac dando unicuique ipsorum patronorum partem eum tangentem, sub pena librarum V^c parvorum in suis propriis bonis pro quolibet capitaneo contrafaciente et qualibet vice, quam penam exigant officiales Extraordinariorum habentes partem ut de aliis sui officii, dando dicti nostri capitanei[151] in suo adventu Venetias, nostris Extraordinariis seriose in scriptis nabula que exegeri<n>t, ut participes galearum possint videre iura sua, et ultra hoc perpetue privationis omnium capitaneriarum galearum nostrarum a mercato. Prohibeatur similiter patronis omnium galearum nostrarum a mercato quod non debeant aliquid exigere de nabulis predictis, sed permittere quod capitanei nostri exigant, ut dictum est, sub pena librarum mille pro quolibet patrono contrafaciente et qualibet vice in suis propriis bonis, quam exigant predicti nostri officiales Extraordinariorum, habentes partem ut de aliis sui officii. De quibus penis vel aliqua earum non possit alicui contrafacienti et non observanti, ut dictum est, fieri gratia aliqua, donum, remissio nec aliqua declaratio, sub pena librarum mille pro quolibet ponente vel consenciente partem in contrarium, usque in infinitum. Reservatis, ultra hoc, iuribus patronis, qui observarent predicta contra capitaneos et alios patronos qui non observarent ut dictum est; quibus iuribus uti possint infra duos menses postquam Venetias applicuerint. Verum si omnes patroni alicuius viagiorum predictorum contrafacerent predictis, et de hoc facta fuerit accusa prefatis nostris Extraordinariis, habeat accusator terzium dicte pene, comune terzium et officiales reliquum.

112 Item observabis partem infrascriptam captam in nostris consiliis Minori, Rogatorum, XLta et additionis, MCCCCI, die XIIII ianuarii, cuius tenor talis est, videlicet cum multi ordines et partes capte sint, ut galee a mercato vadant bene armate sub magnis stricturis et penis, tamen videtur quod caniparii, seschalchi, cochi et familiares patronorum per aliquos scribuntur et solvuntur pro ballistariis vel in numero aliorum hominum de pede vel de remo, et bonum sit obviare tali errori, vadit pars quod quilibet patronus alicuius ex galeys a mercato que hoc anno armabuntur, et similiter temporibus in futuris, teneatur et debeat[152] scribere ordinate, super quaternis super quibus scribunt, alios homines galearum, caniparios, cochos, seschalchos et familiares suos, ut possit de eis fieri circa, sicut de aliis | c. 29r | hominibus galearum. Et propter hoc committatur quibuslibet capitaneis galearum a mercato, tam presentis anni quam futurorum, quod debeant et teneantur, sub illis penis sub quibus dicti capitanei tenentur facere circam aliorum hominum galearum, facere etiam circam de predictis canipariis, cochis, seschalchis et familiaribus patronorum, omni vice qua facient circam aliorum hominum galearum, et videre et perquirere diligenter si ultra numerum hominum a remo et de pede et ballistariorum habebunt caniparios, seschalchos et cochos et familiares predictos. Et si aliquis patronus, videlicet quod super sua galea sit scriptus aliquis de predictis pro ballistario, homine de pede vel a remo, cadat dictus patronus contrafaciens in penam non possendi esse supracomitus alicuius galee nostri comunis, nec patronus alicuius galee a mercato, usque decem annos tunc sequentes; et hec pena

149. *Segue segno di richiamo, ripetuto nel margine esterno davanti a* tenendo particulariter computum super uno quaterno quem assignent in reditu <suo> nostris Extraordinariis.

150. *Ms.* dictos capitaneos.

151. *Ms.* dictos nostros capitaneos.

152. *Ms.* teneantur et debeant.

sit ultra alias penas que continentur in aliis ordinibus nostris. Et si fuerit accusator per quem sciatur veritas, teneatur de credentia et habeat libras centum de bonis contrafacentium; et non possit de predictis penis fieri contrafacientibus aliqua gratia, sub pena ducatorum mille pro quolibet ponente vel consenciente partem in contrarium. Et ad similes penas cum dictis stricturis cadant dicti patroni, si facerent scribi aliquem noclerium vel scribam pro ballistario.

(1) Observabis insuper partem captam in nostris consiliis Minori, Rogatorum, XL et additionis millesimo quadrigentesimo septimo, indictione XV, die XXX mensis marcii, infascriptis tenoris. Videlicet quia patroni galearum nostrarum a mercato non servant ordines nostros, nec illos bonos modos quos servare deberent in dimittendo arma nostri comunis que sibi dantur in suis armarolis, et similiter in dimittendo in scandolariis loca ordinata pro ballistis ballistariorum, nec non loca stabilita pro velis et sartiis nostri comunis, quod vertitur et in processu temporis verti posset in dannum maximum et verecundiam nostri comunis, nisi taliter provideretur quod omnia predicta semper forent et reperiri possent ac haberi in locis suis, vadit pars, quod de cetero omnes patroni galearum nostrarum predictarum a mercato quotienscumque voluerint arma suarum galearum, teneantur personaliter ire ad nostrum arsenatum, ubi per patronos illius, quibus hoc committatur, eis et cuilibet eorum dabuntur et assignabuntur dicta arma; illisque presentibus ponentur in armarolis suis, in quibus stare debent. Et de quibus modo aliquo removeri nec accipi postea possint, nisi in casu necessitatis, sub pena ducatorum quingentorum pro quolibet patronorum in suis propriis bonis et qualibet vice, qua reperirentur non esse in dictis armarolis, et essendi <*sic*> perpetuo privatos de possendo <*sic*> esse patronos galearum nostrarum a mercato. Et similiter, sub dicta pena teneantur et debeant dicti patroni providere et tenere modum quod semper loca scandolarii, in quibus stare debent balliste ballistariorum, et loca vellorum et[153] | c. 29v | sartiarum[154] nullo modo sint de aliquibus aliis impedita, ita quod semper, tam balliste quam vella et sartie stent et locantur in locis suis. Et ut bene et integraliter observetur intencio terre, committatur capitaneis omnibus dictarum galearum a mercato, et addatur in suis commissionibus, quod sub debito sacramenti, et sub pena ducatorum ducentorum pro quolibet eorum, teneantur istum ordinem, eundo et redeundo, quando recesserint de Venetiis et de locis ad que iverint, super galeys sibi commissis, facere publicari, ut omnibus notus sit et ut patroni magis timeant contrafacere intentioni terre, ac ter vel pluries, quotiens sibi videbitur, facere circham et ad oculum videre si servantur que superius dicta sunt. Et si invenerint aliquem contrafecisse, debeant ipsum condemnare ut superius dictum est, dando in suo reditu noticiam Advocatoribus comunis de contrafaciente predicto, ut observetur in totum intentio terre, habendo partem de pena pecuniaria ut habent de aliis penis sibi commissis. In Venetiis autem committatur predicta omnia Provisoribus comunis, qui etiam habeant illam partem de penis pecuniariis quam habent de aliis sibi commissis. Et si accusator inde fuerit per quem sciatur veritas, habeat tercium et teneatur de credentia, capitanei vel provisores predicti tercium et comune reliquum. De quibus penis vel aliqua earum non possit patronis nec capitaneis contrafatientibus fieri gratia, donum, remissio, suspensio, revocatio nec aliqua declaratio, sub pena ducatorum mille pro quolibet consiliario, capite, sapiente vel alio

153. *Nel margine interno* Nota quod ista pars debet etiam poni in commissionibus omnium aliorum capitaneorum galearum a mercato ubi signatum est hoc signo, *segue signum n. 12. Più in basso, di mano diversa,* non ponatur.

154. *Ms.* et sartiarum, *con* et *ripetuto per errore.*

ponente vel consentiente partem in contrarium. De qua pena etiam ponentibus de fatiendo gratiam, donum et cetera non possit fieri gratia, sub dicta pena, et sic procedatur de pena in penam, ut servetur intentio terre.

(2) Item ponantur partes capte in consilio Rogatorum 1412, XIII iunii, in libro 49 Rogatorum ad cartas CXV.

4

Capitano delle galee di Alessandria
(*post* 1402, 14 gennaio-1412, 13 giugno)

Il formulario di commissione si trova in ASVe, *Collegio*, *Formulari di commissioni*, registro 4, cc. 33r-47r. Il testo è costituito dal *corpus* originario (cc. 33r-47r) e le aggiunte posteriori (c. 47r). Il *corpus* originario, redatto in minuscola gotica cancelleresca e preceduto dalla titolazione coeva *Comissio capitaneorum galearum viagii Alexandrie*, rinvia al dogado di Michele Steno (1400-1413); più precisamente si ritiene che sia stato composto dopo il 14 gennaio 1402 (data della disposizione datata più recente interna al *corpus*) e prima del 30 marzo 1407 (data della prima aggiunta in calce). Figurano diverse annotazioni a margine e in interlinea, che potrebbero rinviare a una successiva riforma e riscrittura della commissione. Si segnalano, nello specifico, le espressioni verbali *ponatur/ponatur incipiendo* e *aptabitur* in corrispondenza delle disposizioni che si intendevano mantenere o adattare nel testo aggiornato; o, invece, *non ponatur* e *non ponatur sed ponatur pars capta super*... /*non ponatur et ponatur pars posita in*... /*non ponantur quia aliter est provisum prout patet*... in corrispondenza di quelle che, al contrario, andavano abrogate o sostiuite da altre direttive. I capitoli 106-113 inoltre, contrassegnati singolarmente da un segno distintivo (Ç), risultano depennati. Le due aggiunte (del 1407 e del 1412), comuni a tutte le commissioni per i capitani delle galee da mercato (testi 3-6), sono entrambe presenti in forma abbreviata e rinviano per la forma estesa, rispettivamente, alla commissione del capitano per le galee di Romània e a una disposizione del Senato, *Deliberazioni*, *misti* (reg. 49, cc. 114v-116r).

| c. 33r | Comissio capitaneorum galearum viagii Alexandrie.

1 <N>os Michael Steno, Dei gratia dux Venetiarum et cetera, comittimus tibi, nobili viro ... dilecto civi et fideli nostro, quod de nostro mandato vadas et sis capitaneus presentium galearum iturarum ad viagium Alexandrie; quas galeas cum mercationibus in eis existentibus et mercatoribus et hominibus ipsarum, eundo, stando et redeundo regere et gubernare debeas, sicut pro honore nostro et conservatione gentis nostre et rerum predictarum videris convenire.

2 Rationem et iusticiam facies inter gentem tibi commissam secundum tuam discrectionem, bona fide et sine fraude. Verum, ad tollendum audatiam et materiam deliquendi hominibus galearum, comittimus tibi quod, quociens causa advenerit aliquas de gentibus tibi commissis, in aliquibus terris vel locis nostre iurisditioni suppositis et in quibus president nostri rectores, aliquos excessus comittere, tenearis et debeas dare operam efficacem ad faciendum eos capi et detineri ipsosque, si in fortiam tuam habere poteris, antequam recedas de iurisditione vel districtu ubi dicti excessus commissi fuerint, rectoribus nostris dictorum locorum facere assignari, omni causa remota, ut dicti rectores procedere valeant contra eos, prout eorum culpe et demerita exposcent. Verum si predicti deli<n>quentes tunc haberi non possent, et ad tuas manus pervenerint quoquo modo te existente extra iurisditionem terre vel loci ubi excessus huiusmodi fuerint perpetrati, debeas in hoc casu de dictis delinquentibus facere iusticiam, quam debuisset facere rector loci ubi commissi essent excessus.

3 Et ad evitandum scandala facere debeas tuo posse quod homines tuarum galearum non portent arma in terram ubi descendent, tam in terris nostris quam alienis, imponendo in hoc illam penam et penas, et eas exigendo que tibi videbuntur; et etiam constringere debeas quod de gentibus tuarum galearum descendant in terram quam pauciores poterunt, in qualibet parte.

Et si per aliquem de galeys in aliqua terra, tam nobis subiecta quam non, aliqua offensa, briga vel scandalum fieret, quod Deus advertat, contra aliquem de galeys vel alium subditum nostrum vel alium quem vis, possis inde facere sicut, pro honore nostro et salvamento galearum, haveris et gentis nostre tibi commisse, tibi melius apparebit, intelligendo nichilominus quod commissiones rectorum nostrorum remaneant in suo statu.

4 Nec potes habere partem aliquam in galeys tibi commissis nec aliqua earum, nec facere mercatum nec mercationes[155]; verum super dictis galeys licitum est tibi habere de tuo aliis recomendato, nec potes ire cum aliqua persona ad videndum mercationes, nec dormire in terram.

5 Et scire debes quod galee debent caricari ad signa ordinata et non ultra, sub pena ordinata, quam exigant officiales Levantis vel tu capitaneus, si inveneris. Et si accusator fuerit, habeat tercium, officiales tercium vel tu capitaneus, si inveneris, et comune reliquum. Et in reversione debet | c. 33v | esse quelibet galea de savorna ad conditionem galearum Romanie.

6 Ballistarii galearum tibi commissarum habere debent vivandam galearum sicut homines de remo. Qui ballistarii debent accipi per te capitaneum, pagatores, et tres de XLta, secundum usum. Et cum accipientur non possint patroni vel alii pro eis ullo modo esse presentes, intelligendo quod dicti ballistarii nullum aliud officium habere possint[156] nec exercere nisi officium balliste, sub pena librarum centum pro quolibet contrafaciente; et si fuerit accusator habeat tercium, officiales Levantis terzium et comune reliquum. Et teneantur dicti ballistarii esse ad custodiam, et debent apunctari sicut alii, et debent esse a XX annis supra, et L infra.

7 Ordinatum est etiam quod arma et remigium dictarum galearum, cum voluerint palmizare, non ponantur in terram, sed debeant palmizare quociens opportuerit particulariter, sed non omnes simul ponentibus illis pro qua vel quibus voluerit palmizare remigium suum et arma in illam vel illas que non palmizabunt, sicut tibi et patronis dictarum galearum videbitur opus esse pro securitate dictarum galearum.

8 Et si superhabundabunt mercimoniam in Alexandria a carico galearum, primo debeat incipi et dimitti in terra pulver zuchari, rupti et sani, et canella, vel de hiis rebus levetur per ratam id quod levari poterit[157].

9 Et eundo et redeundo teneris et debes levare mercationes et mercatores secundum usum; verum in Alexandria stare debes diebus viginti et non ultra, non computato die accessus nec recessus[158].

10 Armatores tuarum galearum debent esse XXV annorum vel inde supra; quorum si quis deffecerit casu fortuitu <*sic*> de extra in dicto viagio, tunc loco deffícientis unum alium constitues armatorem quam meliorem poteris, accipiendo de illo tempore et de illis de quibus accipi possint per nostra consilia[159].

11 Omnes mercationes que de Venetiis extrahentur et portabuntur in Alexandriam vel ad alias partes circumcirca super dictis galeys, et similiter mercationes que cum dictis galeys Venetias conducentur, solvere debeant nabulum solitum prout fecerunt anno elapso, cum conditione quod varce aliquo modo non fiant, ut inferius continetur[160].

155. *Segue segno di richiamo e, nel margine interno,* non intelligendo de lapidibus et perl[a]s.
156. *Segue segno di richiamo.*
157. *Nel margine esterno* non ponatur.
158. *Nel margine esterno* non ponatur.
159. *Nel margine esterno* non ponatur.
160. *Nel margine esterno* non ponatur.

12 Pro subventione mercatorum Crete, captum est quod eundo ad viagium capias in Creta ad levandum ballas et mercimonia que de hinc mittuntur illuc, cum nabulo quo sunt alia mercimonia. In reditu vero tuo, relinquimus in libertate tua eundi vel non eundi, sicut tibi melius videbitur[161]. Et ad cautellam fecimus tibi dare literas nostras continentes ad plenum subventionem factam dictis mercatoribus, quam observabis et facies inviolabiliter observari in quantum ad te spectat[162].

13 Patroni dictarum galearum non possint accipere mercatoribus[163] pro mensa ultra grossos quatuor in die pro quolibet eorum, et famulis grossos duos pro quolibet[164], | c. 34r | et non plures ullo modo, non possendo ponere bisantum, nec accipere pro eo nisi grossos XXX[165]. Similiter pro mercatoribus restantibus solvere nabula, deinde et ad istam conditionem sint etiam mercatores forenses, qui essent super ipsis galeys.

14 Teneantur quoque patroni dictarum galearum caricari facere piper quod eis presentabitur cum sachis in quibus erit, nec debeant illud extrahi facere pro caricando ad refusum, sub pena soldorum XX grossorum pro quolibet collo mercationum; que pene exigantur per officiales Catavere et Levantis, habendo partem ut de aliis sui officii. Et de dictis penis non potest fieri gratia vel ulla remissio, sub pena librarum CC pro quolibet ponente vel consenciente partem in contrarium. Et si accusator fuerit, pena dividatur per terzium. Et ad similem penam cadant patroni, qui non reciperent mercationes cum bulleta tui capitanei[166].

15 Omnes balle et mercationes que portari debebunt in Romaniam bassam silicet a Corono citra cum galeys Cipri et Alexandrie, dividantur per ratam super eis, et habeant galee Alexandrie tale nabulum de huiusmodi mercationibus quale habebunt galee Cipri[167].

16 Apponi facies mentem et curam de mercationibus galearum, et specialiter de havere capsele, quod non extrahatur nisi ad partem ad partem; et quod vendere, emere et reducere investita ad galeas fiant cum tali ordine, quod risicetur quam minus fieri poterit de havere nostrorum in manibus Saracenorum[168].

17 De pena ad quam caderent mercatores ponentes mercationes inter duas glavas. Non potest fieri gratia, sub pena librarum V^{c} pro quolibet ponente vel consenciente partem in contrarium[169].

18 Si soldanus vel aliqui sui barones fecerint tibi vel aliis aliqua dona, illa talia dona veniant in nostrum comune.

19 Quicunque autem caricabit, eundo vel redeundo, in galeys tuis contra ordinem datum, quia cum eis non potest redire, nisi id quod cum ordinibus terre vel cum presentibus galeys iverit in Alexandriam, cadat de L pro centenario. Et propterea inquirere[170] debeas de predictis, et a

161. *Segue segno di richiamo.*
162. *Nel margine esterno* revideatur.
163. *Segue* et aliis civibus et fidelibus nostris *in interlinea, con segno di richiamo.*
164. *Nel margine esterno* ponatur*, seguono lettere cancellate indecifrabili.*
165. *Segue segno di richiamo.*
166. *Nel margine interno* non ponatur.
167. *Nel margine interno* non ponatur.
168. *Nel margine interno* non ponetur <*sic*>.
169. *Nel margine interno* non ponatur.
170. *Ms.* inqurrere.

contrafacientibus exigas dictam penam; de qua habeas terzium, accusator terzium et reliquum sit comunis[171].

20 Et si levabis mercationes vel havere capselle in Clarentia, vel a Clarentia supra pro eundo in Alexandriam, debet de dicto havere et mercationes solvi medium nabulum, solvendo tamen totum cotumum mercationum, sicut hactenus est observatum.

21 Teneris examinare et inquirere si mercationes caricate in galeys erunt caricate cum ordine et bulleta, et hoc in omni parte ubi galee discaricabuntur. Et siquid sine ordine et bulleta inveneris caricatum, habeas id pro caduto de L pro centenario, et exigas dictam penam. Et si essent | c. 34v | res que subiacerent maiori pene, exigas illam maiorem penam habendo terzium cuiuslibet dictarum penarum quas exiges.

22 Si vero mercationes essent tot quod non possent levari per tuas galeas, facere teneris ratam inter eas ut dictum est, et examinare per sacramentum vel alium modum ut tibi melius videbitur. Si havere quod volunt caricare erit de havere conducto de Venetiis in Alexandriam cum dictis galeys, vel de illo quod secundum ordines nostros fuerit conductum in Alexandriam, et remanserit deinde, et illud ponatur ad ratam et aliud non[172].

23 Super galeys tuis esse debet[173] solum[174] medicus[175] unus phisicus et[176] ciru<r>gicus, cui[177] solvi debeat[178] per patronos galearum, ita quod non vadat in varcam, nec comune nostrum aliquid propterea solvere teneatur.

24 Et si dicte galee, in earum reditu, non haberent suum plenum de speciebus et havere subtile, possint et debeant levare mercationes infrascriptas, videlicet pulverem canafistulam, tamarondi, datalos, lumen catinum et alias res grossas his similes, levando eas per ratam et solvant pro nabulo libras XII ad grossos quod miliari. Verum si caricatis dictis mercationibus supervenirent alique mercationes subtiles, debeant levari dicta[s] mercationes subtiles per ratam, extrahendo de dictis grossis per ratam, intelligendo quod dicte mercationes subtiles que supervenirent sint de denariis qui venerint cum dicta tua presenti armata, vel cum ordinibus terre in Alexandriam[179].

25 Cera autem cenabrium et alie res similis conditionis in valore sint ad conditionem raminis et stagni; alie autem res sicut sunt sete equine et fuce macinate, saponum, blaca et alie minoris precii, si<n>t ad conditionem plumbi.

26 Havere autem quod extrahetur de Venetiis cum dictis galeys, cum ordine et bulleta Extraordinariorum, primo et ante omnia caricetur[180] deinde; et si de ipso galee non haberent suum plenum, tunc possint levare de alio havere nostrorum quod esset ibi. Et non potest aliquod havere subtile post recessum dictarum galearum conduci Venetias, nisi cum nostris galeys per nos missis; salvo quod si de havere quod iret cum eis de hinc superhabundaret, quod de ipso fiat

171. *Nel margine interno* non ponatur.
172. *Nel margine esterno* non ponatur.
173. *Ms.* debent.
174. *Corretto su (*duo*) eraso.*
175. *Corretto su* medici.
176. *Corretto su rasura.*
177. *Corretto su rasura.*
178. -a- *corretto su (*-n-*).*
179. *Nel margine esterno* non ponatur.
180. *Ms.* caricentur *con* n *barrato.*

rata et possit conduci secundum usum cum illis ordinibus, qui continentur in ordine dato ratis, sicut continetur in litteris nostris, quas tibi assignari mandavimus[181].

27 Mercatores euntes et redeuntes cum dictis galeys debent hic solvere nabula de suis mercationibus et argento sicut solverunt anno elapso[182]; et si dictum nabulum non solvent hic, debent solvere in altero. Et propterea tibi comittimus quod, ab illis quos scies hic non solvisse, debeas exigere dictum nabulum, ponendo pro quibuslibet XXVI grossis unum bisancium veterem.

28 Patroni omnium galearum armatarum debent et tenentur dari facere omnibus hominibus suarum galearum panem, vinum et aliam vivandam ordinatam, non possendo differre de dando dictam vivandam u<l>tra duos dies, nec de dando[183] eis panem nec aliam vivandam per plures duobus diebus. Vinum | c. 35r | autem dare debeant sicut ordinabitur per te capitaneum, sub pena unius grossi pro quolibet homine; cuius pene medietatem habeant homines de remo, quartum capitaneus et quartum tres constituendi pro galea. Et si tu capitaneus hoc scires absque manifestatione dictorum trium, habeas aliam medietatem. Verum huiusmodi capitulum non extendatur ad factum casey, quia difficile esset patronis, singulis duobus diebus, modicum casey dare zurme.

29 Teneris et debes, omni causa remota sub pena ducatorum centum auri in tuis propriis bonis, antequam transeas Polam constituere tres de magis ydoneis et sufficientibus mercatoribus nobilibus pro qualibet galea, a XXV annis supra, qui non habeant partem in armata; et si non essent a XXV annis supra, constituas de illis qui erunt maioris etatis. Qui tres, postquam fuerint constituti per te, non possint ullo modo reffutare, sub pena librarum centum pro quolibet; et teneantur astricti per sacramentum, tam eundo quam redeundo, inquirere et investigare, scire et examinare si patroni galearum observant ordines terre et si dant panem, vinum et aliam vivandam ordinatam hominibus galearum. Et de omnibus que scient patronos non servare ordines, debeant manifestare tibi capitaneo per sacramentum, vel aliis officialibus quibus est commissum, ut pena a contrafacientibus exigatur. Et habeant ipsi tres de omnibus que manifestaverint partem acusationis penarum accusatori per nostros ordines deputatam. Et ut possint melius scire ordines, tu capitaneus, antequam de Venetiis recedas, teneris accipere ab officialibus Levantis ordines terre omnes pertinentes dictis galeys, quos ipsi officiales dare debeant in scriptis, et quos tu capitaneus dari facias dictis tribus constituendis, pro qualibet galea ut supra.

30 Quandocumque facies circam de galea aliqua, tam de carico quam de zurma hominum, unus ad minus dictorum trium esse debeat tecum ad faciendum dictam circam. Verum non potes tu nec dicti tres constituendi pro galea de penis condemnatorum que vobis venirent per ordines deputatos remittere, sub debito sacramenti, totum vel partem, nec facere de ipsis donum vel gratiam aut provisionem, modo aliquo vel forma.

31 Quelibet dictarum galearum habere debet in galea pro zurma in recessu de Venetiis vivandam pro XII diebus, et similiter redeundo de Alexandria habere debeat vivandam pro dicto tempore.

32 Patroni galearum tenentur levare mercatores cum una traponta, uno plumatio, una valisia et cum armis suis et suorum famulorum, sub pena librarum XXV pro quolibet predictorum et qualibet vice.

181. *Nel margine esterno* non ponatur.

182. *Da* sicut *a* elapso *depennato.*

183. *Ms.* dandi.

33 Patroni dictarum galearum non possunt ponere nec poni permittere in scandolario mercimonia nec vivandam galearum nec aliquid aliud, nisi solum arnesias mercatorum, tam eundo quam redeundo. Et vivanda galeotorum stare debet in galea ad portam de medio de subtus, sub pena librarum CC, quam exigant officiales Levantis; remanente consilio de aqua protanda in pupi in suo statu[184].

34 | c. 35v | Quicunque mercator ab annis XVI supra et L infra, qui vadit[185] super galeys a mercato, habere debeat unam ballistam, unum carcasium et XXV veretonos[186] super ipsa galea. Et capitaneus cuiuslibet armate de predictis tenetur facere circam antequam transeat Culphum, et facere quemlibet tirare suam ballistam. Et si aliquis ipsorum non servaret, cadat de libris X pro qualibet ballista, et de soldis X pro quolibet veretono defficiente. Quam penam exigant capitanei, cuius medietas sit sua et alia medietas sit comunis; de qua capitanei non possint facere gratiam, donum vel remissionem aliquo modo vel forma, sub debito sacramenti. Et patroni galearum teneantur predicta levare et ea conservare sub cohoperta; quam circam fieri facies de omnibus simul, ut nullus mercator possit mutuare aliquid de predictis[187].

35 Galee armate debent portare scallam sufficientem secundum usum, sub pena soldorum XL grossorum pro qualibet galea et quolibet viagio[188].

36 Et si eundo vel redeundo inveneris aliquos qui offendissent vel damnificassent gentem nostram, debeas eos capere, damnificare et punire sicut tibi videbitur, considerata offensa quam fecissent et conditione eorum. Et si aliquos cursarios inveneris, qui essent manifesti et publici cursarii, et non offendissent gentem nostram, debeas homines permittere abire, et de lignis sit in tuo arbitrio comburendi vel non.

37 Non permittes notarium tuum, in Venetiis vel extra, accipere aliquid seu accipi facere pro aliqua bulleta vel licentia caricandi vel discaricandi[189].

38 Cum galeys armatis, que de cetero exibunt per divisum, non potest extrahi vinum pro zurma quod constat ultra libras XX pro anfora[190].

39 Et quia dicte galee esse debent ad unum denarium eundo, stando et redeundo, et bonum est circa hoc taliter providere, quod fraus comitti non possit et quilibet habeat partem suam, comissum est Extraordinariis quod, tam in caricando quam in discaricando dictas galeas, observent illum modum et ordinem qui servatur per eos quando galee armantur per comune, exigendo nabula dictarum galearum hoc modo, videlicet quod denarii qui recipientur a mercatoribus debeant computari pro nabulo dictarum galearum; quorum si qui defficerent, principales et plezii solvere teneantur totum id quod defficeret infra quinque menses postquam Venetias applicuerint, sub pena soldorum duorum pro libra exigenda per Catavere comunis; cuius pene terzium sit suum et reliquum sit comunis. Et si denarii recepti ut dictum est superhabundarent, debeant suprahabundantes restitui patronis galearum; verum si aliqui mercatores restarent solvere, debeant eos ordinate dare in scriptis capitaneo, ut sciat quantum et a quibus exigere debet. Et ob hoc inhibitum est quod aliquid onerari non possit in galeys, sub penis ordinatis, absque bulleta nostrorum Extraordinariorum predictorum, nec exonerari, sub pena terzii nabuli quod

184. *Nel margine interno* non ponatur.
185. *Ms.* vadunt.
186. *Ms.* veretonis.
187. *Nel margine esterno* ponatur.
188. *Nel margine esterno* non ponatur.
189. *Nel margine esterno* aptabitur.
190. *Nel margine esterno* non ponatur.

solvi deberet[191]; | c. 36r | ad quam penam incurrant tam ille cuius essent mercationes, quam patronus galee. Est etiam inhibitum quod aliquis patronus non possit accipere aliquod nabulum sub dita pena, de qua dicti officiales habeant medietatem et alia medietas sit comunis. Et si accusator inde fuerit, pena dividatur per terzium. Et de foris comittimus tibi quod simul cum dicto armatore scribi facias ordinate omnes mercationes, que caricabuntur et discaricabuntur, et quod debeas recipere nabula, scribendo a quo recipies et pro qua re. Et similiter inhibitum est quod aliquid onerari non possit nec extrahi sine tua bulleta; et non possint patroni predicti recipere aliquod nabulum, sub pena predicta et per modum predictum. Verum si aliquis patronorum voluerit extra partem suam, possis eam sibi dare, scribendo cui dederis et quantum. Et in tuo reditu teneris dare nabula per te excussa et omnia predicta, ordinate in scriptis, dictis Extraordinariis, ut possint exigere id quod restabit et facere secundum quod eis commissum est. Et propterea committimus tibi quod predicta in quantum ad te spectant debeas observare.

40 Patronus cuiuslibet galee tenetur per sacramentum recipere mercatores in galeys, qui volent ponere omnes mercationes in dictis galeys pro eundo ad loca ad que ire voluerint per Riperiam, non possendo accipere maius nabulum eo quod est ordinatum. Et debet ipse patronus accipere cuilibet mercatori qui volet ponere octo ballas in galeys unum miliare ponderis, si ipse mercator voluerit ponere; et ita per ratam pro tot ballis quot mercator dabit ipsi patrono, ipse patronus debeat recipere miliaria ponderis. Et eodem modo et ratione teneatur et possit ponere armator galee, et non aliter, et patronus ita teneatur sibi sicut aliis[192].

41 Patronus cuiuslibet galee tenetur recipere cuilibet mercatori, tam eundo quam redeundo, illa mercimonia que sibi presentabuntur, si galee poterunt illa levare, sub pena librarum V pro balla et librarum X pro quolibet centenario quod recusarent recipere[193].

42 Iudices magni salarii non debent facere rationem de debito vel plezaria neque de mutuis vel pignoribus, que fient de cetero in galeys tibi commissis per comitos, nauclerios et soldatos galearum, nisi scripta sint per notarium tuum, et aliter non fiet eis ratio per iudices predictos.

43 Teneris in tuo reditu, infra octo dies postquam Venetias applicueris, presentare condemnationes per te factas in tua capitaneria, ut exigantur per officiales ad quos spectant. Verum de omnibus condemnationibus quas facies in tua capitaneria non potes, postquam eas feceris, te impedire in revocando vel remittendo, in toto vel parte, ullo ingenio seu forma. Postquam autem fueris Venetiis, non potes aliquem condemnare sub pretextu capitanerie predicte.

44 Bona morientium ab intestato, que sunt vel essent sub tua capitaneria, debes intromittere et infra dies XX, postquam Venetias applicueris, legi debeas presentare.

45 | c. 36v | Omnia que ad manus tuas pervenerint, nostro comuni spectantia, custodies et salvabis bona fide; de quibus reddes rationem illis qui prefuerint rationibus recipiendis.

46 Teneris partire et partiri facere equaliter inter omnes galeas tibi commissas omnia dona et strinas que quomodocumque tibi fient.

47 Et quia galee multum impediuntur super cohoperta de barilibus galeotorum et aliis, quod inducit periculum armatis, relinquimus in libertate tua, si de hoc facta fuerit querela, de faciendo poni de dictis barilibus et aliis in terram vel etiam prohici in aquam, sicut tibi melius videbitur, faciendo tamen hoc cum minori damno poteris hominum galearum.

48 Captum est in Maiori consilio, et sic servabis, quod si capitaneus preceperit quod supracomiti, comiti et alii de galeys debeant ferire inter inimicos et non ferierint <*sic*>, etiam si

191. *Nel margine esterno* non ponatur.
192. *Nel margine interno* non ponatur.
193. *Nel margine interno* non ponatur.

ferierint et aliqua galearum seccesserit a prelio, prelio non finito, supracomiti, comiti, nauclerii et hii qui essent ad themones debeant perdere capita. Et si non possent reper<i>ri, debeant perpetuo forbaniri de Venetiis et omnibus terris et locis ubi comune Venetiarum habet dominium, et omnia sua bona veniant in comune; illis tamen exceptis et exemptis qui manifeste non reperirentur culpabiles. Et ad similem penam cadant capitanei qui non servarent predicta.

49 Et quia ab aliquo tempore citra alique expense ponuntur in varcam que non solebant poni, silicet de donis que fiunt admirato, comito, medicis, presbitero et scribis galearum seu etiam de expensis dictorum scribanorum, ordinatum est, et sic servabis, quod aliqua dona que fierent predictis vel alicui eorum non ponantur in varcam ullo modo, quia nulla varca fieri debet. Verum sicut dabantur admirato soldo[s] XX grossorum in mense, sic habeat XXX, ultra quod salarium nil possit habere vel recipere.

50 Omnia arma mercatorum poni facias de subtus scandolarium apud canipam; et si omnia ibi reponi non possent, facias poni restum ad portam de medio super omnes alias res, possendo in hoc ponere penam et penas sicut tibi videbitur.

51 Et quia galee non onerantur equaliter, tam eundo quam redeundo, quod inducit periculum armatis, relinquimus in discretione et liberatate tua, tam eundo quam redeundo, de faciendo accipi de una galea et poni in alia, sicut tibi melius videbitur, et pro equando eas et pro bono mercatorum et galearum. Et ut predicta serventur, possis imponere penam et penas sicut tibi videbitur[194].

52 Cum sint aliqui, sicut sunt comiti, nauclerii et homines de remo, qui faciunt se scribi in dohana et non cum suo nomine sed alieno, ita quod numquam invenirentur, quod redundat in damnum mercatorum et galearum, comittimus tibi et consuli nostro Alexandrie quod faciatis et ordinetis quod in galeys et in terra talia non fiant, sub penis que vobis videbuntur.

53 | c. 37r | Aliqui pondi <*sic*> seu capsa alicuius mercatoris non possit esse ultra libras CCCCL ad pondus subtile, exceptis gothono et aliis rebus grossis que conducuntur cum navibus de ordine; et hoc etiam non intelligatur de zurlis Alexandrie de canela, qui sunt magni ponderis, sub pena soldorum XL^{ta} grossorum pro quolibet collo usitato, de qua habeas terzium, comune terzium et accusator terzium, si fuerit per quem veritas habeatur. Et non potest de hoc fieri gratia, sub pena librarum centum pro quolibet consiliario et capite[195].

54 Havere subtile non potest conduci Venetias cum navigiis disarmatis, sub pena perdendi totum, et non potest fieri gratia alicui cadenti, sub pena librarum mille pro quolibet ponente vel consenciente partem in contrarium. Et propterea committimus tibi quod, in casu quo levare non posses omnes mercationes que essent in Alexandria sed faceres ratam, debeas dicere omnibus, quorum erunt mercationes que ibi remanerent, quod aliquod havere subtile, quod superhabundaret a dictis galeys, non potest conduci Venetias, nisi cum galeys armatis hic in Venetiis et que recesserint de Venetiis cum ordinibus terre[196].

55 Et dedimus ordinem ratis que possent superhabundare a dictis galeys in Alexandria, sicut continetur in litteris nostris, quas tibi assignari mandavimus ad cautellam pro informatione tua. Et similes litteras scribimus consuli nostro Alexandrie, ut ipsas observet et faciat observari[197].

194. *Nel margine esterno segno depennato.*
195. *Nel margine interno* non ponatur.
196. *Nel margine interno* non ponatur.
197. *Nel margine interno* non ponatur.

56 Pedote accipi debent per te capitaneum quam meliores poteris, pro bono et salute galearum.

57 Habere debes pro tuo salario libras sex grossorum in mense. Et propterea tenere debes tres famulos, unum presbiterum, unum admiratum, cui dare debes expensas oris; soldum autem sive salarium recipere debet unde tu tuum, nam ordinatum est quod patroni galearum tuarum solvant salaria sive soldos capitaneorum, ballistariorum, medicorum et omnium aliorum, de quibus solebant seu possent fieri varce, ita quod varce nullatenus fiant, nec comune nostrum aliquo modo propterea solvere teneatur, nisi quod varce fiant, si casus occurreret, de vellis et aliis arnesiis galearum, que casu fortune perderentur[198].

58 Et pro aleviatione patronorum habere debeas solum duos tubetas et duos zaramellas, qui sint ad expensas solitas.

59 Ad removendum omnes errores et cavilationes ac scandala, que possent occurrere in casu quo armate nostre tam mercatorum quam alia quecumque navigia, tam armata quam disarmata, se reperirent cum capitaneo Culphi, ordinatum et firmatum est per nostra consilia, et sic servabis, quod capitaneus galearum Culphi sit et esse debeat capitaneus generalis dictarum galearum et omnium navigiorum nostrorum armatorum et disarmatorum, et facere capitaneriam donec erunt simul.

60 | c. 37v | Sub debito sacramenti debes esse solicitus et attentus in faciendo fieri ratas mercationum recte et legaliter, ita quod quilibet habeat contentari. Si vero dictas ratas iniuste feceris, et non recte et legaliter, dimittendo eas in terram vel aliter faciendo in damnum mercatorum, ex nunc commisimus Advocatoribus comunis quod inquirant contra te; et si invenerint te culpabilem, debeant te ducere et placitare ad consilia, sicut placitant alios qui contrafaciunt suis commissionibus[199].

61 Postquam recesseris de locis ubi fuerint caricate mercationes in galeys, non possis facere bulletam de aliquibus mercationibus que fuissent caricate in dictis galeys, sub pena ducatorum X pro quolibet collo in tuis propriis bonis; de qua non potest fieri gratia, sub pena ducatorum CC pro quolibet ponente vel consenciente partem in contrarium. Et commisimus officialibus Levantis quod inquirant et penas exigant, habendo partem ut de aliis sui officii. Et si accusator inde fuerit, pena dividatur per tercium[200].

62 Omnes bulletas, quas extra Venetias fieri facies pro caricando mercationes in galeys, debeas facere ordinate registrari et scribi in uno quaterno, ut bene appareant. Et similiter committere debeas patronis galearum tibi commissarum quod omnes bulletas, que facte fuerint per te pro caricando, debeant per suum scribam facere notari et diligenter registrari, salvando tamen bulletas predictas, ne perdantur. Quos omnes quaternos tu et patroni predicti, simul cum dictis zedulis, dare teneamini in vostro reditu et presentare Extraordinariis, quibus commissum est quod debeant discaricare galeas iuxta formam dictorum quaternorum et zedularum.

63 Quicunque patronus approbatus per nostra consilia, qui exiverit de Venetiis, non possit, postquam de Venetiis exiverit, remanere in aliqua parte aliqua causa, nisi causa infirmitatis sue persone, que sit talis quod acceptetur per capitaneum armate; et in isto casu capitanei ponant alium sufficientem et sufficientiorem quem poterint[201]. Et contrafacientes cadant ad penam de libris V^{c} pro quolibet et qualibet vice. Et commissum est Advocatoribus comunis in Venetiis,

198. *Nel margine interno* non ponatur.
199. *Nel margine esterno* non ponatur.
200. *Nel margine esterno* non ponatur.
201. *Ms.* poterintt.

et capitaneis extra Venetias, quod predicta faciant observari et exigant a contrafatientibus penam predictam; de qua habeant medietatem et reliquum sit comunis. Et si Advocatores erunt negligentes ad excuciendum dictam penam, cadant de tantumdem; et Domini de nocte exigant penam ab Advocatoribus et capitaneis negligentibus, habendo partem ut de aliis penis[202] sui officii. Et de dictis penis non potest fieri gratia contrafacientibus, videlicet armatoribus, capitaneis vel Advocatoribus, sub pena librarum MM pro quolibet ponente vel consenciente partem in contrarium.

64 Galee tibi commisse vel aliqua earum veniendo Venetias non possunt transire canale sive rivum Sancti Laurentii, nisi primo ordinate fuerint circate per officiales Levantis, sub pena librarum mille pro qualibet galea non circata[203] | c. 38r |; et de dicta pena non potest fieri gratia, sub pena ducatorum mille pro quolibet ponente vel consenciente partem in contrarium. Et est commissum officialibus Levantis quod inquirant de contrafacientibus et penas exigant.

65 Et teneris dare sacramentum omnibus mercatoribus galearum tibi commissarum, si recte et legaliter solverint nabula de suo havere capsele quod portabunt cum ipsis galeys.

66 Patroni galearum nostrarum a mercato tenentur levare mercimonia mercatorum nostrorum iuxta mandatum et bulletas nostrorum capitaneorum, sub penis solitis. Verum si aliquis patronus galearum nostrarum de mercato recusabit recipere in galeys merces mercatorum, vel nolet, iuxta mandatum et bulletas capitanei, ut dictum est, tunc ipse mercationes remaneant ad risicum ipsorum patronorum in terram; de quibus teneantur respondere ad reditum galearum mercatoribus in totum, sicut venderentur in Venetiis.

67 Nullus civis vel fidelis noster ullo modo audeat, per se vel alios, mittere vel portare seu portari facere de prohibitis per Ecclesiam ad partes Alexandrie, sub pena perdendi totum et tantumdem de suo proprio. Et commisimus in Venetiis officialibus contrabannorum, et extra Venetias tibi capitaneo et consuli nostro Alexandrie, quod inquiratis de his qui mitterent vel portarent de dictis prohibitis per Ecclesiam cum galeys Alexandrie, vel aliis navigiis que haberent gratiam eundi, et penas exigatis habendo terzium, accusator, si fuerit, terzium et sit de credentia, et comune reliquum. Et si non fuerit accusator pena dividatur per medium. De qua pena non possit fieri gratia nec loqui de faciendo gratiam, sub pena librarum mille pro quolibet ponente vel consenciente partem in contrarium. Et commissum est Extraordinariis et aliis officialibus qui faciunt bulletas pro caricando in galeys vel navigiis Alexandrie, quod omnibus volentibus caricare, ut dictum est, accipiant sacramentum quod nullo modo caricabunt nec mittent vel portabunt aliquid de prohibitis per Ecclesiam ad dictas terras vel loca Alexandrie, ut supra dictum est.

68 Aliquis civis, fidelis vel districtualis Venetiarum nullo modo possit adducere nec adduci facere, mittere nec mitti facere aliquod lignum vel navigium armatum vel disarmatum, vel merces aliquas, de extra Culphum ad aliquas partes intra Culphum alio quam Venetias, sub pena de L pro centenario tocius eius quod portaretur vel mitteretur aut discaricaretur contra hoc. Et si maiores pene invenirentur apposite per alios ordines nostros, ille maiores pene exigantur a contrafacientibus. Et pro omni bono respectu est etiam ordinatum quod de cetero nullus civis, fidelis vel districtualis Venetiarum possit levare vel levari facere super aliquibus navigiis, armatis vel disarmatis, aliquod havere Venetorum subtile vel grossum, quod foret conductum de extra Culphum ad aliquas partes de intra Culphum | c. 38v |, sub dicta pena de L pro centenario; in quam penam etiam incurrant nostri patroni navigiorum armatorum et disarmatorum,

202. *Ms.* pennis.
203. *Nel margine esterno* non ponatur.

super quibus levaretur de dicto havere. Et si levaretur de havere forensium, cadant tam nostri patroni predicti super quorum navigiis levaretur, quam nostri mercatores contrafacientes de C pro centenario valoris eius in quo fuerit contrafactum. Et si maiores pene forent posite super hoc, exigantur a contrafacientibus. Et predicta omnia commisimus inquirenda omnibus officialibus quibus commissa sunt contrabanna, qui inquirant de contrafacientibus et penas exigant, habentes partem ut de aliis sui officii. Et si fuerit accusator, habeat terzium et sit de credentia, officiales terzium et comune reliquum. Et propterea committimus tibi quod predicta facias observari et inquiras de contrafacientibus cum illa libertate et conditione quibus est commissum in Venetiis officialibus antedictis, habendo partem sicut haberent officiales. Et de dictis penis non potest fieri gratia, sub pena ducatorum mille pro quolibet ponente vel consenciente partem in contrarium. Et predicta revocari non possint nisi per sex consiliarios, tria capita et tres partes consilii Rogatorum congregatorum[204] ab LXXX supra.

69 Nullus civis noster vel habitator Venetiarum, vel alia persona quevis sit, audeat levare vel caricare, aut levari vel caricari facere, aliquas mercationes cuiuscumque conditionis existant intra Culphum pro portando extra Culfum cum aliquo navigio armato, excepto auro et argento, sub pena perdendi totum quod fuerit caricatum vel levatum in dictis navigiis armatis; de quo non potest fieri ulla gratia vel remissio aut predictorum revocatio, sub pena ducatorum ducentorum pro quolibet ponente vel consenciente partem in contrarium. Et commissum est Catavere, capitaneis Postarum, officialibus Levantis, Provisoribus comunis et aliis officialibus contrabannorum quod inquirant de contrafacientibus et penas exigant, habendo partem ut de aliis sui officii. Et si fuerit accusator per quem sciatur veritas, habeat medietatem et sit de credentia, et alia medietas dividatur inter comune et officiales primo invenientes.

70 Aliquis patronus, comitus vel scribanus, seu aliter salariatus galearum nostrarum de mercato, non audeat ponere nec poni facere merces aliquas inter duas glavas, nec in armarolo, nec in scandolario, nisi inter duas glavas magnas, sub pena perdendi totum quod fuerit positum contra hoc vel valorem eius si non esset suum. De quo nulla gratia vel remissio fieri possit, sub pena ducatorum centum pro quolibet ponente vel consenciente partem in contrarium. Et commissum est officialibus Levantis, Catavere, capitaneis Postarum et aliis officialibus contrabannorum quod inquirant de contrafactientibus et penas exigant, habendo partem ut de aliis sui officii. Et si fuerit accusator, habeat medietatem et sit de credentia, et reliqua medietas dividatur inter comune et officiales primo invenientes. Et propterea tibi committimus quatenus predicta quater in hoc viagio, ubi et quando tibi videbitur, facias cridari super galeys, ut sint omnibus manifesta[205].

71 | c. 39r | Nostri rectores, qui ad eorum regimina cum aliquibus galeys mercatorum ire voluerint vel ab propriis regiminibus remeare Venetias, debeant cum patronis in facto nabuli esse concordes, quod si erit bene quidem, alioquin nos, cum consiliariis nostris et capitibus de XLta per maiorem partem nostrum, debemus terminare quantum ipsi rectores solvere debeant, tam eundo quam redeundo. Et aliquis ambaxiator comunis, qui iret cum dictis galeys vel rediret, non audeat nec debeat aliquid solvere pro nabulo.

72 Nullus patronus galearum de mercato, silicet Cipri, Alexandrie, Romanie et Tane, ullo modo vel forma audet per se vel alium recipere vel recipi facere merces aliquas in galeys sine bulleta nostrorum officialium in Venetiis, et extra Venetias sine bula nostrorum capitaneorum, sub pena librarum mille parvorum pro quolibet contrafaciente et qualibet vice in suis

204. *Ms.* congregatis.
205. *Nel margine esterno* non ponatur.

propriis bonis, et ultra hoc sit perpetuo privatus patronia galearum de mercato. Comiti vero, patroni posticii et scribe dictarum galearum, si contrafacerent in levando vel levari fatiendo mercationes contra id quod dictum est et sine precepto patronorum suorum, cadant de libris centum parvorum pro quolibet et qualibet vice, et ultra hoc sint perpetuo privati com<i>taria, patronia posticia vel scribania sicut essent. Nauclerii, vero, et alie persone minoris conditionis contrafacientes predictis et caricantes mercimonia sine precepto patronorum suorum, ut dictum est, cadant de libris XXV et stent uno mense in uno carcerum inferiorum pro quolibet et qualibet vice. Et predicta commisimus inquirenda Provisoribus comunis, Catavere, capitaneis Postarum, officialibus Levantis, Dominis de nocte, Capitibus sexteriorum et Extraordinariis, qui per sacramentum tenentur inquirere de contrafacientibus et penas exigere, habendo partem ut de aliis sui officii. Et si fuerit accusator in predictis, habeat terzium et sit de credentia, officiales primo invenientes terzium et comune reliquum. Et de omnibus dictis penis non possit fieri gratia, donum, remissio aut recompensatio, ullo modo vel forma, sub pena librarum mille pro quolibet consenciente vel ponente partem in contrarium. Et propterea committimus tibi quod semel antequam transeas Ragusium teneris predicta facere in galeys cridari, ut omnibus nota sint, sub pena librarum CC in tuis bonis. Et cum applicueris ad loca tui viagii, antequam incipias fieri facere bulletas aliquas, similiter facias ipsas cridari, sub dicta pena, de qua tibi non potest fieri gratia aliqua vel remissio, sub predicta pena librarum mille. Et commissum est Advocatoribus quod inquirant contra te si fueris negligens, et penas exigant habendo partem ut de aliis penis sui officii. Intelligendo quod si capitaneus vel supracomiti, comiti, patroni posticii, scribe vel nauclerii et alii, ut dictum est, galearum comunis se reperire<n>t ad dicta viagia vel daretur ordo quod irent, quod teneantur ad[206] omnia predicta; et si contrafecerint predictis, est commissum solum Advocatoribus quod inquirant contra eos et penas exigant, cum modis et ordinibus suprascriptis.

73 Comiti et patroni posticii galearum nostrarum a mercato, videlicet Tane, Romanie, Cipri et Alexandrie, possint caricare et ponere in suis armarolis sine aliquo[207] | c. 39v | nabulo cum bulletis ordinatis et cum ordinibus terre, videlicet comiti unum miliare ponderis et patroni posticii libras V^{c} ponderis et non ultra, quod sit de suo et non de alieno, sub penis ordinatis.

74 Alique balle et mercationes galearum Romanie, que fuerint discaricate in partibus Mothoni et Coroni vel inde infra in aliqua parte, non possint ullo modo de illis locis vel partibus extrahi, donec galee Cipri et Alexandrie transiverint dicta loca vel partes, sub pena perdendi totum quod fuerit extractum contra hoc; de quo nulla gratia vel remissio fieri potest alicui, sub pena librarum mille pro quolibet ponente vel consenciente partem in contrarium. Sed cum galeys Cipri et Alexandrie predictis bene possint levari et extrahi de locis illis sine aliqua pena. Et etiam quando galee Cipri et Alexandrie transiverint dicta loca, sit in libertate mercatorum extrahendi et mittendi de locis et partibus illis ipsas ballas vel merces sicut volent. Et predicta sint commissa omnibus officialibus contrabanorum, qui inquirant de contrafacientibus, habendo partem ut de aliis contrabannis; et si accusator fuerit, habeat terzium et sit de credentia[208].

75 Officium navigantium revocatum est in totum cum provisionibus infrascriptis, videlicet quod Veneti nostri originarii, quantum ad navigandum, sint in illa libertate et statu quibus erant antequam officium predictum esset creatum; forenses autem facti Veneti per privilegium non possint navigare, nisi de quanto faciunt imprestita nostro comuni secundum formam suo-

206. *In interlinea con segno di richiamo.*
207. *Nel margine interno* non ponatur.
208. *Nel margine esterno* non ponatur.

rum privilegiorum, sub pena de L pro centenario et de omnibus aliis penis et stricturis ordinatis, que invenierentur. Verum si aliqui ex dictis forensibus, factis civibus per formam partium et ordinum datorum hactenus per nos, deberent habere aliquam prerogativam, ut eis non defficiamus de promissis, servetur eis omne id quod inveniretur sibi esse promissum. Et ut turbetur quod nullus noster Venetus tanxet havere forensium, est ordinatum quod aliquis noster Venetus vel qui pro Veneto tractaretur non audeat vel presumat, modo aliquo, iure, forma, colore vel ingenio, per pactum scriptum manus, obligationes, cautellas, credentias, cambia, recomendisias, collegantias, plezarias vel aliter per aliquem modum qui posset dici vel cogitari, directe vel indirecte, tanxare havere alicuius forensis in Venetiis nec in aliqua alia parte, exceptis partibus Ponentis, silicet a Capite Borsani supra, que partes sunt Flandria et loca illarum partium; nec illud havere forensium extrahere nec extrahi facere de Venetiis nec de aliquibus aliis partibus, cum aliquibus navigiis armatis vel disarmatis, pro portando vel portari faciendo ad aliquas partes Levantis, intelligendo partes Levantis Romaniam bassam et inde supra, silicet Ciprum, Romaniam, Tanam, Cretam, Alexandriam, Armeniam et alia loca dictarum partium Levantis; nec etiam illud havere forensium conducere vel conduci facere de aliqua dictarum partium Levantis ad aliquas partes intra Culphum, sub pena de L pro centenario valoris eius quod fuerit tanxatum vel contrafactum. Et | c. 40r | insuper sit privatus tanxans vel contrafaciens, si fuerit nobilis, duobus annis omnibus officiis, regiminibus, consiliis et beneficiis comunis Venetiarum, intus et extra, et si erit popularis sit privatus duobus annis de veniendo ad insulam Sancti Marci et Rivoalti; et cadat ille, cuius havere tanxatum fuerit in Venetiis vel extra, de C pro centenario valoris eius quod sibi tanxatum fuerit. Et si Venetus, vel qui pro Veneto tractaretur, tanxans et contrafaciens predictis acusabit forensem, cuius havere tanxatum fuerit, vel forensis, cuius havere fuerit tanxatum, acusabit Venetum, vel qui pro Veneto[209] tractaretur, tanxantem et contrafacientem, ut dictum est, sit absolutus primo accusans ab omni pena in quam incurisset et sit de credentia et habeat partem penarum velut accusator. De quibus penis vel aliqua earum non possit contrafacientibus fieri aliqua gratia, donum, provisio, remissio, recompensatio vel termini elongatio, sub pena ducatorum mille pro quolibet ponente vel consenciente partem in contrarium. Et revocatio consiliorum habeatur pro gratia in hac parte. Et predicta omnia commisimus Provisoribus nostris comunis in Venetiis, qui inquirant de contrafacientibus et penas exigant habendo partem ipsarum, videlicet medietatem, et reliqua medietas sit comunis. Et si inde fuerit accusator per quem veritas habeatur, pena dividatur per terzium et sit de credentia. Et extra Venetias commisimus omnibus nostris rectoribus de intus et extra Culphum cum auctoritate et libertate nostrorum Provisorum, et si dictis rectoribus extra Venetias fuerit aliquis accusatus occasione predicta et videbitur eis non habere tantum ad plenum, quod vellint procedere, ut tenentur, infra unum mensem vel per prima navigia Venetias venientia, postquam viderit se non esse claros, mittere Venetias nostris Provisoribus accusam depositam vel quicquid habuerit in hoc facto, particulariter et distincte sub suo sigillo. Et in hoc casu non habeant ipsi rectores partem penarum. Et pro inquirendis et exequendis melius predictis, possint Provisores imponere penam et penas, et personas ad sacramentum, et detinere in carceribus qui sibi videbuntur, pro habenda veritate premissorum. Et ut nemo sub spe ignorantie se tueri possit, teneantur nostri Provisores in Venetiis facere ter predicta in anno cridari, sub pena librarum quingentarum pro quolibet et qualibet vice. Et similiter tibi predicta committimus, que ter in galeys tibi commissis facias cridari, sub pena predicta que exigatur per Provisores, habendo partem ut dictum est.

209. *Segue segno grafico.*

76 Ut comune nostrum aliquam alleviationem senciat de maximis expensis factis in ambaxiatoribus missis in Alexandriam et in curiam romanam, ordinatum est per nostra consilia quod de toto havere et mercationibus, que conducentur cum galeys nostris Alexandrie de Alexandria Venetias, solvatur una pro centenario in reditu, que exigatur per Extraordinarios cum modis et conditionibus solitum observari in simili casu. Illud autem havere et mercationes que cum dictis galeys de Alexandria conducerentur, et remanebunt in aliqua parte extra Venetias, solvant libram unam pro centenario, que exigatur per te cum illa libertate quam habent Extraordinarii in Venetiis[210].

77 | c. 40v | Patroni galearum nostrarum Alexandrie teneantur in partibus Alexandrie omni nocte dormire in galeys suis, sub pena librarum C pro quolibet contrafaciente et qualibet vice. Salvo quod licitum sit ipsis patronis stare in terra duabus vel tribus noctibus, si tibi videbitur expediens, et non ultra. Verum non possis dare licentiam pluribus uno dictorum patronorum pro qualibet nocte, cum condictione tamen quod dimittantur per ipsos patronos ad custodiam galearum persone qui tibi placeant, que non recedant de galeys, sub penis datis patronis; et de dictis penis non potest fieri gratia aliqua, sub pena librarum C pro quolibet ponente vel consenciente partem in contrarium.

78 De quanto stabis in partibus Alexandrie. Non debes de die nec de nocte recedere de galeys, ullo modo vel ingenio, dando talem ordinem, quod de hominibus galearum non descendant in terram ultra XV vel XX ad plus inter omnes pro qualibet galea et qualibet vice, imponendo in hoc gravissim[a]s penas, precepta et banna, et faciendo taliter quod hec nostra intentio protinus observetur.

79 De omnibus condemnationibus que fi[e]nt per te, a die quo intraveris portum Alexandrie usque diem recesseris de dicto portu, non possit fieri aliqua gratia, donum, remissio vel recompensatio, declaratio, nec termini elongatio, sub pena ducatorum centum pro quolibet ponente vel consenciente partem in contrarium. De qua pena ducatorum centum etiam non potest fieri gratia, donum, remissio, recompensatio, declaratio vel termini elongatio, sub pena ducatorum CC pro quolibet ponente vel consenciente partem in contrarium. Que pene exigantur per Catavere, habentes <*sic*> partem ut de aliis sui officii. Et propterea tibi committimus cum nostris consiliis quod, sub debito sacramenti, diligenter inquiras de contrafacientibus ordinibus datis per nos et de cadentibus ad penas per nos i[m]positas, tam patronis quam aliis de galeys. Et in reditu tuo omnes contrafacientes et cadentes ad penas et etiam omnes condemnationes que fient per te, tam in portu Alexandrie quam alibi, notificare debeas dictis officialibus de Catavere, ut per eos fieri possit id quod ad suum spectabit officium.

80 Patroni galearum tibi commissarum, cum applicuerint Candidam, recuperare debent pro qualibet galea bottas sex usque octo, prout tibi capitaneo videbitur, de tribus bigontiis pro qualibet, sub pena ducatorum centum pro quolibet contrafaciente. Et comittimus tibi quod, antequam transeas Candidam, debeas in propria persona videre diligenter et circare si galee tibi commisse erunt bene fulcite barilibus, tamburlis et bottis predictis, et similiter de panatica pro uno mense cum dimidio ad minus, ut tenentur. Et omnes quos inveneris non esse fulcitos ut dictum est, accipias ab eis penam predictam ducatorum C pro quolibet contrafaciente; de qua pena habeas medietatem et reliquum sit comunis. In Candida vero vel Sithia, aut in alia parte insule, ubi tibi melius videbitur, debeas fulciri et bene camforizari | c. 41r |facere omnes galeas, tam super cohopertam quam barilas <*sic*>, bottas et tamburlos predictos, et non respicere ad frequentiam, ita quod galee sint bene fulcite, comittendo patronis ipsarum galearum expresse,

210. *Nel margine interno* non ponatur.

quod de aqua dictarum botarum habeant bonam curam, et quod de ea nullo modo tangatur sine expressa licentia tua, sub illis penis que tibi imponende videbuntur, ita quod in casu necessitatis galee sint bene fulcite, et sinistrum non recipiant ullo modo.

81 Cum aliqua galearum nostrarum a mercato non potest levari nec conduci in aliquam partem aliquis sclavus masculus vel femina, ullo modo vel ingenio, sub pena ducatorum centum pro quolibet sclavo vel sclava contra hoc conducti et qualibet vice. Et propterea tibi committimus quod inquiras de contrafacientibus et penas exigas, habendo partem ut de aliis tibi commissis. Verum licitum est cuilibet mercatori posse reducere cum dictis galeys Venetias sclavos suos, quos extraserit de Venetiis cum ipsis galeys; et sclavi etiam, qui fuerint extracti de Venetiis cum navibus, possint reduci Venetias cum galeys predictis[211].

82 Postquam recesseris de Alexandria non potes in aliqua parte facere bulletam alicui persone de aliqua re caricata in Alexandria super[212] galeys predictis, sub pena ducatorum L pro quolibet collo, de quo facta fuerit bulleta, in bonis tuis propriis; et presbiter tuus non potest scribere aliquam ex dictis bulletis, sub pena librarum CC et perpetue privationis officii notarie[213].

83 Insuper applicatis dictis galeys Venetias, statim officiales Extraordinariorum debent ponere duas sufficientes personas pro qualibet dictarum galearum, dando eis illud premium quod dictis officialibus videbitur; que expense vadant in varcam mercationum. Que due persone pro galea, astricte sacramento, teneantur non permittere exire aliquid de galea, quod non sit ponderatum et scriptum. Et si aliquid inveniretur fore caricatum in galeys sine bulleta tua, tractetur et habeatur in totum sicut fit de havere subtili conducto Venetias cum navigiis disarmatis. Que omnia commisimus officialibus Levantis et Extraordinariis, qui inquirant de contrafacientibus et penas exigant, habendo partem ipsarum, videlicet qui primo invenerint ut de aliis sui officii; et si inde fuerit accusator per quem veritas habeatur, habeat terzium et sit de credentia. De quibus penis vel aliqua earum non possit fieri aliqua gratia, donum, remissio, recompensatio vel termini elongatio, nec fieri superinde aliqua declaratio, sub pena librarum mille pro quolibet ponente vel consenciente partem in contrarium[214].

84 Omnes nauclerii, marangoni et calafati galearum a mercato tenentur habere ballistas et arma, et ipsas operari quando opus fuerit, prout faciunt illi de galeys Culphi, et accipiantur per modum et ordinem quo accipiuntur illi de galeys Culphi.

85 | c. 41v | Pro bono mercatorum et mercationum ordinatum est, et sic servabis et facies observari, quod existentibus galeys et navigiis nostris, tam armatis quam disarmatis, in partibus Alexandrie, si casus continget quod mercationes fiant per capita, non possint esse capita illarum mercationum, tam ad emendum quam vendendum et baratandum, patroni ipsarum galearum vel navigiorum, aut aliquis eorum, ullo modo, sub pena ducatorum mille pro quolibet contrafaciente et qualibet vice. Verum applicatis dictis galeys et navigiis seu aliquo eorum Venetias, teneantur capita mercationum cuiuslibet dictarum galearum et navigiorum, infra duos menses postquam applicuerint Venetias, facere suas rationes mercatoribus, quorum erunt mercationes, sub pena perdendi provisiones suas. De quibus penis vel earum aliqua non possit fieri gratia, donum, remissio, recompensatio vel termini elongatio sive declaratio, sub pena ducatorum mille pro quolibet ponente vel consenciente partem in contrarium. Et hec sunt commissa Provisori-

211. *Nel margine interno* non ponatur, et ponatur pars posita in commissione capitanei galearum Romanie.

212. *Ms.* sub.

213. *Nel margine interno* non ponatur.

214. *Nel margine interno* non ponatur.

bus comunis, qui inquirant de contrafacientibus et penas exigant, habendo partem ipsarum ut de aliis sui officii.

86 Ordinatum est, et sic servabis, propter mala que occurrebant in reditu galearum nostrarum a mercato quando inveniebant se simul propter capitaneriam que fiebat per capitaneum ad zornatam, quod nunc et de cetero probentur in consilio Rogatorum tres capitanei armatarum nostrarum a mercato, videlicet Romanie, Cipri et Alexandrie. Et ille capitaneus, qui plures ballotas habuerit, faciat capitaneriam dictarum armatarum usque Venetias, non existente cum eis capitaneus Culphi, qui in omni casu esse debet capitaneo generalis; secundus vero capitaneus, qui plures ballotas habuerit, in absentia primi faciat capitaneriam predictam. Et illa armata, que fuerit ante aliam et viderit ipsam, teneatur eam expectare et venire simul Venetias per modum predictum, pro omni bono respectu[215].

87 Totum metallum cuiuscumque conditionis, excepto auro et argento, quod caricabitur extra Culphum super navigiis nostris et fuerit extractum de intra Culphum, solvere debeat datium nostro comuni et nabulum galeys, sicut si esset conductum Venetias et caricatum in Venetiis super galeys. Et propterea tibi committimus quatenus exigas dictum datium et nabulum, dando patronis galearum illam partem nabuli que eos tanget, et residuum nabuli cum datio reservare et assignare debeas nostro comuni.

88 Insuper est ordinatum per nos et nostra consilia, et sic servabis et facies observari, quod omnes species et alia que descendent ad partes Mothoni et Coroni possint venire Venetias cum quacumque armata, solvendo de nabulo in totum de dictis rebus sicut solvunt mercationes que conducuntur de Candida Venetias, declarando quod res que veniunt[216] de Romania ad dictas partes obligentur de veniendo[217] cum galeys Romanie, solvendo de nabulo sicut si forent caricate in Constantinopoli. Et in casu quo non possent recipi super ipsis galeys[218] | c. 42r | possint venire cum omnibus aliis nostris armatis, solvendo illis galeys cum quibus venient illud[219] quod solverent si essent extracte de Candida, ut dictum est.

89 Teneris et debes bene et diligenter ac legaliter facere ratas tuarum galearum, ut teneris per formam tue commissionis. Si vero ipsas ratas bene et legaliter non feceris, ut dictum est, dimittendo aliquas mercationes in terram per fraudem in damnum alicuius, ex nunc cadas de libris mille in tuis propriis bonis, et ultra hoc sis perpetuo privatus capitaneriis omnibus galearum nostrarum; de quibus penis non potest fieri gratia vel remissio, sub penis omnibus et stricturis contentis in parte nova contrabannorum.

90 Item observabis partem captam in nostris consiliis Minori, Rogatorum, XL et additionis MCCCLXXXIII, indictione sexta, die XIII mensis maii, huius tenoris, videlicet cum alias captum fuerit et ordo sit quod super navigiis nostris armatis et disarmatis non possit levari vel caricari intra Culphum pro portando extra Culphum ramum nec alia metala vel res, sicut in dictis ordinibus continetur, et nulla mentio fiat de ramine quod caricaretur extra Culphum, unde omnino, pro bono terre nostre et pro obviando periculis que possent occurrere, est providendum specialiter super facto raminis, vadit pars quod etiam de cetero in aliquibus locis extra Culphum aliquis civis, subditus vel fidelis comunis Venetiarum non possit nec audeat, aliquo modo, forma vel ingenio, emere nec emi facere, levare, caricare aut levari vel caricari facere,

215. *Nel margine esterno* non ponatur.
216. *Ms.* vemiunt.
217. *Ms.* veinendo.
218. *Nel margine esterno* n[o]n p[ona]tur.
219. *Prima* -l- *corretta su* -e-.

super aliquo navigio, tam armato quam disarmato et tam Veneti quam forensis, aliquod ramum quod non sit laboratum vel affinatum Venetiis, pro portando ad aliquas partes extra Culphum, nec dictum ramum in recomendisiam vel aliter recipere aut tanxare in partibus predictis de extra Culphum, sub pena perdendi totum ramum vel valorem eius; de qua pena non possit fieri gratia, donum, remissio vel recompensatio, sub pena ducatorum mille pro quolibet ponente vel consenciente partem in contrarium. Et predicta committantur inquirenda Provisoribus comunis et aliis officialibus contrabannorum. Et si de premissis fuerit accusator per quem veritas habeatur, habeat tercium et sit de credentia, officiales tercium et comune reliquum. Et scribatur et addatur in commissionibus omnium rectorum, consulum et baiulorum nostrorum de extra Culphum cum illa liberatate et conditionibus, quibus commissum est in Venetiis Provisoribus comunis et aliis officialibus contrabannorum; et cridetur, ut omnibus sit manifestum[220].

91 Fecimus tibi dari exemplum litterarum papalium de gratia nobis concessa pro navigando ad terras soldani pro tua informatione, quarum contenta, in quantum ad te spectant, observabis et facies observari; verum in tuo reditu Venetias ipsum exemplum curie nostre debeas ressignare[221].

92 | c. 42v | Quia non est limitatum nabulum melli de Mothono et Corono, quod vadit cum galeys nostris a mercato, declaratum est per nos et nostra consilia quod dictum mel solvat de cetero galeys ducatos tres cum dimidio pro miliari, ad pondus solitum.

93 Ceterum est ordinatum quod omnes mercationes conducte de Alexandria et Siria Motonum, que caricabuntur super galeys nostris a mercato, in reditu suo Venetias solvere debeant illud nabulum galeys super quibus caricabuntur, quod solvissent si fuissent caricate in Alexandria et Baruto[222].

94 Teneris etiam, sicut tenentur alii capitanei galearum nostrarum a mercato, pro comodo fidelium nostrorum civitatis Corphoy, eundo et redeundo, ire ad civitatem predictam et ibi stare saltem per horas quatuor qualibet vice, nisi impedireris casu fortuitu per quem ire non posses.

95 Item observabis partes infrascriptas captas in nostris consiliis Rogatorum et additionis MCCCLXXXVIIII, die VIII iunii, videlicet, pro securitate galearum nostrarum a mercato, ordinatum est quod capitanei galearum nostrarum a mercato teneantur de cetero, sub pena privationis omnium capitaneriarum nostrarum a mercato per quinque annos, observare et facere observari capitulum sue commissionis, continens distincte[223] quod galee non caricentur ultra signa et mensuras debitas. Que mensure poni debeant per patronos nostros arsenatus ad pupim et ad proram et in medio corporis galearum nostrarum, secundum ordines nostros, quos habent officiales Levantis ordinate; que signa signentur tali modo quod possint bene videri et sic debeat de cetero observari[224].

96 Item observabis partem infrascriptam captam in Rogatis MCCCLXXXVII, die XXVIII decembris, videlicet prout omnibus patet semper dominatio providit et fecit quam plures leges ut omnibus nostris hominibus, tam de pede quam de remo, fierent integre solutiones sue, ut ipsis hominibus nullo modo[225] fieret obliquum; et similiter dominatio fecit quam plures provisiones

220. *Nel margine interno* non ponatur.
221. *Nel margine interno segno grafico; infra* non ponatur.
222. *Nel margine esterno* non ponatur.
223. Capitulum ... distincte *depennato.*
224. *Nel margine esterno* non ponatur *depennato.*
225. *Segue segno grafico.*

ut galee nostre a mercato irent et redirent bene armate, et hec[226] omnia nequaquam servata fuerunt, quia pauperibus hominibus non dantur sue livrationes nec fiunt eis sue refusure, prout debent fieri, ymo patroni galearum faciunt apunctare pauperes homines in meridie, multociens tenentibus ipsis scalam in terram, quod est contra Deum et rationem, et illas apunctaturas non dant capitaneo prout tenentur, et tales apunctature non date capitaneo non debent poni ad computum pauperum hominum; etiam pro quolibet homine a remo, ipsis patronis defficientibus quia debent habere homines 171, ipsi patroni debent solvere libras XXIIII in mense, et super his[227] sit totaliter providendum prout consulunt Advocatores comunis, vadit pars[228] quod committatur nostris solutoribus armamenti quod debeant facere suas rationes omnibus hominibus tam de remo quam de pede, qui fuerunt cum galeys nostris a mercato que venerunt nuper et que vienient per futura tempora, | c. 43r | in hac forma, videlicet primo quod videant illud quod ipsi homines restant habere de suis livrationibus et refusuris, et faciant ipsis hominibus dare integre illud quod restabunt habere, et quod pactum aliquod, quod ipsi homines fecissent, valere non debeat. Et quod aliqua apunctatura non ponatur pauperibus hominibus, postquam ipsas apunctaturas non dederint capitaneo, prout tenentur, audientibus ipsis solutoribus pauperes homines patronos et scribanos, et videntibus quaternos ordinate, habendo libertatem imponendi penam et penas et ipsas exigendi, ac etiam ponendi personas ad sacramentum prout eis videbitur, habendo insuper libertatem imponendi penam et penas patronis ipsarum galearum in suis propriis bonis, et ipsas penas exigendi, de faciendo sibi dari de presenti tot denarios quot eis videbuntur, pro possendo solvere ipsis hominibus de eo quod habere debebunt, amodo usque octo dies, sub pena librarum centum pro quolibet et pro quolibet homine, qui ipsis patronis defecerit ad habendum homines 171 a remo, libras XXIIII in mense, secundum formam partis que ipsis nostris solutoribus mutatur, ut ipsam debeant observare.

97 Insuper cum in commissionibus capitaneorum galearum nostrarum a mercato contineatur quod non possint habere partem in galeys vel aliqua earum nec facere mercationes ullo modo, verum est licitum eis habere de suo recomendato aliis super ipsis galeys, nec potest ire capitaneus cum aliqua persona ad videndum mercationes, et quod non possit dormire in terram, ordinatum est pro omni bona causa, quod addatur dicto ordini quod capitanei non possint ire ad videndum nec ostendendum mercationes in terram neque in galeam, non intelligendo in hoc lapides nec perlas de conto, et hoc sub pena librarum V^{c} capitaneo et privationis annorum quinque omnium capitaneriarum galearum a mercato; quam penam pecuniariam exigant Catavere, habentes partem ut de aliis sui officii. Qui Catavere, statim cum galee redierint, debeant, sub pena librarum XXV in suis propriis bonis, examinare et inquirere si capitanei observaverint ut dictum est; quam penam exigant Advocatores nostri comunis a Catavere; et si fuerit accusator in predictis, per quem veritas habeatur, habeat terzium pene pecuniarie et teneatur de credentia[229].

98 Item ordinetur, et addatur in commissione omnium capitaneorum[230] nostrorum galearum a mercato, quod de omnibus nabulis que excucient extra Venetias, tam de mercationibus caricatis Venetiis quam extra Venetias, debeant iidem capitanei scribere in uno quaterno per se omnes danarios, quos excucient, et nomina personarum et de quibus mercationibus. Et similiter scribant in dicto quaterno quando dabunt aliquos denarios patronis galearum; quos denarios

226. *Ms.* hoc.
227. *Ms.* hiis.
228. *Segue segno di richiamo e, nel margine esterno,* ponatur incipiendo: Item ordinat<u>m est.
229. *Nel margine interno* non ponatur.
230. *Ms.* capitane[rio]rum.

debeat capitaneus dare patronis de tempore in tempus, sicut est iustum. Quem quaternum debeat quilibet capitaneorum predictorum in reditu suo consignare et dare officialibus nostris Extraordinariorum, ut quilibet possit videre facta sua.

99 | c. 43v | Item ordinetur et sic debeat de cetero observari quod, quando caricabuntur alique mercationes extra Venetias super nostris galeys a mercato, debeant patroni subito facere scribi per suos scribanos pacta et conventiones, quas fecerint mercatores cum patronis, et precium quod debebunt dare pro nabulo, et declarare inter se cum quo pondere debebunt ponderari ipse mercationes, et singulariter omnia que contrahentur inter mercatores et patronos. Patroni autem teneantur infra terziam diem ad longius portare zedulam dicti naulizati et conventionum capitaneo suo, particulariter et distincte. Qui capitaneus teneatur et debeat scribere vel scribi facere ipsa naulizata et conventiones in uno quaterno, quem dabit in reditu suo officialibus Extraordinariorum, pro informatione omnium quibus spectabunt. Verum si patroni contrafecerint, vel eorum aliquis predictis vel alicui predictorum, et postea foret aliqua differentia inter mercatores et patronos occasione predicta, credatur sacramento mercatorum; et per dictum suum procedatur sicut erit de iure, et non audiantur patroni nec testificationes eorum dicta de causa.

100 Item quia observatur per patronos omnium galearum a mercato quando veniunt Venetias quod, ubi debent accipere pedotas sufficientes pro intrando portum nostrum Venetiarum cum securitate, ipsi solidant rationem alicui ex soldatis galearum sibi commissarum, et c43v)onstituunt ipsum pedotam, quod est cum evidenti periculo galearum nostrarum, ordinetur quod patroni galearum predictarum teneantur omnino in reditu suo accipere pedotas suos, sicut tenentur de illis qui non sint nec fuerint soldati super galeys suis, sed accipiant de pedotis solitis quos reperient in Istria.

101 Item quia sunt quam plures ordines super facto barilarum, que fieri debent ad unam mensuram, et per indirectum contrafit dictis ordinibus, quia tam in Venetiis quam extra Venetias reperitur modus habendi barilas magnas cum maximo periculo galearum, quia propter istas excessivas barilas galee sunt nimis[231] caricate, ordinetur et sic mandetur capitaneis nostris galearum a mercato quod de cetero observent quod in Pola, et in omnibus aliis locis que videbuntur capitaneis, debeant facere diligenter circari, et omnes barilas quas invenient, que sint capacitatis ultra quartam et siculum ad plus, debeant omnino poni facere in terra, ut galee vadant cum quam maiori securitate poterunt[232].

102 Item observabis partem que in nostris consiliis Minori, Rogatorum, XLta et zonte capta fuit infrascripti tenoris, videlicet in MCCCLXXXXVI, die XXV mensis maii, quia utilissimum est, et pium, providere ad bonum et securitatem galearum nostrarum a mercato que veniunt Venetias tempore yemali, navigando nocturno tempore et faciendo schalam in mari inter nostrum Culphum, cum tantis manifestis periculis, consideratis ipsis periculis et pessimis inconvenientiis, que iam ex hoc evenerunt et evenire possent in futurum, nisi super hoc salubriter provideretur, vadit pars quod prohibeatur expresse omnibus nostris capitaneis galearum a mercato quod de cetero, in suo reditu[233] Venetias a Ragusio usque in Istriam, non audeant ullo modo facere noctem in mari, ymo bona hora se reducere ad portum et ferrum ponere in illo loco qui eis tucior et melior videbitur, non se levando de portu ullo modo, nisi per duas horas

231. *Con segni diacritici, sovrascritti successivamente, sulle* i.
232. *Nel margine esterno* non ponatur.
233. *Ms.* redita.

vel tres ad plus ante diem, sub pena[234] | c. 44r | librarum mille cuilibet capitaneo contrafacienti et qualibet vice. De qua pena si accusator fuerit per quem veritas habeatur habeat medietatem, quartum sit comunis et aliud quartum sit officialium, quibus primo accusa facta fuerit. De qua pena alicui capitaneo contrafacienti non possit fieri gratia, donum, remissio nec aliqua recompensatio, nisi per sex consiliarios, tria capita de XLta, XLta de XLta et quatuor partes Maioris consilii. Et committantur predicta inquirenda Advocatoribus comunis, Provisoribus comunis et nostris officialibus de Catavere, qui in adventu galearum nostrarum debeant, sub debito sacramenti, facere diligentem inquisitionem de predictis; et iniungatur in commissione omnium capitaneorum nostrorum predictorum. Et similiter debeat observare capitaneus noster Culphi, in casu quo se reperiret cum nostris galeys a mercato, sub penis et stricturis predictis.

103 Item observabis partem infrascriptam captam in nostris consiliis Minori, Rogatorum, XLta et additionis, MCCCLXXXXVII, die quartodecimo iunii, cuius tenor talis est, videlicet quia est providendum per omnem viam et modum possibilem ad securitatem galearum nostrarum a mercato, vadit pars quod super qualibet galearum nostrarum a mercato, exceptis galeys capitaneorum, esse debeat ultra numerum ballistariorum unus homo consilii, cui homini patroni dare debeant ad minus ducatos sex in mense et ratione mensis et tabulam, ut galee nostre possint cum securitate navigare. Quem hominem quilibet patronorum accipere teneatur, sub pena librarum quingentarum in suis propriis bonis. Et si fuerit accusator per quem habeatur veritas habeat tercium, officiales nostri armamenti terzium sive alii officiales, quibus primo facta fuerit accusa, et comune reliquum. De qua pena non possit contrafacientibus fieri gratia, donum, remissio, revocatio, recompensatio nec aliqua declaratio aut termini elongatio, nisi per sex consiliarios, tria capita de XLta, XLta de XLta, et quatuor partes Maioris consilii[235].

104 Item observabis infrascriptam partem captam in nostris consiliis Minori, Rogatorum, XLta et additionis, millesimo trecentesimo nonagesimo septimo, indictione quinta, die XIIII mensis iunii, cuius tenor talis est, videlicet cum super galeys nostris a mercato multociens caricentur in Venetiis mercationes pro Corono, et quando dicte galee sunt in Mothono discaricantur mercationes pro mittendo eas Coronum, cum iactura mercatorum nostrorum, et utile sit pro bono mercatorum nostrorum et utilitati loci nostri Coroni providere, considerata parva distantia existente de Mothono usque Coronum, vadit pars quod de cetero capitanei galearum nostrarum a mercato, silicet Romanie, Baruti et Alexandrie, teneantur, cum galeys sibi commissis expeditis de Mothono, ire Coronum et stare ibi quatuor horis ad minus, pro dextro loci nostri predicti. Et addatur in eorum commissionibus quod predictam partem teneantur observare, sub pena capitaneo librarum CC et cuilibet patronorum librarum centum in suis propriis bonis; et comittatur omnibus officialibus contrabannorum quod dictam penam exigant, habentes partem ut de aliis sui officii. Et si fuerit accusator per quem veritas habeatur habeat terzium, officiales quibus facta fuerit accusa terzium et comune reliquum. De qua pena non possit contrafacientibus fieri gratia, sub pena librarum centum pro quolibet ponente vel consenciente partem in contrarium.

105 | c. 44v | Item observabis infrascriptam partem captam in consilio Rogatorum, MCCCLXXXXVII, die XIIII° iunii, cuius tenor talis est. Cum sit quedam pars continens quod patroni nostrarum galearum a mercato possint super qualibet galea habere ballistarios quatuor nobiles nostros de Maiori consilio in numero aliorum ballistariorum, et sicut est manifestum ad presens sunt multi nostri nobiles, non habentes aliquod in inviamentum, probi et apti ad

234. *Nel margine esterno* ponatur.
235. *Nel margine interno* non ponatur.

navigandum, quibus est bonum et utile subvenire, vadit pars quod de cetero patroni omnium galearum nostrarum a mercato teneantur habere super qualibet galea ballistarios tres nobiles de Maiori consilio a XX annis supra et quadraginta infra, in numero aliorum ballistariorum, possendo accipere de illis per quos exirent de consilio, quibus dare debeant soldum, quod habent alii ballistarii, et tabulam. Et ipsi ballistarii nobiles teneantur habere ballistas et omnia alia arma necessaria, sicut habent alii ballistarii, et illa ostendere ad circam sicut est consuetum. Sit tamen in libertate patronorum habere unum alium ballistarium nobilem ultra illos tres, quos omnino teneantur habere, ut est dictum. Insuper teneantur dicti patroni, quando collegium deputatum ad accipiendum ballistarios volet ballistarios accipere, presentare capitaneo nomina illorum trium nobilium quos acceperint, ut capitaneus sit de illis informatus. Si vero patroni illos non accepissent nec dedissent nomina eorum in scriptis capitaneo, ut dictum est, teneantur capitaneus et collegium deputatum, quando accipient alios, accipere etiam istos tres; si invenient volentes ire, quos videre debeant, caricare et prohicere in illo loco qui dicto collegio videbitur[236].

106 Item observabis partem infrascriptam captam in nostris consiliis Rogatorum, XLta et additionis, millesimo trecentesimo nonagesimo nono, indictione octava, die quarto ianuarii, infrascripti tenoris, videlicet cum in commissionibus capitaneorum nostrorum galearum a mercato sint multa capitula et ordines super facto zurmarum, quas habere debent galee a mercato, continentes modos quos servare habent capitanei in faciendo circas galearum, et id quod solvere debent patroni galearum in mense et ratione mensis pro quolibet homine defficiente, sed tamen, ut notum est, galee predicte non vadunt fulcite hominibus quos habere debent, contra intentionem terre, cum manifesto periculo galearum, hominum et haveris in eis existentium, et utile sit ymo necessarium providere quod galee predicte vadant armate sicut est intentio terre, vadit pars quod omnia capitula existentia in commissionibus capitaneorum galearum a mercato loquentia super facto dictarum zurmarum, in quantum ad hoc spectant, revocentur et annichilentur. Et de cetero infrascripte partes per capitaneos galearum nostrarum a mercato, qui per tempora fuerint, debeant observari, et in eorum commissionibus addantur pro maiori observatione[237].

107 Primo ordinetur quod quelibet galea a mercato habere debeat, ultra patronum nobilem, unum comitum, unum patronum iuratum, duos scribas, unum hominem consilii, unum marangonum, unum calafatum, octo nauclerios, quindecim ballistarios, in quorum numero sit unus remarius, centum et septuaginta unum homines a remo, unum cochum, unum caniparium et unum famulum patroni. Tota que zurma habere debeat expensas a galeys iuxta solitum; ballistarii autem accipi debeant ad bersalium, iuxta solitum, et cum soldo consueto. Teneatur insuper quelibet galearum ultra numerum suprascriptum habere pedotas, qui accipi debent per capitaneos iuxta[238] | c. 45r | solitum. Capitanei vero habere debeant admiratos, medicos, sonatores et alios eis deputatos, secundum consuetudinem, intelligendo quod galee nostre Flandrie habere debeant ballistarios viginti, sicut solite sunt habere.

108 Item teneantur capitanei, antequam recedant de Venetiis, facere quod patroni galearum dent et consignent eis quaternos galearum suarum, in quibus sint scripti omnes homines soldati galearum suarum; quos quaternos dicti capitanei retinere debeant penes se per totum viagium, donec redierint Venetias. Et antequam capitanei predicti transeant Polam,

236. *Nel margine esterno* non ponatur sed ponatur pars capta super ipsum factum.

237. *Nel margine esterno* Omnes infrascripti capituli signati hoc signo Ç non ponantur, quia aliter est provisum prout patet in libro Rogatorum 49, carta 115; et dicte partes ibi existentes poni debent loco istarum cancellatarum. *I capitoli 106-113 sono depennati.*

238. *Nel margine interno* Ç.

teneantur personaliter facere circam omnium galearum, faciendo zircham ad galeam ad galeam, faciendo vocari homines ad unum ad unum; et defficientes, quando fiet dicta zircha, scribere debeant suis manibus in quaternis predictis, ad postas suas, pro falitis. Et teneantur ultra hoc capitanei predicti dare sacramentum patrono, comito et scribis quod homines omnes, quos invenerint ad circham, sint soldati galearum, sicut in quaternis continebitur. Et si defficient homines ad numerum supradictum, tam de pede quam a remo, debeant capitanei suo posse, antequam transeant Polam, tenere modum quod galee sint fulcite hominibus, quos habere debent ad expensas patronorum. Et in casu quo non possint se fulcire in Pola, teneantur in quacumque parte, in qua se reperient, accipere homines, si poterunt, ita quod eundo, stando et redeundo omnes galee sint fulcite et habeant numerum suorum hominum, quos habere debent. Et debeant predicti capitanei homines quos accipient notari facere in dictis quaternis galearum, et diem quo illos accipient, dantes semper sacramentum patrono et scribis galearum quod omnes dicti homines, quos capitanei scribi facient, non sint de hominibus soldatis galearum[239].

109 Et ut melius videri possint homines defficientes de tempore in tempus, teneantur capitanei, omnibus singulis quindecim diebus ad minus, facere circham suarum galearum, faciendo dictam circam personaliter ad galeam ad galeam, et faciendo descendere homines in terram et vocari eos facere ad unum ad unum. Et si essent in loco in quo homines non possent descendere in terram, facere debeant dictam zircham in galeys, faciendo transire homines mediam galeam, et vocando illos ad unum ad unum, ac dando continue sacramentum patrono, comito et scribis cuiuslibet galee quod illi homines sint soldati galearum, sicut in quaternis continetur.

110 Et teneantur scribe galearum, quando remanebit a dictis galeys aliquis homo, dare in scriptis capitaneis, ad primum locum in quo posuerint ferrum, diem et locum in quo remanserit; quos homines sic falitos capitanei debeant scribere in dictis quaternis suis manibus ad suas postas, notando diem et locum in quo remanserint. Et hoc observare teneantur[240] scribe galearum, sub pena librarum decem parvorum pro quolibet homine quem non dederint in scriptis capitaneis, ut superius dictum est, et pro qualibet vice. Et teneantur capitanei dictarum galearum, antequam transeant Polam, reddere de hoc previsos scribas galearum; et non intelligatur quod aliquis homo acceptus sit nec sit soldatus galearum, nisi postquam scriptus fuerit in quaternis galearum qui erunt in manibus capitaneorum[241].

111 Et ut patroni habeant causam tenendi galeas suas armatas et fulcitas omnibus hominibus, ordinetur et sic observetur per capitaneos quod patroni predicti teneantur[242] | c. 45v | solvere pro quolibet homine galeys predictis defficiente, postquam transiverint Polam, in mense et ratione mensis, in hunc modum et per diem et horam, videlicet pro comito libras octuaginta, pro patrono iurato libras quinquaginta, pro homine consilii ducatos sex, pro scribis, marangonis et calafatis libras triginta sex pro quolibet, pro ballistariis libras viginti octo pro quolibet, pro hominibus a remo libras viginti quatuor pro quolibet, pro cocho et canipario libras viginti octo pro quolibet, pro famulo patroni libras octo. Quos denarios exigere debeant capitanei de bonis galearum seu de bonis propriis patronorum eundo, stando et redeundo; et de toto eo quod exigent, capitanei predicti habere debeant unum terzium, et alia duo terzia sint comunis, que in reditu suo capitanei predicti consignare debeant Camerariis comunis infra dies octo postquam applicuerint Venetias. Et si capitanei non exegissent totam illam quantitatem, quam solvere debuissent patroni occasione

239. *Nel margine interno* Ç.
240. *In interlinea con segno di richiamo.*
241. *Nel margine interno* Ç.
242. *Nel margine interno* Ç.

predicta, debeant infra dies octo postquam applicuerint Venetias dare in scriptis Extraordinariis id quod restaret ad exigendum. Qui Extraordinarii teneantur exigere de nabulis galearum id quod per capitaneos sibi fuerit datum in scriptis; de quo dare debeant Camerariis comunis duo terzia pro parte comunis, et aliud tercium capitaneis, ut dictum est, non possendo patronos obligare nabula suarum galearum in tantum quantum solvere tenerentur occasione predicta. Et si nabula galearum non essent sufficientia, Extraordinarii exigere debeant de bonis propriis patronorum, si de illis habere poterunt; et si de bonis patronorum habere non possent, exigant de bonis participum id quod tanget quemlibet eorum per suos caratos, ita quod omnino dicti denarii solvantur. De quibus denariis tangentibus nostrum comune, sive soluti fuerint sive non, non possit patronis sive participibus fieri gratia, donum, remissio, recompensatio nec aliqua declaratio, sub pena librarum mille pro quolibet consiliario, capite, sapiente vel alio ponente vel consenciente partem in contrarium; et sic procedat de pena in penam usque in infinitum. Capitaney autem de parte eos tangente non possint patronis vel participibus aliquid remittere vel donare, sub aliquo modo, colore vel forma, sub pena sacramenti, et ultra hoc sub pena librarum V^c^ pro quolibet capitaneo contrafaciente, quam exigant Advocatores comunis; cuius pene medietas sit accusatoris si fuerit per quem sciatur veritas, et alia medietas sit Advocatorum; et si non fuerit accusator, pars accusatoris veniat in comune.

112 Et teneantur capitanei, infra octo dies postquam applicuerint Venetias, dare solutoribus armamenti omnes quaternos galearum predictarum. Qui solutores teneantur examinare illos; et si per eorum examinationem invenient capitaneos non exegisse a patronis totum id quod solvere deberent pro hominibus sibi defficientibus, secundum ordines sibi datos, seu non dedissent[243] | c. 46r | in scriptis Extraordinariis ut superius dictum est, debeant dicti solutores[244] exequi et facere totum id quod dicti capitanei facere debuissent. Et ob hoc habeant dicti solutores, de toto eo quod non fuisset excusum per capitaneos seu non dedissent in scriptis Extraordinariis et per eorum examinationem exigeretur, illam partem quam haberent capitanei, que dividatur inter eos sicut faciunt alias utilitates sui officii. Et ultra hoc cadant dicti capitanei in suis propriis bonis de tanto quantum eos tetigisset pro sua parte de eo quod non exegissent seu non dedissent in scriptis Extraordinariis; que pena sit solutorum predictorum, et illam dividant ut superius dictum est. Quibus solutoribus comittatur examinatio quaternorum predictorum, remanentibus in sua firmitate omnibus partibus mentionem agentibus de illis qui constitui debent per capitaneos super qualibet galea ad inquirendum quod panis, vinum et alia vivanda dentur hominibus galearum secundum usum, et omnibus partibus facientibus mentionem de refusuris fiendis hominibus galearum per solutores armamenti predictos.

113 Et ut capitanei possint exequi et facere omnia suprascripta, teneantur Extraordinarii, ante recessum capitaneorum de Venetiis, dare et consignare dictis capitaneys ducatos centum pro qualibet galea de nabulis dictarum galearum; de quibus denariis capitanei predicti teneantur solidare homines et exequi ut superius dictum est. Et si dicti denarii non essent sufficientes, debeant capitanei predicti accipere de nabulis galearum, que exigent extra Venetias, tantam quantitatem quod continue habeant ducatos centum in manibus suis pro qualibet galea, pro adimplendo intentionem dominii ut superius dictum est[245].

114 Item observabis partem infrascriptam captam in nostris consiliis Rogatorum et additionis, MCCCLXXXX, indictione XIIII^a^, die penultimo decembris, infrascripti tenoris,

243. *Nel margine esterno* Ç.
244. *Segue* exequi *depennato.*
245. *Nel margine interno* Ç.

videlicet cum sit ordo quod aliquis ambaxiator nostri comunis, eundo et redeundo cum galeys nostris a mercato, non debeat solvere aliquod nabulum dictis galeys, et nulla mentio fiat de provisoribus, sindicis et aliis nuntiis nostri comunis, licet intentio terre fuerit generaliter de omnibus nuntiis nostri comunis, vadit pars, pro bono comunis et declaratione omnium, quod de cetero dictus ordo se extendat et intelligatur generaliter de omnibus ambaxiatoribus, provisoribus, sindicis et tractatoribus ac omnibus aliis nuntiis nostri comunis, qui ibunt et redibunt ad expensas nostri comunis cum galeys nostris a mercato predictis[246].

115 Item observabis partem captam in nostris consiliis Minori, Rogatorum, XLta et additionis, millesimo trecentesimo nonagesimo terzio, indictione prima, die XXVIIII maii, infrascripti tenoris, videlicet quod, pro evidenti bono patronorum galearum nostrarum a mercato et pro omni bono respectu, addatur in commissionibus omnium capitaneorum nostrorum galearum a mercato quod generaliter omnia nabula galearum et etiam nabula hominum de passagio extra Venetias ipsi capitanei exigere debeant, et ipsa nabula subito ad primum portum quem applicuerint consignare patronis | c. 46v | galearum nostrarum, tenendo dicti capitanei[247] peccuniam necessariam pro hominibus qui deficerent galeys, ac dando unicuique ipsorum patronorum partem eum tangentem, sub pena librarum V^{c} parvorum in suis propriis bonis pro quolibet capitaneo contrafaciente et qualibet vice. Quam penam exigant officiales Extraordinariorum habentes partem ut de aliis sui officii, dando dicti nostri capitanei[248], in suo adventu Venetias, nostris Extraordinariis seriose in scriptis nabula que exegerint, ut participes galearum possint videre iura sua, et ultra hoc perpetue priviationis omnium capitaneriarum galearum nostrarum a mercato. Prohibeatur similiter patronis omnium galearum nostrarum a mercato quod non debeant aliquid exigere de nabulis predictis, sed permittere quod capitanei nostri exigant, ut est dictum, sub pena librarum mille pro quolibet patrono contrafaciente et qualibet vice in suis propriis bonis, quam exigant predicti nostri officiales Extraordinariorum, habentes partem ut de aliis sui officii. De quibus penis vel aliqua earum non possit alicui contrafacienti et non observanti, ut dictum est, fieri gratia aliqua, donum, remissio nec aliqua declaratio, sub pena librarum mille pro quolibet ponente vel consenciente partem in contrarium, usque in infinitum. Reservatis, ultra hoc, iuribus patronis, qui observarent predicta contra capitaneos et alios patronos qui non observarent ut dictum est; quibus iuribus uti possint infra duos menses postquam Venetias applicuerint. Verum si omnes patroni alicuius viagiorum predictorum contrafacerent predictis, et de hoc facta fuerit accusa prefatis nostris Extraordinariis, habeat accusator terzium dicte pene, comune terzium et officiales reliquum.

116 Item observarbis partem infrascriptam captam in nostris consiliis Minori, Rogatorum, XLta et additionis, MCCCCI, die XIIII ianuarii, cuius tenor talis est, videlicet cum multi ordines et partes capte sint ut galee a mercato vadant bene armate sub magnis stricturis et penis, tamen videtur quod caniparii, seschalchi, cochi et familiares patronorum per aliquos scribuntur et solvuntur pro balistariis vel in numero aliorum hominum de pede vel de remo, et bonum sit obviare tali errori, vadit pars quod quilibet patronus alicuius ex galeys a mercato que hoc anno armabuntur, et similiter temporibus in futuris, teneatur et debeat scribere ordinate, super quaternis super quibus scribunt, alios homines galearum, caniparios, cochos, seschalchos et familiares suos, ut possit de eis fieri circa, sicut de aliis hominibus galearum. Et propter hoc committatur quibuslibet capitaneis gelarum a mercato, tam presentis anni quam futurorum,

246. *Nel margine interno* non ponatur.
247. *Ms.* dictos capitaneos.
248. *Ms.* dictos nostros capianeos.

quod debeant et teneantur, sub illis penis sub quibus dicti capitanei tenentur facere circam aliorum hominum galearum, facere etiam circam de predictis canipariis, cochis, seschalchis et familiaribus patronorum, omni vice qua facient circam aliorum hominum galearum, et videre et perquirere diligenter si ultra numerum hominum a remo et de pede et ballistariorum habebunt caniparios, seschalchos, cochos et familiares predictos. Et si aliquis patronus, videlicet quod super sua galea sit scriptus aliquis de predictis pro ballistario, homine de pede vel a remo, cadat dictus patronus contrafaciens in penam non possendi esse supracomitus alicuius galee nostri comunis, nec patronus alicuius galee a mercato, usque decem annos[249] | c. 47r | tunc sequentes; et hec pena sit ultra alias penas que continentur in aliis ordinibus nostris. Et si fuerit accusator per quem sciatur veritas, teneatur de credentia et habeat libras centum de bonis contrafacientium; et non possit de predictis penis fieri contrafacientibus aliqua gratia, sub pena ducatorum mille pro quolibet ponente vel consenciente partem in contrarium.

(1) Item observabis partem captam in nostris consiliis Minori, Rogatorum, XL et additionis, MCCCCVII, indictione XV, die XXX, mensis marcii, que scripta est in fine commissionis capitanei galearum Romanie ad cartam 29 huius libri, sub hoc signo[250].

(2) Item ponantur partes capte in consilio Rogatorum 1412, XIII iunii, in libro 49 Rogatorum, ad cartas CXV.

249. *Nel margine esterno* non ponatur.

250. *Segue signum n. 12. Nel margine interno* non ponatur.

5

Capitano delle galee di Beirut
post 1402, 14 gennaio-1412, 13 giugno

Il formulario di commissione si trova in ASVe, *Collegio*, *Formulari di commissioni*, registro 4, cc. 51r-64r. Il testo è costituito dal *corpus* originario (cc. 51r-64r) e le aggiunte posteriori (c. 64r). Il *corpus* originario, redatto in minuscola gotica cancelleresca e preceduto dalla titolazione coeva *Comissio capitaneorum galearum viagii Baruti*, rinvia al dogado di Michele Steno (1400-1413); più precisamente si ritiene che sia stato composto dopo il 14 gennaio 1402 (data della disposizione datata più recente interna al *corpus*) e prima del 30 marzo 1407 (data della prima aggiunta in calce). Figurano diverse annotazioni a margine e in interlinea, che potrebbero rinviare a una successiva riforma e riscrittura generale della commissione. Si segnalano, nello specifico, le espressioni verbali *ponatur/ponatur ut in commissione.../item ordinatum est, ponatur incipiendo* in corrispondenza delle disposizioni che si intendevano mantenere o adattare nel testo aggiornato; o, invece, *non ponatur/non ponatur, videatur pars/non ponatur, sed ponatur capitulum.../non ponatur, sed reformatur ut...* in corrispondenza di quelle che, al contrario, andavano abrogate o sostiuite da altre direttive. La nota a margine del capitolo 40, inoltre («non ponatur; ponatur sicut positum fuit anno preterito»), suggerirebbe che il testo e, in generale, quelli per le galee da mercato qui editi, fossero soggetti a correzioni e ritocchi frequenti, annuali o in concomitanza con la partenza dei convogli mercantili. I capitoli 89-96, contrassegnati singolarmente da un segno distintivo (Ç), risultano, invece, depennati. Si segnala, inoltre, un errore di numerazione dei capitoli, che è stato emendato: il capitolo 92 è ripetuto due volte, inducendo lo *scriptor* a un intervento di correzione solo parziale (le unità del 93 e del 94 sono rispettivamente riscritte sul 2 e 3); dal 95 alla fine, invece, la numerazione originaria presenta un'unità in meno: 94-98, anziché 95-99 (si veda anche nota 310). Tali inesattezze potrebbero essere imputate al fatto che la numerazione dei capitoli avvenisse successivamente alla loro stesura. Le due aggiunte (del 1407 e del 1412), infine, comuni a tutte le commissioni per i capitani delle galee da mercato (testi 3-6), sono entrambe presenti in forma abbreviata e rinviano per la forma estesa, rispettivamente, alla commissione del capitano per le galee di Romània e a una disposizione del Senato, *Deliberazioni*, *misti* (reg. 49, cc. 114v-116r).

| c. 51r | Comissio capitaneorum galearum viagii Baruti.

1 <N>os Michael Steno, Dei gratia dux Venetiarum et cetera, comittimus tibi, nobili viro ... dilecto civi et fideli nostro, quod in Christi nomine vadas et sis capitaneus presentium galearum nostrarum iturarum ad viagium Baruti, quas eundo, stando et redeundo regere et gubernare debeas, sicut pro honore nostro et conservatione haveris et gentis nostre videris convenire.

2 Et ad evitandum scandala facere debeas tuo posse quod homines tuarum galearum non portent arma in terram ubi descenderent, tam in terris nostris quam alienis, imponendo in hoc illam penam et penas, et eas exigendo que tibi videbuntur; etiam constringere debeas quod gentes nostrarum galearum descendant in terram quam pauciores poterunt, in qualibet parte. Et si per aliquem de galeys in aliqua terra, tam nobis subiecta quam non, aliqua offensa, briga vel scandalum fieret, quod Deus advertat, contra aliquem de galeys vel alium subditum nostrum vel alium quem vis, possis inde facere sicut, pro honore nostro et salvamento galearum, haveris et gentis nostre tibi commisse et pro scandalo vitando, melius apparebit, intelligendo nichilominus quod commissiones nostrorum rectorum remaneant in suo statu.

3 Nec potes habere partem in aliqua galea tibi commissa, nec facere mercationes aliquo modo[251]; verum licitum est tibi habere super galeam de tuo aliis mercatoribus recomendato, nec potes ire cum aliqua persona ad videndum mercationes, nec dormire in terram.

4 Quelibet dictarum galearum, ultra furnimentum suum solitum de hominibus de remo et de pede, teneatur habere ballistarios XV, quibus debet solvi per patronos galearum; et non possint dare eis pro quolibet in mense pautiores ducatos sex in monetis, habendo vivandam galearum, sicut homines de remo. Qui ballistarii debent accipi per te capitaneum, pagatores et tres de XLta, secundum usum. Et cum accipientur, non possint patroni vel alii pro eis esse presentes, intelligendo quod dicti ballistarii nullum aliud officium habere possint nec exercere, nisi officium balliste, sub pena librarum centum pro quolibet contrafaciente. Et si fuerit accusator, habeat terzium, officium terzium, silicet Levantis, et commune reliquum. Et teneantur dicti ballistarii esse ad custodiam et apontari sicut alii; et esse debent a XXII annis supra, et l^{ta} infra.

5 Non potes ullo modo ire in Cretam cum dictis galeys, eundo nec redeundo[252].

6 Patroni tuarum galearum debent accipere mercatoribus[253] pro mensa grossos quatuor in die pro quolibet, et famulis grossos duos pro quolibet et non plures ullo modo[254]; et ad similem conditionem sint etiam mercatores forenses, qui essent super ipsis galeys.

7 | c. 51v | Et quia posset accidere quod patroni reciperent mercimonia mercatorum cum tua bulleta, et ipsa postea ponerent in terram sine tua licentia, ordinatum est quod si ipsi patroni reciperent aliqua mercimonia cum tua bulleta, et ipsa postea ponent in terra sine tua licentia, incurrant penam ducatorum decem pro quolibet miliarium omnium mercationum; et ultra hoc credatur mercatoribus quorum erunt, quibus satisfiat de bonis patronorum usque integram emendam sui danni. Et est commissum officialibus Levantis quod inquirant et penas exigant; et si fuerit accusator habeat terzium, et comune reliquum; et de dicta pena non potest fieri gratia, sub pena librarum CC pro quolibet contrafaciente vel consenciente partem in contrarium. Et hoc idem servari volumus in hiis qui ponerent mercationes in galeys ad refusum.

8 Patroni presentium galearum esse debeant annorum XXX vel inde supra, quorum si quis aliquo casu deficeret extra, in dicto viagio, tunc loco defficientis unum alium constitues armatorem, accipiendo de illo tempore et de illis de quibus accipi potest per nostra consilia.

9 Rationem et iusticiam facies inter gentem tibi commissam secundum tuam discretionem, bona fide, sine fraude. Verum, ad tollendum audatiam et materiam delinquendi hominibus galearum, comittimus tibi quod, quocienscumque casus advenerit aliquas de gentibus tibi commissis, in aliquibus terris vel locis nostre iurisditioni suppositis et in quibus president nostri rectores, aliquos excessus committere, teneris et debes dare operam efficacem ad faciendum eos capi et detineri ipsosque, si in fortiam tuam habere poteris, antequam recedas de iurisditione vel districtu ubi dicti excessus fuerint commissi, rectoribus nostris dictorum locorum facere assignari, omni causa remota, ut dicti rectores procedere valeant contra eos, prout eorum culpe et demerita exposcent. Verum si predicti deli<n>quentes tunc haberi non possent, et ad tuas manus pervenerint quoquo modo te existente extra iurisditionem terre vel loci ubi excessus huiusmodi fuerint perpetrati, debeas in hoc casu de dictis delinquentibus facere iusticiam, quam debuisset facere rector loci ubi commissi essent excessus.

251. *Segue segno di richiamo, ripetuto nel margine interno davanti a* non intelligendo de lapidibus et perlas.

252. *Nel margine interno* non ponatur, *con* non *sovrascritto a* +.

253. *Segue* et omnibus fidelibus nostris *in interlinea, con segno di richiamo.*

254. *Segue segno di richiamo, ripetuto nel margine interno dopo* + usque.

10 Et quia frequenter contigit quod galee non onerantur equaliter, tam eundo quam redeundo, relinquimus in libertate tua, pro adequando dictas galeas, de faciendo accipi de una galea et poni in alia, et super hoc imponendi penam et penas, sicut tibi videbitur[255].

11 Arma et remigium dictarum galearum, cum velent palmizare, non ponantur in terram, sed debeant palmizare quociens opportuerit particulariter et non omnes simul ponentibus illis pro quibus voluerint palmizare remigium suum et arma in illa vel illis que non palmizabunt, sicut tibi et patronis dictarum galearum videbitur opus esse pro securitate dictarum galearum.

12 | c. 52r | Eundo et redeundo teneris et debes levare mercatores et mercationes secundum usum galearum viagii Cipri[256]; verum non potes recipere aliqua prohibita per Ecclesiam eundo, sub penis superinde statutis. Et ad cautellam fecimus tibi dare copiam litterarum papalium de gratia nobis concessa de navigando ad terras soldani, pro tua informatione, quarum contenta observabis et facies observari; et in tuo reditu Venetias, ipsum exemplum curie nostre debeas presentare.

13 Galee debent caricari ad signa ordinata et non ultra, sub pena ordinata, quam exigant officiales Levantis vel tu capitaneus, si inveneris. Et si accusator fuerit, habeat terzium, officiales vel tu terzium, si inveneris, et comune reliquum. Et in reditu quelibet galea debet esse de savorna ad conditionem galearum Romanie[257].

14 De pena ad quam caderent ponentes mercimonia inter duas glavas. Non possit fieri gratia, sub pena librarum V^c pro quolibet ponente vel consenciente partem in contrarium[258].

15 Patroni omnium galearum armatarum teneantur et debeant dari facere hominibus suarum galearum panem, vinum et aliam vivandam ordinatam, non possendo dictam vivandam dandam differ<r>e ultra duos dies, nec de dando eis panem nec aliam vivandam per plures duobus diebus. Vinum autem dare debeant sicut ordinabitur per te capitaneum, sub pena unius grossi pro quolibet homine; cuius pene medietatem habeant homines galearum, quartum tu capitaneus et quartum tres constituendi pro galea. Et si tu capitaneus hoc scires absque manifestatione dictorum trium, habeas medietatem aliam. Verum huiusmodi capitulum non extendatur ad factum casey, quia difficile esset patronis, singulis duobus diebus, modicum casey dare zurme.

16 Teneris et debes, omni causa remota sub pena ducatorum centum auri in tuis propriis bonis, antequam transeas Polam constituere tres de magis ydoneys et sufficientibus mercatoribus pro qualibet galea, a XXV annis supra, qui non habeant partem in armata; et si non essent a XXV annis supra, constituas de illis qui essent maioris etatis. Qui tres, postquam fuerint constituti per te, non possint ullo modo reffutare, sub pena librarum centum pro quolibet; et teneantur astricti per sacramentum, tam eundo quam redeundo, inquirere et investigare, scire et examinare si patroni galearum observant ordines terre et si dant panem, vinum et aliam vivandam ordinatam hominibus galearum. Et de omnibus que scient patronos non observare ordinem, debeant manifestare tibi capitaneo per sacramentum, vel aliis officialibus quibus est commissum, ut pena contrafacientibus exigatur. Et habeant ipsi tres de omnibus que manifestaverint partem accusatoris penarum accusatori per ordines nostros deputatam. Et ut possint melius scire ordines nostros, tu capitaneus, antequam de Venetiis recedas, teneris

255. *Nel margine esterno* ponatur ut in commissione Romanie.
256. *Segue segno di richiamo, ripetuto nel margine interno dopo* ponatur sed incipias.
257. *Nel margine interno* non ponatur.
258. *Nel margine interno* non ponatur.

accipere ab officialibus Levantis ordines terre pertinentes dictis galeys, quos ipsi officiales dare debeant in scriptis, et quos tu capitaneus dare facias dictis tribus constituendis, pro qualibet galea ut supra.

17 | c. 52v | Quelibet dictarum galearum habere debet in galea pro zurma in recessu suo de Venetiis vivandam pro XXII diebus, et in recessu suo de partibus Rodi pro eundo Barutum habere debet vivandam pro zurma pro mensibus duobus, omni causa remota, sub pena solita.

18 Patroni dictarum galearum tenentur levare mercatores cum una traponta, uno plumatio, una valisia et cum armis suis et suorum famulorum, sub pena librarum XXV pro quolibet predictorum et qualibet vice.

19 Patroni galearum a mercato non possint ponere nec poni permittere in scandolario mercimonia nec vivandam nec aliquid aliud, nisi solum arnesias mercatorum, tam eundo quam redeundo. Et vivanda galeotorum stare debet in galea ad portam de medio de subtus, sub pena librarum CC, quam exigant officiales Levantis, salvis maioribus penis; remanente consilio de aqua portanda in pupi in suo statu[259].

20 Galee debent portare scalam sufficientem secundum usum, sub pena soldorum XL grossorum pro qualibet galea et quolibet viagio[260].

21 Quicunque mercator ab annis XVI supra et L infra, qui vadit cum galeys armatis, tenetur habere ballistam unam et unum carcasium cum veretonibus XXV super ipsa galea. Et capitaneus cuiuslibet armate tenetur facere circam de predictis antequam transeat Culphum, et facere quemlibet tirare suam ballistam. Et si aliquis non observaret predicta, cadat in penam librarum decem pro qualibet ballista defficiente, et soldorum decem pro quolibet veretono defficiente. Quam penam exigere debeas, de qua medietas sit tua et alia sit comunis. Et patroni galearum teneantur levare dictas ballistas et sigitamentum, et eas conservare sub cohoperta; quam circam fieri facies, et aliquis dictorum mercatorum non potest mutuare aliquid alii de predictis[261].

22 Et si eundo vel redeundo inveneris aliquos qui offendissent vel damnificassent gentem nostram, debeas ipsos capere, damnificare et punire sicut tibi videbitur, considerata offensa quam fecissent et conditione eorum. Et si alios cursarios inveneris, qui essent manifesti et publici cursarii, et non offendissent gentem nostram, debeas permittere homines abire, et de lignis sit in tuo arbitrio conburendi vel non conburendi.

23 Non permittes notarium tuum in Venetiis vel extra accipere aliquid vel accipi facere pro aliqua bulleta[262].

24 Et quia dicte galee esse debent ad unum denarium eundo, stando et redeundo, et bonum est circa hoc taliter providere, quod fraus committi non possit et quilibet habeat partem suam, commissum est Extraordinariis quod, tam in caricando quam in discaricando dictas galeas, observent illum modum et ordinem qui servatur per eos quando galee armantur per comune, exigendo nabula dictarum galearum hoc modo, videlicet[263] | c. 53r | quod denarii qui recipientur a mercatoribus debeant computari pro nabulo dictarum galearum; quorum si qui deficerent, principale, plezii solvere teneantur totum id quod deficeret infra quinque menses

259. *Nel margine esterno* non ponatur.

260. *Nel margine esterno* non ponatur.

261. *Nel margine esterno* non ponatur, *con* non *depennato.*

262. *Nel margine esterno* non ponatur.

263. *Nel margine esterno* non ponatur, sed ponatur capitulum positus <*sic*> in *(segue* capitulari *depennato),* commissione Romanie sub isto signo (v).

postquam Venetias aplicuerint, sub pena soldorum duorum pro libra exigenda per Camerarios comunis; cuius pene terzium sit suum et reliquum sit comunis. Et si denarii recepti ut dictum est superhabundarent, debeant superhabundantes restitui patronis galearum; verum si aliqui mercatores restarent solvere, debeant eos ordinate dare in scriptis capitaneo, ut sciat quantum et a quibus exigere debet. Et ob hoc inhibitum est quod aliquid onerari non possit in galeys, sub penis ordinatis, absque bulleta nostrorum Extraordinariorum predictorum, nec exonerari, sub pena terzii nabuli quod solvi deberet; ad quam penam incurrant tam ille cuius essent mercationes, quam patronus galee. Est etiam inhibitum quod aliquis patronus non possit accipere aliquod nabulum sub dicta pena, de qua dicti officiales habeant medietatem et alia medietas sit comunis. Et si accusator inde fuerit, pena dividatur per terzium. Et de foris committatur tibi quod simul cum dicto armatore scribi facias ordinate omnes mercationes, que caricabuntur et discaricabuntur, et quod debeas recipere nabula, scribendo a quo recipies, quantum et pro qua re. Et similiter inhibitum est quod aliquid onerari non possit nec extrahi sine tua bulleta; et non possint predicti patroni recipere aliquod nabulum, sub pena predicta et per modum predictum. Verum si aliquis patronorum voluerit extra partem suam, possis eam sibi dare, scribendo cui dederis et quantum. Et in tuo reditu teneris dare nabula per te excussa et omnia predicta, ordinate in scriptis, dictis Extraordinariis, ut possint exigere id quod restabit et facere secundum quod eis ordinatum est. Et propterea committimus tibi quod predicta in quantum ad te spectant debeas observare.

25 Captum est in Maiori consilio quod iudices magni salarii non faciant rationem de debito vel de plezaria neque de mutuis vel pignoribus, que fient de cetero in galeys comunis vel specialium personarum per comitos, nauclerios et soldatos galearum, nisi sint scripti per notarium capitanei; et si galee non habebunt capitaneum, scribi debeant per scribanum galee in qua fient predicta, cum voluntate patroni seu armatoris, et aliter non fiat eis ratio per iudices predictos.

26 Scias quod iste galee viagii Baruti habere debent conditionem comunicandi cum illis Alexandrie, nabula Romanie basse, sicut habebant galee viagii Cipri[264].

27 Pedote presentium galearum accipi debent per te capitaneum quam meliores poteris, pro bono et salute galearum; quorum soldum vel salarium tenentur solvere patroni galearum, ita quod non vadant in varcam ullo modo.

28 Patronus cuiuslibet galee tenetur per sacramentum recipere mercatores in galeys, qui volent ponere omnes mercationes in dictis galeys pro eundo ad loca ad que ire voluerint per Riperiam, non possendo accipere maius nabulum eo quod est ordinatum. Et debet ipse patronus accipere cuilibet mercatori qui vellet ponere octo ballas in galeys unum milliare ponderis, si ipse mercator veluerit[265] | c. 53v | ponere; et ita per ratam pro tot ballis quot mercator dabit ipsi patrono, ipse patronus debeat recipere miliaria ponderis. Et eodem modo et ratione teneatur et possit ponere armator galee, et non aliter, et patronus teneatur ita sibi sicut aliis.

29 Patronus cuiuslibet galee tenetur recipere cuilibet mercatori, tam eundo quam redeundo, illa mercimonia que sibi presentabuntur, si galee poterunt illa levare, sub pena librarum quinque pro qualibet balla et librarum LX pro quolibet io quod recusaret recipere[266].

30 Teneris in tuo reditu, infra octo dies postquam applicueris Venetias, presentare condenationes per te factas in ipsa capitaneria, ut exigantur ab officialibus ad quos spectant. Verum de omnibus condemnationibus quas facies in tua capitaneria non potes, postquam eas feceris,

264. *Nel margine interno* non ponatur.
265. *Nel margine interno* non ponatur.
266. *Nel margine esterno* non ponatur.

te impedire in remittendo vel revocando, in toto vel parte, ullo ingenio seu forma. Postquam autem fueris Venetias, non potes aliquem condemnare sub pretextu capitanerie predicte.

31 Bona morientium ab intestato, qui sunt vel erunt in tua capitaneria, debes intromittere et ea, infra XX dies postquam Venetias applicueris, legi facere presentare.

32 Omnia que ad manus tuas pervenerint, ad nostrum comune spectantia, custodies et salvabis bona fide; et de illis reddes rationem illis qui prefuerint rationibus recipiendis.

33 Teneris partire et partiri facere omnia dona equaliter et strinas que quomodocumque tibi fient inter omnes galeas.

34 Est captum in Maiori consilio, quod addatur in comissionibus capitaneorum, consilium loquens de supracomitis et naucleriis, et quod ad similem penam teneantur et incurrant capitaney qui non servarent ea que in dicto consilio continentur, videlicet quod si capitaneus preceperit quod supracomiti, comiti et alii de galeys debeant ferire inter inimicos et non ferierint, etiam si ferierint et aliqua galearum secesserit a prelio, non finito prelio, supracomiti, comiti, nauclerii et hii qui essent ad themones debeant perdere capita. Et si non possent reperiri, sint perpetuo forbaniti de Venetiis et omnibus terris et locis ubi dominus dux et comune Venetiarum habent dominium, et omnia sua bona veniant in comune; illis tamen exceptis et exemptis qui manifeste non reperirentur culpabiles. Et hoc non possit revocari nisi per V consiliarios, XXX de XL et duas partes Maioris consilii.

35 Ut galee possint secure navigare et arma possint, cum opus fuerit, cicius haberi, comittimus tibi quod omnia arma mercatorum facias poni | c. 54r | de subtus scandolarium apud canipam; et si omnia ibi reponi non possent, facias reponi restum ad portam de medio super omnes alias res; et possis imponere penam et penas, que tibi videbuntur, ut predicta serventur.

36 Et quia ab aliquo tempore citra alique expense ponuntur in varcam que non solebant poni, silicet de donis que fiunt admirato, medico, comitis, presbitero et scribis galearum seu etiam de expensis scribanorum, ordinatum est quod aliqua dona que fiant predictis vel alicui eorum non ponantur in varcam ullo modo.

37 Admiratus presentium galearum habere debet ducatos LX auri pro toto viagio, ultra quod salarium nil habere potest ullo modo.

38 Quia galee multum impediuntur super cohopertam de barilibus galeotorum et aliorum, quod inducit periculum armatis, relinquimus in discretione et libertate tua, si fuerit tibi facta querella de predictis, de faciendo poni de dictis barilibus in terram vel prohici in aquam sicut tibi malius videbitur, faciendo tamen hoc cum quam minori danno poteris hominum galearum.

39 Rame et stagnum quod portabitur cum dictis galeys solvere debeat de nabulo soldos quinque grossorum pro miliari, verum filum de ferro et merzaria solvere debeant soldos sex grossorum pro miliari, et omnia alia miliaria solvant soldos quatuor grossorum pro miliari.

40 Habere debes pro tuo salario in mense libras sex grossorum. Et propterea tenere debes tres famulos, unum presbiterum, unum admiratum, cui dare debes expensas oris; soldum autem recipere debet unde tu tuum, nam ordinatum est quod patroni dictarum galearum teneantur solvere salarium seu soldos capitaneorum, ballistariorum, medicorum, tubatorum, pedotarum, admirati et omnium aliorum, de quibus solebant vel possent fieri varce, ita quod nulla varca fiat, nec comune nostrum aliquid solvere teneatur, nisi quod varce fiant, si casus occurreret de vellis et aliis arnesiis galearum, que casu fortune perderentur[267].

267. *Nel margine interno* non ponatur; ponatur sicut positum fuit anno preterito.

41 Item habere debes tantum duos tubetas et duos zaramellas ad expensas solitas[268].

42 Ad removendum omnes errores et cavillationes ac scandala, que possent occurrere in casu quo alie nostre armate[269], tam mercatorum quam alia quecumque navigia, tam armata quam disarmata, se reperirent cum capitaneo Culphi, ordinatum est et sic debeas observare, quod capitaneus galearum Cuphi sit et esse debeat capitaneus dictarum armatarum et omnium navigiorum armatorum et disarmatorum, et facere capitaneriam donec erunt simul.

43 Debes accipere sacramentum ab omnibus mercatoribus, si recte et legaliter solverint nabula de suo havere capselle quod portabitur cum dictis galeys.

44 | c. 54v | Sub debito sacramenti debes esse solicitus et attentus in faciendo fieri ratas mercationum recte et legaliter, ita et taliter quod quilibet habeat contentari. Si vero dictas ratas iniuste feceris, et non recte et legaliter, dimittendo eas in terram vel aliter faciendo in damnum mercatorum, ex nunc commisimus Advocatoribus comunis quod inquirant contra te; et si invenerint te culpabilem, debeant ducere et placitare te ad consilia, sicut placitant alios qui contrafaciunt suis commissionibus[270].

45 Postquam recesseris de locis ubi fuerint caricate mercationes in galeys, non potes facere bulletam de aliquibus mercationibus que fuissent caricate in galeys, sub pena ducatorum decem pro quolibet collo in tuis propriis bonis; de qua pena non potest tibi fieri gratia, sub pena ducatorum ducentorum pro quolibet ponente vel consenciente partem in contrarium. Et commisimus officialibus Levantis quod inquirant et penas exigant, habendo partem ut de aliis sui officii. Et si accusator inde fuerit, pena dividatur per terzium et sit de credentia[271].

46 Omnes bulletas, quas extra Venetias fieri facies pro caricando mercationes in galeys, debeas facere ordinate registrari et scribi in uno quaterno, ut bene appareant. Et similiter committere debeas patronis galearum tibi commissarum quod omnes bulletas, que facte fuerint per te pro caricando, debeant per suum scribam facere notari, et diligenter registrari, salvando tamen bulletas predictas, ne perdantur. Quos omnes quaternos tu et patroni predicti, simul cum dictis cedulis, dare teneamini in vestro reditu et presentare Extraordinariis, quibus commisum est quod debeant discaricare galeas iuxta formam dictorum quaternorum et cedullarum.

47 Quicunque patronus approbatus per nostra consilia, qui exiverit de Venetiis, non possit, postquam de Venetiis exiverit, remanere in aliqua parte aliqua causa, nisi causa infirmitatis[272] sue persone, que sit talis quod acceptetur per capitaneum armate; et in isto casu capitaneus ponat alium sufficientem et sufficientiorem quem poterit. Et contrafacientes cadant[273] ad penam de libris quingentis pro quolibet et qualibet vice. Et commissum est Advocatoribus comunis in Venetiis, et capitaneis extra Venetias, quod dicta omnia faciant observare et exigant a contrafacientibus penam predictam; de qua habeant medietatem et reliquum sit comunis. Et si Advocatores erunt negligentes ad exigendum dictam penam, cadant de tantumdem; et Domini de nocte exigant penam ab Advocatoribus et capitaneis negligentibus, habendo partem ut de aliis sui officii. Et de dictis penis non possit fieri gratia contrafacientibus, videlicet armatoribus, capitaneis aut Advocatoribus, sub pena librarum II^{m} pro quolibet ponente vel consenciente partem in contrarium.

268. *Nel margine interno* non ponatur, *con* non *depennato.*
269. *Segue* nostre *ripetuto per errore.*
270. *Nel margine esterno* non ponatur.
271. *Nel margine esterno* non ponatur.
272. *Ms.* infirmata(tis).
273. *Ms.* candant.

48 Dicte galee vel aliqua earum veniendo Venetias non possint transire canale sive rivum Sancti Laurentii, nisi primo ordinate fuerint circate per officiales Levantis, sub pena librarum mille pro qualibet galea non circata; et de dicta pena non potest fieri gratia, sub pena ducatorum mille pro quolibet ponente vel consenciente partem in contrarium. Et est commissum officialibus Levantis quod inquirant ordinate de contrafacientibus et penas exigant[274].

49 | c. 55r | Patroni galearum nostrarum a mercato teneantur levare mercimonia mercatorum nostrorum iuxta mandatum et bulletas nostrorum capitaneorum, sub penis solitis. Verum si aliquis patronus galearum nostrarum a mercato recusabit recipere in galeys merces mercatorum, vel nolet, iuxta mandatum et bulletas capitaney, ut dictum est, tunc ipse merces remaneant ad risicum ipsorum patronorum in terram, de quibus teneantur respondere ad reditum galearum mercatoribus in totum, sicut venderentur in Venetiis.

50 Item est ordinatum quod aliquis civis, fidelis vel districtualis Venetiarum nullo modo possit[275] adducere vel adduci facere, mittere vel mitti facere aliquod lignum vel navigium armatum vel disarmatum, [vel] merces aliquas, de extra Culphum ad aliquas partes de intra Culphum alio quam Venetias, sub pena de L pro centenario tocius eius quod portaretur vel mitteretur aut discaricaretur contra hoc. Et si maiores pene invenirentur apposite per alios ordines nostros, ille maiores pene exigantur a contrafacientibus. Et pro omni bono respectu est etiam ordinatum quod de cetero nullus civis, fidelis vel districtualis Venetiarum possit levare vel levari facere super aliquibus navigiis, armatis vel disarmatis, aliquod havere Venetorum, subtile vel grossum, quod foret conductum de extra Culfum ad aliquas partes de intra Culphum, sub dicta pena de libris L pro centenario; in quam penam incurrant nostri patroni navigiorum armatorum et disarmatorum, super quibus levaretur de dicto havere. Et si levaretur de havere forensium, cadant tam nostri patroni predicti super quorum navigiis levaretur, quam nostri mercatores contrafacientes de C pro centenario valoris tocius eius in quo foret contrafactum. Et si maiores pene forent posite super hoc, exigantur a contrafacientibus. Et predicta omnia commisimus inquirenda omnibus officialibus quibus sunt commissa contrabanna, qui inquirant de contrafacientibus et penas exigant, habendo partem ut de aliis sui officii. Et si fuerit accusator, habeat tercium et teneatur[276] de credentia, et comune reliquum. Et propterea comittimus tibi quod predicta facias observari et inquiras de contrafacientibus cum illa libertate et conditione quibus est commissum in Venetiis officialibus antedictis, habendo partem ut haberent officiales. Et de dictis penis non potest fieri gratia, sub pena ducatorum mille pro quolibet ponente vel consenciente partem in contrarium. Et predicta revocari non possint nisi per sex consiliarios, tria capita de XLta et tres partes consilii Rogatorum congregatorum[277] ab LXXX supra.

51 Pro favore et comodo nostrorum mercatorum et ubertate terre, ordinatum et proclamatum est quod nullus civis noster vel habitator Venetiarum, vel alia persona quevis sit, audeat levare vel caricare, aut levari vel caricari facere, aliquas mercationes cuiuscumque conditionis existant intra Culphum pro portando extra Culphum cum aliquo navigio armato, exceptis auro et argento, sub pena perdendi totum quod fuerit caricatum | c. 55v | vel levatum in dictis navigiis armatis; de quo non potest fieri ulla gratia vel remissio aut predictorum revocatio, sub pena ducatorum CC pro quolibet ponente vel consenciente partem in contrarium. Et commissum est Catavere, capitaneis Postarum, officialibus Levantis, Provisoribus comunis et aliis officialibus

274. *Nel margine esterno* non ponatur.

275. *Nel margine interno con segno di richiamo, anticipato anche nel testo dopo* modo.

276. *Ms.* teneantur.

277. *Ms.* congregatis.

contrabannorum quod inquirant de contrafacientibus et penas exigant, habendo partem ut de aliis sui officii. Et si fuerit accusator per quem sciatur veritas, habeat medietatem et sit de credentia, et alia medietas dividatur inter comune et officiales primo invenientes.

52 Aliquis patronus, comitus vel scribanus, seu aliter salariatus galearum nostrarum a mercato, non audeat ponere nec poni facere merces aliquas inter duas glavas, nec in armarollo, nec in canipa, nec in scandalario, nisi inter duas glavas magnas, sub pena perdendi totum quod fuerit positum contra hoc vel valorem eius si non esset suum. De quo nulla gratia vel remissio fieri possit, sub pena ducatorum centum pro quolibet ponente vel consenciente partem in contrarium. Et commissum est officialibus Levantis, Catavere, capitaneis Postarum et aliis officialibus contrabannorum quod inquirant de contrafacientibus et penas exigant, habendo partem ut de aliis sui officii. Et si fuerat accusator, habeat medietatem et sit de credentia, et reliqua medietas dividatur inter comune et officiales primo invenientes. Et propterea tibi committimus quatenus predicta in hoc viagio, ubi et quando tibi videbitur, facias cridari super galeys, ut sint omnibus manifesta[278].

53 Omnes rectores, qui ad eorum regimina cum aliquibus galeys mercatorum ire voluerint vel ab ipsis regiminibus Venetias remeare, debeant cum patronis in facto nabuli esse concordes, quod si erit bene quidem, alioquin nos, cum consiliariis nostris et capitibus de XLta per maiorem partem nostrum, terminare debeamus quantum ipsi rectores solvere debent, tam eundo quam redeundo. Verum ambaxiator aliquis nostri comunis, qui iret cum dictis galeis vel rediret, non teneatur nec debeat aliquid solvere pro nabulo.

54 Nullus patronus galearum de mercato, silicet Cipri, Alexandrie, Romanie et Tane, ullo modo vel forma audeat per se vel alium recipere vel recipi facere mercationes aliquas in galeys sine bulleta nostrorum officialium in Venetiis, et extra Venetias sine bulleta nostrorum capitaneorum, sub pena librarum mille parvorum pro quolibet contrafaciente et qualibet vice in suis propriis bonis, et ultra hoc sit perpetuo privatus patronia galearum a mercato. Comiti vero, patroni posticii et scribe dictarum galearum, si contrafecerint in levando vel levari faciendo mercationes contra illud quod dictum est et sine precepto patronorum suorum, cadant de libris C parvorum pro quolibet et qualibet vice, | c. 56r | et ultra hoc sint perpetuo privati comitaria, patronia posticia vel scribania, sicut essent. Nauclerii, vero, et alie persone minoris conditionis contrafacientes predictis et caricantes mercimonia sine precepto patronorum suorum, ut dictum est, cada<n>t de libris XXV et stent uno mense in uno carcerum inferiorum pro quolibet et qualibet vice. Et predicta commisimus inquirenda Provisoribus comunis, Catavere, capitaneis Postarum, officialibus Levantis, Dominis de nocte, Capitibus sexteriorum et Extraordinariis, qui teneantur per sacramentum inquirere de contrafacientibus et penas exigere, habendo partem ut de aliis sui officii. Et si fuerit accusator in predictis, habeat terzium et teneatur de credentia, officiales primo invenientes et comune reliquum. Et de omnibus dictis penis non possit fieri gratia, donum, remissio aut recompensatio, ullo modo vel forma, sub pena librarum mille pro quolibet ponente vel consenciente partem in contrarium. Et propterea comittimus tibi quod semel antequam transeas Ragusium tenearis predicta facere cridari in galeys, ut omnibus nota sint, sub pena librarum ducentarum in tuis bonis. Et cum applicueris ad loca tui viagii, antequam incipias fieri facere bulletas aliquas, similiter facias ipsas cridari, sub dicta pena, de qua tibi non potest fieri gratia aliqua vel remissio, sub dicta pena librarum mille. Et commissum est Advocatoribus comunis quod inquirant contra te si fueris negligens, et penas exigant habendo partem ut de aliis sui officii. Intelligendo quod capitaneus vel supracomiti, comiti,

278. *Nel margine esterno* non ponatur.

patroni posticii, scribe vel nauclerii et alii, ut dictum est, galearum comunis, se reperirent ad dicta viagia vel daretur ordo quod irent, quod teneantur ad omnia predicta; et si contrafecerint predictis, est commissum solum Advocatoribus quod inquirant contra eos et penas exigant, cum modis et ordinibus supradictis.

55 Comiti et patroni posticii galearum nostrarum a mercato, videlicet Tane, Romanie, Cipri et Alexandrie, possint caricare et ponere in suis armarolis sine aliquo nabulo cum bulletis ordinatis et cum ordinibus terre, videlicet comiti unum milliare ponderis et patroni libras V^{c} ponderis et non ultra, quod sit de suo et non de alieno, sub penis ordinatis[279].

56 Alique balle et mercationes galearum Romanie que fuerint discaricate in partibus Mothoni et Coroni, vel inde infra in aliqua parte, non possint ullo modo de illis locis vel partibus extrahi donec galee Cipri et Alexandrie transiverint dicta loca vel partes, sub pena perdendi totum quod fuerit extractum contra hoc, de quo nulla gratia vel remissio fieri possit, alicuis sub pena librarum mille pro quolibet ponente vel consenciente partem in contrarium. Sed cum galeys Cipri et Alexandrie predictis, bene possint levari et extrahi de locis illis sine aliqua pena. Et etiam quando galee Cipri et Alexandrie[280] | c. 56v | transiverint dicta loca, sint in libertate mercatorum extrahendi et mittendi de locis et partibus illis ipsas ballas vel merces, sicut vollent. Et predicta sint comissa omnibus officialibus contrabannorum, qui inquirant de contrafacientibus habendo partem ut de aliis contrabannis. Et si accusator fuerit, habeat tercium et sit de credentia.

57 Officium navigantium revocatum est in totum cum provisionibus infrascriptis, videlicet quod Veneti nostri originarii, quantum ad navigandum, sint in illa libertate et statu quibus erant antequam officium predictum esset creatum; forenses autem facti Veneti per privilegium non possint navigare, nisi de quanto faciunt imprestita nostro comuni secundum formam suorum privilegiorum, sub pena de L pro centenario et omnibus aliis penis et stricturis, que invenirentur. Verum si aliqui[281] ex predictis forensibus, factis civibus per formam partium et ordinum nostrorum datorum hactenus per nos, deberent habere aliquam prerogativam, ut eis non defficiamus de promissis, servetur eis omnino id quod invenietur sibi esse promissum. Et ut turbetur quod nullus noster Venetus tanxet havere forensium, est ordinatum quod aliquis noster Venetus vel qui pro Veneto tractetur non audeat vel presumat, modo aliquo, iure, forma, colore vel ingenio, per pactum scriptam manu <*sic*>, obligationes, cautellas, credentias, cambia, recommendisias, collegantias, plezarias vel aliter per aliquem modum qui possit dici vel cogitari, directe vel indirecte, tanxare havere alicuius forensis in Venetiis nec in aliqua alia parte, exceptis partibus Ponentis, silicet a Capite Borsani supra, que loca sunt Flandria et loca illarum partium; nec illud havere forensium extrahere nec extrahi facere de Venetiis nec de aliquibus aliis partibus, cum aliquibus navigiis armatis vel disarmatis, pro portando vel portari faciendo ad aliquas partes Levantis, intelligendo partes Levantis Romaniam bassam et inde supra, silicet Ciprum, Romaniam, Tanam, Cretam, Alexandriam, Armeniam et alia loca dictarum partium; nec etiam illud havere forensium conducere vel conduci facere de aliqua dictarum partium Levantis ad aliquas partes de intra Culfum, sub pena de C° pro centenario valoris eius quod fuerit tanxatum vel contrafactum. Et insuper sit privatus tanxans vel contrafaciens, si fuerit nobilis, duobus annis omnibus officiis, regiminibus, consiliis et beneficiis comunis Venetiarum, intus et extra, et si erit popularis sit privatus duobus annis de veniendo in insulam

279. *Nel margine interno* non ponatur.
280. *Nel margine interno* non ponatur.
281. *Ms.* aliquis.

Sancti Marci et Rivoalti; et cadat ille, cuius havere tanxatum fuerit in Venetiis vel extra, de C° pro centenario valoris eius quod sibi tanxatum fuerit. Et si Venetus, vel qui pro Veneto tractaretur, tanxans et contrafaciens predictis accusabit forensem, cuius havere tanxatum fuerit, vel forensis, cuius havere tanxatum fuerit, accusabit Venetum, vel <qui> pro Veneto tractaretur, tanxantem et contrafacientem, ut dictum est, sit absolutus primo accusans[282] | c. 57r | ab omni penam in quam incurrisset et sit de credentia et habeat partem penarum velut accusator. De quibus penis vel aliqua earum non possit contrafacientibus fieri aliqua gratia, donum, remissio, provisio, compensatio vel termini elongatio, sub pena ducatorum mille pro quolibet ponente vel consenciente partem in contrarium. Et revocatio consiliorum habeatur pro gratia in hac parte. Et predicta omnia commissimus Provisoribus comunis in Venetiis, qui inquirant de contrafacientibus et penas exigant habendo partem ipsarum, videlicet medietatem, et reliqua medietas sit comunis. Et si inde fuerit accusator per quem veritas habeatur, pena dividatur per terzium et sit de credentia. Et extra Venetias commisimus omnibus nostris rectoribus de intus et extra Culphum cum auctoritate et libertate nostrorum provisorum, et si dictis rectoribus extra Venetias fuerit aliquis accusatus occasione predicta et videbitur eis non habere tantum ad plenum, quod vellint procedere, tunc teneantur, infra unum mensem vel per prima navigia Venetias venienta, postquam viderint se non esse claros, mittere Venetias nostris Provisoribus accusam depositam vel quicquid habuerint in hoc facto particulariter et distincte, sub suo sigillo. Et in hoc casu non habeant ipsi rectores partem penarum. Et pro inquirendis et exequendis melius predictis, Provisores possint imponere penam et penas, et personas ad sacramentum, et detinere in carceribus qui sibi videbuntur, pro habenda veritate premissorum. Et ut nemo sub spe ignorantie se tueri possit, teneantur nostri Provisores in Venetiis, et nostri rectores extra Venetias, facere ter predicta in anno cridari, sub pena librarum quingentarum pro quolibet et qualibet vice. Et similiter committimus tibi predicta, que ter in galeys tibi commissis facias cridari, sub pena predicta que exigatur per Provisores, habendo partem ut dictum est.

58 Omnes illi qui discaricabunt telas et sarcias de dictis galeis in Corono et Mothono et Romania bassa solvere debeant de dictis rebus illud nabulum, quod solvissent si ivissent Barutum.

59 Cum aliqua galearum nostrarum a mercato non potest levari nec conduci in aliquam partem aliquis sclavus masculus vel femina, ullo modo vel ingenio, sub pena ducatorum centum pro quolibet sclavo vel sclava contra hoc conducto et qualibet vice. Et propterea committimus tibi quod inquiras de contrafacientibus et penas exigas, habendo partem ut de aliis tibi commissis. Verum licitum sit cuilibet mercatori posse reducere cum dictis galeys Venetias sclavos suos, quos extrasisset de Venetiis cum ipsis galeys; et sclavi etiam, qui fuerint extracti de Venetiis cum navibus, possint reduci Venetias cum galeys predictis[283].

60 Et non potes stare cum dictis galeys in partibus Baruti pluribus diebus viginti octo, non computatis diebus accessus nec recessus, in totum ullo modo. In Rodo autem eundo stare debeas die uno et redeundo uno alio die, si tibi videbitur, et non ultra ullo modo[284].

61 | c. 57v | Medici, fisici et cirugie dictarum galearum habere debent de salario pro quolibet ducatos XV in mense auri, sicut habent medici viagii Cipri[285].

282. *Nel margine esterno nota illeggibile per rasura.*
283. *Nel margine interno* non ponatur, sed reficiatur ut in commissione capitanei Romanie.
284. *Nel margine interno* non ponatur.
285. *Nel margine esterno* non ponatur.

62 Postquam recesseris de Baruto non potes in aliqua parte facere bulletam alicui persone de aliqua re caricata in Baruto super galeys predictis, sub pena ducatorum quinquaginta pro quolibet collo, pro quo facta fuerit bulleta, in tuis bonis propriis; et ultra hoc non potest presbiter tuus scribere aliquam ex dictis bulletis, sub pena librarum CC et perpetue privationis officii notatorie.

63 Insuper applicatis dictis galeys Venetias, statim officiales Extraordinariorum debent ponere duas personas sufficientes pro qualibet dictarum galearum, dando eis illud premium quod dictis officialibus videbitur; que expense vadant in varcam mercantiarum. Que due persone pro galea, astricte sacramento, teneantur non permittere exire aliquid de galeys, quod non sit ponderatum et scriptum. Et si aliquid inveniretur fore caricatum in galeys sine tua bulleta, tractetur et habeatur in totum sicut fit de havere subtili conducto Venetias cum navigiis disarmatis. Que omnia commisimus officialibus Levantis et Extraordinariis, qui inquirant de contrafacientibus et penas exigant, habendo partem ipsarum, videlicet qui primo invenerint sicut de aliis sui officii; et si inde fuerit accusator per quem veritas habeatur, habeat tercium et teneatur de credentia. De quibus penis vel aliqua earum non possit fieri aliqua gratia, donum, remissio, recompensatio vel termini elongatio, nec fieri aliqua declaratio superinde, sub pena librarum mille pro quolibet ponente vel consenciente partem in contrarium.

64 De gothonis qui conducentur Venetias cum galeys predictis non possint solvi pro nabulo dictis galeys plures libre XL ad grossos pro miliari.

65 Omnes nauclerii, marangoni et calafati galearum a mercato tenentur habere ballistas et arma, et ipsa operari quando opus esset, prout faciunt illi de galeys Culphi, et accipiantur[286] per modum et ordinem quo accipiuntur illi de galeys Culphi.

66 Committimus tibi quod, in casu quo superhabundaret a galeys predictis aliqua rata, ultime res quas debeas facere caricari in dictis galeys sint zuchari incasati et canelle et etiam verzi ligatum[287].

67 Ordinatum est, propter mala que occurebant in reditu galearum nostrarum a mercato quando inveniebant se simul propter capitaneriam que fiebat ad zornatam per capitaneum, quod nunc et de cetero probentur in consilio Rogatorum tres capitanei armatarum nostrarum a mercato, videlicet Romanie, Cipri et Alexandrie. Et ille capitaneus, qui plures ballotas habuerit, faciat capitaneriam dictarum armatarum usque Venetias, non existente cum eis nostro capitaneo Culphi, qui in omni casu esse debeat capitaneus generalis; secundus vero capitaneus, qui plures ballotas habuerit, in absentia primi[288], faciat capitaneriam predictam. Et illa armata, | c. 58r | que fuerit ante aliam et viderit ipsam, teneatur eam expectare et venire simul Venetias per modum predictum, pro omni bono respectu.

68 Totum metallum cuiuscumque conditionis, excepto auro, argento, quod caricabitur extra Culphum super nostris galeys et fuerit extractum de intra Culphum, solvere debeat drictum nostro comuni et nabulum galeys, sicut si esset conductum Venetias et caricatum in Venetiis super galeys. Et propterea tibi committimus quatenus exigas dictum datium et nabulum, dando patronis galearum illam partem nabuli que eos tanget, et residuum nabuli cum datio reservare et resignare debeas nostro comuni.

69 Insuper ordinatum est per nos et nostra consilia, et sic servabis et facies observari, quod omnes species et alia que descendent ad partes Methoni et Coroni possint venire Venetias

286. *Segue segno di richiamo e, in interlinea,* balistarii.
287. *Nel margine esterno* non ponatur.
288. *Ms.* prima.

cum quacumque armata, solvendo de nabulo in totum de dictis rebus sicut solvunt mercationes que conducentur de Candida Venetias, declarando quod res que veniunt de Romania ad dictas partes obligentur de veniendo cum galeys Romanie, solvendo de nabulo sicut si forent caricate in Constantinopoli. Et in casu quo non possent recipi super ipsis galeys, possint venire cum omnibus aliis nostris armatis, solvendo illis galeys cum quibus venient illud quod solverent si essent extracte de Candida, ut dictum est[289].

70 In partibus Baruti patroni dictarum galearum non possint recedere de dictis partibus Baruti vel de galeys ullo modo, sub pena librarum mille pro quolibet contrafaciente et qualibet vice; et de nocte semper sint in galeys, omni causa remota, sub pena predicta pro quolibet contrafaciente et qualibet vice.

71 Quia multa pericula et mala et damna secuta sunt et in posterum sequi possent, propter credentias que accipiuntur per nostros in partibus Alexandrie et aliis locis subditis soldano Babilonie, et utile sit, ymo necessarium, superinde providere, quia stricture hucusque facte super hoc non sunt sufficientes, vadit pars quod stringatur et expresse prohibeatur quod de cetero nullus Venetus, vel qui pro Veneto tractetur, audeat ullo modo vel ingenio per se vel alium, directe vel indirecte, sub aliquo colore vel forma, in Alexandria vel in aliquibus terris vel locis subditis soldano Babilonie, emere vel accipere aliquas mercationes ad terminum, in collegantia, credentia vel per viam mutuy vel alio simili modo, sub pena perdendi totum in quo fuerit contrafactum, cum omnibus aliis ligaminibus, stricturis et conditionibus contentis in parte nova contrabannorum. Et ultra hoc non possint dicte mercationes conduci Venetias cum aliquo navigio, armato vel disarmato, nec ad aliquas alias partes unde possint venire Venetias, sub penis et stricturis contentis in parte haveris subtilis. Et hec committantur in Venetiis Provisoribus comunis et officialibus omnibus | c. 58v | contrabanorum, qui inquirant de contrafacientibus et penas exigant, habendo partem ut de aliis sibi commissis. Et si fuerit accusator per quem veritas habeatur, habeat terzium penarum et teneatur de credentia. Qui Provisores teneantur et debeant, sub pena librarum ducentarum pro quolibet, dare sacramentum illis mercatoribus, qui sibi videbuntur usque numerum de decem pro quolibet viagio, infra dies quindecim postquam applicuerint Venetias, si scient aliquem emisse vel emi fecisse aliquid in credentia vel ad terminum vel in collegantiam vel per viam mutui, in dictis partibus; et si invenient aliquem contrafecisse predictis vel alicui predictorum, procedant contra eum per modum predictum. Et similiter comittantur predicta consulibus nostris dictorum locorum, qui teneantur et debeant dare sacramentum mercatoribus euntibus ad dictas partes, ante recessum eorum deinde, ac etiam inquirere et procedere contra contrafacientes per modum commissum Provisoribus in Venetiis. Insuper comittatur capitaneis galearum nostrarum a mercato et aliis capitibus navigiorum nostrorum, que ibunt per comune, quod semper quando venient ad faciendum bulletas mercatoribus nostris de caricando aliquid in galeys vel navigiis nostris, debeant dare sacramentum mercatoribus predictis, antequam fiant bullete caricandi, quod non caricabunt aliquid contra predicta. Et predicta cridentur hic in Venetiis et in Alexandria et in Damasco, in fonticis nostris et super galeys nostris, ut omnibus nota sint. Insuper ordinetur quod si alique mercationes empte ad terminum vel in credentia vel in colegantia vel per viam mutuy in dictis locis, ut est dictum, conducentur Venetias cum galeys nostris a mercato et aliqua rata remanebit a dictis galeys, quod ille vel illi, quorum rate remanebunt, possint habere regressum in bonis illius vel illorum quorum erunt dicte mercationes conducte Venetias in tantum, videlicet quantum contrafecerint.

289. *Nel margine interno* non ponatur.

72 Teneris et debes bene et legaliter facere ratas tuarum galearum, ut teneris per formam commissionis tue. Si vero ipsas ratas bene et legaliter non feceris, ut dictum est, dimittendo aliquas mercationes in terram per fraudem in damnum alicuis, ex nunc cadas de libris mille in tuis bonis propriis, et ultra hoc sis perpetuo privatus omnibus capitaneriis galearum nostrarum; de quibus penis non potest fieri gratia vel remissio, sub penis omnibus et stricturis contentis in parte nova contrabannorum, salvo nichilominus officio Advocatorum comunis[290].

73 Quia non est limitatum nabulum meli de Mothono et Corono, quod vadit cum galeys nostris a mercato, declaratum est per nos et nostra consilia quod dictum mel solvat de cetero galeys ducatos tres cum dimidio pro miliare ad pondus solitum.

74 Ceterum est ordinatum quod omnes mercationes conducte de Alexandria et Siria Mothonum, que caricabuntur super galeys nostris a mercato, in reditu suo Venetias solvere debeant illud nabulum galeys super quibus caricabuntur, quod solvissent si fuissent caricate in Alexandria et Baruto[291].

75 Item observabis partem captam in nostris consiliis Minori, Rogatorum, XLta et additionis MCCCLXXXIII, indictione sexta, die XIII mensis maii, huius tenoris, videlicet cum alias captum fuerit et ordo sit quod super navigiis nostris armatis et disarmatis non possit levari vel caricari intra Culphum pro portando extra Culphum ramum[292] | c. 59r | nec alia metala vel res, sicut in dictis ordinibus continetur, et nulla mentio fiat de ramine quod caricaretur extra Culphum, unde omnino, pro bono terre nostre et pro obviando periculis que possent occurere, est providendum specialiter super facto raminis, vadit pars quod etiam de cetero in aliquibus locis extra Culphum aliquis civis, subditus vel fidelis comunis Venetiarum non possit nec audeat, aliquo modo, forma vel ingenio, emere nec emi facere, levare, caricare aut levari vel caricari facere super aliquo navigio, tam armato quam disarmato et tam Veneti quam forensis, aliquod ramum quod non sit laboratum vel affinatum Venetiis, pro portando ad aliquas partes extra Culphum, nec dictum ramum in recomendisiam vel aliter recipere aut tanxare in partibus predictis de extra Culphum, sub pena perdendi dictum ramum vel valorem eius; de qua pena non possit fieri gratia, donum, remissio vel recompensatio, sub pena ducatorum mille pro quolibet ponente vel consenciente. Et predicta committantur inquirenda Provisoribus comunis et aliis officialibus contrabannorum. Et si de premissis fuerit accusator per quem veritas habeatur, habeat terzium et sit de credentia, officiales terzium et comune reliquum. Et scribatur et addatur in commissionibus eorum quibus est commissum, in Venetiis autem Provisoribus comunis et aliis officialibus contrabannorum, et cridetur ut omnibus sit manifestum.

76 Teneris etiam, sicut tenentur alii capitanei galearum nostrarum a mercato, pro comodo fidelium nostrorum civitatis Corphoy, eundo et redeundo cum galeys tibi commissis, ire ad civitatem predictam et ibi stare saltem per oras quatuor qualibet vice, nisi impedieris per fortunam per quam ire non posses.

77 Item observabis partem infrascriptam captam in nostris consiliis Rogatorum et additionis, MCCCLXXXVIIII, die octavo iunii, videlicet, pro securitate galearum nostrarum a mercato, ordinatum est quod capitanei galearum nostrarum a mercato de cetero teneantur, sub pena privationis omnium capitaneriarum nostrarum a mercato per quinque annos, observare et facere observari capitulum sue commissionis, continens districte quod galee non caricentur ultra signa et mensuras debitas. Que mensure poni debent per patronos nostros arsenatus ad

290. *Nel margine esterno* ponatur.

291. *Nel margine esterno* non ponatur.

292. *Nel margine esterno* non ponatur, videatur pars.

pupim et ad proram et in medio corporis galearum nostrarum, secundum ordines nostros, quos habent officiales Levantis ordinate; que signa signentur tali modo quod possint bene videri et sic debeat de cetero observari[293].

78 Item observarbis partem infrascriptam captam in Rogatis MCCCLXXXVII, die XXVIII decembris, videlicet prout omnibus patet semper dominatio providit et fecit quam plures leges ut omnibus hominibus nostris, tam de pede quam de remo, fierent integre solutiones sue, ut ipsis hominibus nullo modo fieret obliquum; et similiter dominatio fecit quam plures provisiones ut galee nostre a mercato | c. 59v | irent et redirent bene armate, et hec omnia nequaquam observata fuerunt, quia pauperibus hominibus non dantur sue livrationes nec fiunt eis sue refusure, prout debent fieri, ymo patroni galearum faciunt apunctare pauperes homines in meridie, multociens tenentibus ipsis scalam in terram, quod est contra Deum et rationem, et illas apunctaturas non dant capitaneo prout tenentur, et tales apunctature non date capitaneo non debent poni ad computum pauperum hominum; etiam pro quolibet homine a remo, ipsis patronis defficientibus quia debent habere homines CLXXI, ipsi patroni debent solvere libras XXIIII in mense, et super his sit totaliter providendum, prout consulunt Advocatores comunis, vadit pars[294] quod committatur nostris solutoribus armamenti quod debeant facere suas rationes omnibus hominibus tam de remo quam de pede, qui fuerunt tam cum galeys nostris a mercato que venerunt nuper et que venient per futura tempora, in hac forma, videlicet primo quod videant illud quod ipsi homines restant habere de suis livrationibus et refusuris, et faciant ipsis hominibus dare integre illud quod restabunt habere, et quod pactum aliquod quod ipsi homines fecissent valere non debeat. Et quod[295] aliqua apunctatura non ponatur pauperibus hominibus, postquam ipsas apunctaturas non dederint capitaneo, prout tenentur, audientibus ipsis solutoribus pauperes homines, patronos et scribas, et videntibus quaternos ordinate, habendo libertatem imponendi penam et penas et ipsas exigendi, ac etiam ponendi personas ad sacramentum, prout eis videbitur, habendo insuper libertatem imponendi penam et penas patronis ipsarum galearum in suis propriis bonis, et ipsas penas exigendi, de faciendo sibi dari de presenti tot denarios quot eis videbuntur, pro possendo solvere ipsis hominibus de eo quod habere debebunt, amodo usque octo dies, sub pena librarum centum pro quolibet et quolibet homine, qui ipsis patronis deficeret ad habendum homines 171 a remo, libras XXIIII in mense, secundum formam partis que ipsis nostris solutoribus mittatur, ut ipsam debeant observare.

79 Insuper cum in commissionibus capitaneorum galearum nostrarum a mercato contineatur quod non possint habere partem in galeys vel aliqua earum nec facere mercationes ullo modo, verum est licitum eis habere de suo recomendato aliis super ipsis galeys, nec potest ire capitaneus cum aliqua persona ad videndum mercationes, et quod non possit dormire in terram, ordinatum est pro omni bona causa quod addatur dicto ordini quod non possint ire capitaney ad videndum nec ostendendum mercationes in terram neque in galeam, non intelligendo in hoc lapides vel perlas de conto, et hoc sub pena librarum V^{c} capitaneo et privationis annorum quinque omnium capitaneriarum galearum a mercato; quam penam pecuniariam exigant Catavere, habentes partem ut de aliis sui officii. Qui Catavere, statim cum galee redierint, debeant, sub pena librarum XXV in suis propriis bonis, examinare et inquirere si capitanei observaverint ut dictum est; quam penam exigant[296] | c. 60r | Advocatores comunis a Catavere; et si fuerit

293. *Nel margine interno* non ponatur.
294. *Segue segno di richiamo e, nel margine esterno,* item ordinatum est, ponatur incipiendo.
295. *Ms.* pro.
296. *Nel margine esterno* non ponatur.

accusator in predictis, per quem veritas habeatur, habeat terzium pene pecuniarie et teneatur de credentia.

80 Item ordinetur, et addatur in comissione omnium capitaneorum[297] nostrorum galearum a mercato, quod de omnibus nabulis que excucient extra Venetias, tam de mercationibus caricatis Venetiis quam extra Venetias, debeant i<i>dem capitanei scribere in uno quaterno per se omnes denarios, quos excucient, et nomina personarum et de quibus mercationibus. Et similiter scribant in dicto quaterno quando dabunt aliquos denarios patronis galearum; quos denarios debeat capitaneus dare de tempore in tempus, sicut est iustum. Quem quaternum debeat quilibet capitaneorum predictorum in reditu suo dare et consignare officialibus nostris Extraordinariorum, ut quilibet possit videre facta sua[298].

81 Item ordinetur et sic debeat de cetero observari quod, quando caricabuntur alique mercationes extra Venetias super nostris galeys a mercato, debeant patroni subito facere scribi per suos scribanos pacta et conventiones, quas fecerint mercatores cum patronis, et precium quod debebunt dare pro nabulo, et declarare inter se cum quo pondere debebunt ponderari ipse mercationes, et singulariter omnia que contrahentur inter mercatores et patronos. Patroni autem teneantur infra terziam diem ad longius portare cedulam dicti naulizati et conventionem capitaneo suo, particulariter et distincte. Qui capitaneus teneatur et debeat scribere vel scribi facere ipsa naulizata et conventiones in uno quaterno, quem dabit in reditu suo officialibus Extraordinariorum, pro informatione omnium quibus spectabunt. Verum si patroni contrafecerint, vel eorum aliquis predictis vel alicui predictorum, et postea foret aliqua differentia inter mercatores et patronos occasione predicta, credatur sacramento mercatorum; et per dictum suum procedatur sicut erit de iure, et non audiantur patroni nec testificationes eorum dicta de causa.

82 Item quia observatur per patronos omnium galearum a mercato quando veniunt Venetias quod, ubi debent accipere pedotas sufficientes pro intrando portum nostrum Venetiarum cum securitate, ipsi solidant rationes alicuius ex soldatis suarum galearum, et constituunt ipsum pedotam, quod est cum evidenti periculo galearum nostrarum, ordinetur quod patroni galearum nostrarum teneantur omnino in reditu suo accipere pedotas suos, sicut tenentur de illis qui non sint nec fuerint soldati de galeys suis, sed accipant de pedotis solitis quos reperient in Istria[299].

83 Item quia sunt quam plures ordines super facto barilarum, que fieri debent ad unam mensuram, et per indirectum contrafit dictis ordinibus, quia tam in Venetiis quam extra Venetias reperitur modus habendi barillas magnas cum maximo periculo galearum, quia per istas excessivas barillas galee sunt nimis caricate[300], | c. 60v | ordinetur et sic mandetur capitaneis nostris galearum a mercato quod de cetero observent quod in Pola, et in omnibus aliis locis que videbuntur capitaneis, debeant facere diligenter circari, et omnes barillas quas invenient, que sint capacitatis ultra quartam et siculum ad plus, debeant omnino facere poni in terram, ut galee vadant cum qua<m> maiori securitate poterunt.

84 Quia fratres conventus Rodi multum conqueruntur quod, quando galee nostre viagii Baruti vadunt ad partes Rodi, multi et quam plures ex suis sclavis, tam masculis quam feminis, et servis transfurantur et conducuntur cum dictis galeys in damnum dominorum suorum, et ob hoc placibiliter et curialiter requisiverunt ducale dominium ut superinde apponere placeat remedium opportunum et pro honore nostro faciat providere superinde et tenere illos pro amicis nostris,

297. *Ms.* capitaneriorum.
298. *Nel margine interno* non ponatur.
299. *Ms.* Istriam.
300. *Nel margine interno* non ponatur.

vadit pars et sic committatur capitaneo nostro galearum Baruti, presenti et futuris quod faciant apponi diligentiam quod tam eundo quam redeundo nullus ex nostris audeat recipere aliquem ex dictis sclavis et servis in galea. Et si aliquis repertus fuerit ad aliquod banchum, quod illi qui erunt ad dictum banchum, si fuerint culpabiles, cadant in penam librarum XXV; et si fuerit mercator vel alius homo de pede cadat in pena librarum L[ta]. Et nichilominus teneatur et debeat capitaneus predictus facere illos tales sclavos et sclavas et servos poni in terra ubi melius videbitur capitaneo, quod facilius possint pervenire ad manus dominorum suorum, ad expensas illorum patronorum culpabilium, qui eos transfurassent vel recepissent in galeys. Et teneatur et debeat capitaneus notificare regimini Rodi per suas literas illud quod fecerit, et ubi dimiserit suos slcavos, sclavas et servos predictos, ut possint ad manus suas pervenire. Et istum ordinem capitaneus predictus faciat cridari super galeys, tam eundo quam redeundo in partibus Rodi, ut sit omnibus manifestus.

85 Item observabis partem captam in nostris consiliis Minori, Rogatorum, XLta et additionis, millesimo trecentesimo nonagesimo sexto, die XXV maii, cuius tenor talis est, videlicet quia utillissimum et pium est providere ad bonum et securitatem galearum nostrarum a mercato que veniunt Venetias tempore iemali, navigando nocturno tempore et faciendo scalam in mari intra nostrum Culphum, cum tantis manifestis periculis et pessimis incovenientiis, que iam ex hoc evenerunt et evenire possent in futurum, nisi super hoc salubriter provideatur, vadit pars quod prohibeatur expresse omnibus nostris capitaneis galearum a mercato quod de cetero, in reditu suo Venetias a Ragusio usque in Istriam, non audea<n>t ullo modo facere noctem in mari, ymo bona hora se reducere ad portum et ferrum ponere in illo loco qui eis tucior et melior videbitur, non se levando de portu ullo modo, nisi per duas horas vel tres ad plus ante diem, sub pena librarum mille cuilibet capitaneo contrafacienti et qualibet vice. De qua pena si accusator fuerit per quem veritas habeatur habeat medietatem, quartum sit comunis et aliud quartum sit officialium, | c. 61r | quibus primo facta fuerit accusa. De qua pena alicui capitaneo contrafacienti non possit fieri gratia, donum, remissio nec aliqua recompensatio, nisi per sex consiliarios, tria capita de XLta, XLta de XLta et quatuor partes Maioris consilii. Et committantur predicta inquirenda Advocatoribus comunis, Provisoribus comunis et nostris officialibus de Catavere, qui in adventu galearum nostrarum predictarum debeant, sub debito sacramenti, facere inquisitionem diligentem de predictis; et iniungatur in comissione omnium capitaneorum nostrorum predictorum. Et similiter debeat observare capitaneus noster Culphi, in casu quo se reperiret cum nostris galeys a mercato, sub penis et stricturis predictis.

86 Item observabis partem infrascriptam <captam> in nostris consiliis Minori, Rogatorum, XLta et additionis, MCCCLXXXXVII, die XIIII iunii, cuius tenor talis est. Quia est providendum per om<n>em viam et modum possibilem ad securitatem galearum nostrarum a mercato, vadit pars quod super qualibet galearum nostrarum a mercato, exceptis galeys capitaneorum, esse debeat ultra numerum ballistariorum unus homo consilii, cui patroni dare debeant ad minus ducatos sex in mense et ratione mensis et tabulam, ut galee nostre possint cum securitate navigare. Quem hominem quilibet patronorum accipere teneatur, sub pena librarum quingentarum in suis propriis bonis. Et si fuerit accusator per quem veritas habeatur habeat terzium, officiales nostri armamenti sive alii officiales, quibus primo facta fuerit accusa, terzium et comune reliquum. De qua pena non possit contrafacientibus fieri gratia, donum, remissio, revocatio, recompensatio nec aliqua declaratio aut termini elongatio, nisi per sex consiliarios, tria capita de XLta, XLta de XLta, et quatuor partes Maioris consilii[301].

301. *Nel margine interno* non ponatur.

87 Item observabis infrascriptam partem captam in nostris consiliis Minori, XLta, Rogatorum et additionis, MCCCLXXXXVII, indictione quinta, die XIIII iunii, cuius tenor talis est, videlicet cum super galeys nostris a mercato multociens caricentur in Venetiis mercationes pro Corono, et quando dicte galee sunt in Mothono discaricantur dicte mercationes pro mittendo eas Coronum, cum iactura mercatorum nostrorum, et utile sit pro bono mercatorum nostrorum et utilitate loci nostri Coroni providere, considerata parva distantia existente de Methono usque Coronum, vadit pars quod capitanei galearum nostrarum a mercato de cetero, silicet Roma[nie], Baruti et Alexandrie, teneantur, cum galeys sibi commissis expeditis de Mothono, ire Coronum et stare ibi quatuor horis ad minus, pro dextro dicti loci nostri. Et addatur in eorum commissionibus quod partem predictam teneantur observare, sub pena capitaneo librarum CC et cuilibet patronorum librarum centum in suis propriis bonis; et committatur omnibus officialibus contrabannorum quod predictam penam exigant, habentes partem ut de aliis sui officii. Et si fuerit accusator per quem veritas habeatur habeat terzium, officiales quibus facta fuerit accusa terzium et comune reliquum. De qua pena non possit contrafacientibus fieri gratia, sub pena librarum centum pro quolibet ponente vel consenciente partem in contrarium.

88 | c. 61v | Item observabis infrascriptam partem captam in consilio Rogatorum, MCCCLXXXXVII die XIIII iunii, cuius tenor talis est. Cum sit quedam pars continens quod patroni galearum nostrarum a mercato possint super qualibet galea habere ballistarios quatuor nobiles nostros de Maiori consilio in numero aliorum ballistariorum, et sicut est manifestum ad presens sunt multi nostri nobiles, non habentes aliquod inviamentum, probi et apti ad navigandum, quibus est bonum et utile subvenire, vadit pars quod de cetero patroni omnium galearum nostrarum a mercato tenea<n>tur habere super qualibet galea ballistarios tres nobiles nostros de Maiori consilio a XX annis supra et quadraginta infra, in numero aliorum ballistariorum, possendo accipere de illis pro quibus exirent de consilio, quibus dare debeant soldum, quod habent alii ballistarii, et tabulam. Et ipsi ballistarii nobiles teneantur habere ballistas et omnia alia arma necessaria, sicut habent alii ballistarii, et illa ostendere ad circam sicut est consuetum. Sit tamen in libertate patronorum habere unum alium ballistarium nobilem ultra illos tres, quos omnino habere tenentur, ut dictum est. Insuper teneantur dicti patroni, quando collegium deputatum ad accipiendum ballistarios vellet accipere ballistarios, presentare capitaneo nomina illorum trium nobilium quos acceperint, ut capitaneus sit de illis informatus. Si vero patroni illos non acepissent nec dedissent nomina illorum in scriptis capitaneo, ut dictum est, teneatur capitaneus et collegium deputatum, quando accipient alios, accipere etiam istos tres; si invenient volentes ire, quos videre debeant, caricare et prohicere in illo loco qui dicto collegio videbitur.

89 Item observabis partes infrascriptas captas in nostris consiliis Rogatorum, XLta et additionis, MCCCLXXXXVIIII, indictione octava, die quarto ianuarii, infrascripti tenoris, videlicet cum in commissionibus capitaneorum nostrorum galearum a mercato sint multa capitula et ordines super facto zurmarum, quas habere debent galee a mercato, continentes modos quos servare debent capitanei in faciendo circas galearum, et id quod solvere debent patroni galearum in mense et ratione mensis pro quolibet homine defficiente, sed tamen, ut notum est, galee predicte non vadunt fulcite hominibus quos habere debent, contra intentionem terre, cum manifesto periculo galearum, hominum et haveris in eis existentium, et utile ymo necessarium sit providere quod galee predicte vadant armate sicut est intentio terre, vadit pars quod omnia capitula existentia in commisionibus capitaneorum galearum a mercato loquentia super facto dictarum zurmarum, in quantum ad hoc spectant, revocentur et annichilentur. Et de cetero infrascripte partes per capitaneos galearum nostrarum a

mercato, qui per tempore fuerint, debeant observari, et in eorum commissionibus addantur pro maiori observatione[302].

90 Primo ordinetur quod quelibet galea a mercato habere debeat, ultra patronum nobilem, unum comitum, unum patronum iuratum, duos scribas, unum hominem consilii, unum marangonum et unum[303] | c. 62r | calafatum, octo nauclerios, quindecim ballistarios, in quorum numero sit unus remarius, centum septuaginta unum homines a remo, unum cochum, unum caniparium et unum famulum patroni. Tota que zurma habere debeat expensas a galeys iuxta solitum; ballistarii autem accipi debeant ad bersalium, iuxta solitum, et cum soldo consueto. Teneatur insuper habere quelibet galearum ultra numerum suprascriptum pedotas, qui accipi debent per capitaneos iuxta solitum. Capitanei vero habere debeant armiratos, medicos, sonatores et alios eis deputatos, secundum consuetudinem, intelligendo quod galee nostre Flandrie habere debent ballistarios viginti, sicut solite sunt habere.

91 Item teneantur capitanei, antequam recedant de Venetiis, facere quod patroni galearum dent et consignent eis quaternos galearum suarum, in quibus sint scripti omnes homines soldati suarum galearum; quos quaternos dicti capitanei retinere debeant penes se per totum viagium, donec redierint Venetias. Et antequam capitanei predicti transeant Polam, teneantur personaliter facere circam omnium galearum, faciendo circam ad galeam ad galeam, faciendo vocari homines ad unum ad unum; et defficientes, quando fiet dicta zircha, scribere debeant suis manibus in quaternis predictis, ad postas suas, pro falitis. Et teneantur ultra hoc capitanei predicti dare sacramentum patrono, comito et scribis quod homines omnes, quos invenerint ad circam, sint soldati galearum, sicut in quaternis continebitur. Et si defficient homines ad numerum supradictum, tam de pede quam de remo, debeant capitanei suo posse, antequam transeant Polam, tenere modum quod galee sint fulcite hominibus, quos habere debent ad expensas patronorum. Et in casu quo non possint se fulcire in Pola, teneantur in quacumque parte, in qua se reperient, accipere homines, si poterunt, ita quod eundo, stando et redeundo omnes galee sint fulcite et habeant numerum suorum hominum, quos habere debent. Et debeant predicti capitanei homines quos acipient facere notari in dictis quaternis galearum, et diem quo eos accipient, dantes semper sacramentum patrono et scribis galearum quod omnes dicti homines, quos capitanei scribi facient, non sint de hominibus soldatis galearum[304].

92 Et ut melius videri possint homines defficientes de tempore in tempus, teneantur capitanei, omnibus singulis quindecim diebus ad minus, facere circham suarum galearum, faciendo dictam circam personaliter ad galeam ad galeam, faciendo descendere homines in terram et vocari eos facere ad unum ad unum. Et si essent in loco in quo homines non possent descendere in terram, facere debeant dictam circam in galeys, faciendo transire homines mediam galeam, et vocando illos ad unum ad unum, et dando continue sacramentum patrono, comito et scribis cuiuslibet galee, quod illi homines sint soldati galearum, sicut in quaternis continetur[305].

| c. 62v | 93[306] Et teneantur scribe galearum, quando remanebit a dictis galeys aliquis homo, dare in scriptis capitaneis, ad primum locum in quo posuerint ferrum, diem et locum in quo remanserit; quos homines sic falitos capitaney debeant scribere in dictis quaternis suis

302. *Nel margine esterno* Omnia infrascripta capitula signata Ç non ponantur, quia aliter est provisum, prout patet <in> libro Rogatorum 49. *I capitoli 89-96 sono depennati.*

303. *Nel margine esterno* Ç.

304. *Nel margine interno* Ç.

305. *Nel margine interno* Ç.

306. 3 *corretto su* 2.

manibus ad suas postas, notando diem et locum in quo remanserint. Et hoc observare debeant scribe galearum, sub pena librarum X parvorum pro quolibet homine quem non dederint in scriptis capitaneis, ut superius dictum est, et pro qualibet vice. Et teneantur capitanei dictarum galearum, antequam transeant Polam, reddere de hoc previsos scribas galearum; et non intelligatur quod aliquis homo acceptus sit soldatus galearum, nisi postquam scriptus fuerit in quaternis qui erunt in manibus capitaneorum[307].

94[308] Et ut patroni habeant causam tenendi galeas suas armatas et fulcitas omnibus hominibus, ordinetur et sic observetur per capitaneos quod patroni predicti teneantur solvere pro quolibet homine galeys predictis defficiente, postquam transiverint Polam, in mense et ratione mensis, et per diem et horam in hunc modum, videlicet pro comito libras octuaginta, pro patrono iurato libras L[ta], pro homine consilii ducatos sex, pro scribis, marangonis et calafatis libras triginta sex pro quolibet, pro ballistariis libras viginti octo pro quolibet, pro hominibus a remo libras viginti quatuor pro quolibet, pro cocho et canipario libras viginti octo pro quolibet, pro famulo patroni libras octo. Quos denarios exigere debeant capitanei de bonis galearum seu de bonis propriis patronorum eundo, stando et redeundo; et de toto quod exigent, capitanei predicti habere debeant unum terzium, et alia duo terzia sint comunis, que in reditu suo capitanei predicti consignare debeant Camerariis comunis infra dies octo postquam applicuerint Venetias. Et si capitanei non exegissent totam illam quantitatem, quam solvere debuissent patroni occasione predicta, debeant infra dies octo postquam applicuerint Venetias dare in scriptis Extraordinariis id quod restaret ad exigendum. Qui Extraordinarii teneantur exigere de nabulis galearum id quod per capitaneos sibi fuerit dictum et datum in scriptis; de quo dare debeant Camerariis comunis duo terzia pro parte comunis, et aliud terzium capitaneis, ut dictum est, non possendo patronos obligare nabula suarum galearum in tantum quantum solvere teneantur occasione predicta. Et si nabula galearum non essent sufficientia, Extraordinarii exigere debeant de bonis propriis patronorum, si de illis habere poterunt; et si de bonis patronorum habere non possent, exigant de bonis participum id quod tanget quemlibet eorum per suos caratos, ita quod omnino dicti denarii solvantur. De quibus denariis tangentibus nostrum comune, sive soluti fuerint sive non, non possit patronis nec participibus fieri gratia, donum, remissio, recompensatio nec aliqua declaratio, sub pena librarum mille pro quolibet consiliario, capite, sapiente vel alio ponente vel consenciente partem in contrarium; et sic procedat de pena in penam usque in infinitum. Capitanei autem de parte eos tangente non possint patronis vel participibus aliquid remittere vel donare, sub aliquo colore vel forma vel ingenio, sub pena sacramenti, et ultra hoc sub pena librarum quingentarum pro quolibet contrafaciente, quam exigant[309] | c. 63r | Advocatores comunis; cuius pene medietas sit accusatoris, si fuerit per quem sciatur veritas, et alia medietas sit Advocatorum; et si non fuerit accustaor, pars accusatoris veniat in comune.

95[310] Et teneantur capitanei, infra octo dies postquam applicuerint Venetias, dare solutoribus armamenti omnes quaternos galearum predictarum. Qui solutores teneantur examinare illos; et si per eorum examinationem invenient capitaneos non exegisse a patronis totum id quod solvere deberent pro hominibus sibi defficientibus, secundum ordines sibi datos, seu non

307. *Nel margine esterno* Ç.

308. 4 *corretto su* 3.

309. *Nel margine esterno* Ç.

310. *A causa di un errore di numerazione dei capitoli, solo parzialmente sanato dallo scriptor, la numerazione originaria presenta dal capitolo 95 al 99 di questa edizione un'unità in meno (perciò 94-98); si veda, inoltre, la nota introduttiva al formulario (p. 113).*

dedissent in scriptis Extraordinariis ut superius dictum est, debeant dicti solutores exequi et facere totum id quod dicti capitanei facere debuissent. Et ob hoc habeant dicti solutores, de toto eo quod non fuisset excusum per capitaneos seu non dedissent in scriptis Extraordinariis et per eorum examinationem exigeretur, illam partem quam haberent capitanei, que dividatur inter eos sicut faciunt alias utilitates sui officii. Et ultra hoc cadant dicti capitanei in suis propriis bonis de tanto quantum eos tetigisset pro sua parte de eo quod non exegissent seu non dedissent in scriptis Extraordinariis; que pena sit solutorum armamenti predictorum, et illam dividant ut superius dictum est. Quibus solutoribus committatur examinatio quaternorum predictorum, remanentibus in sua firmitate omnibus partibus mentionem agentibus de illis qui constitui debent per capitaneos super qualibet galea ad inquirendum quod panis, vinum et alia victualia dentur hominibus galearum secundum usum, et omnibus partibus mentionem facientibus de refusuris fiendis hominibus galearum per solutores armamenti predictos[311].

96 Et ut capitanei possint exequi et facere omnia suprascripta, teneantur Extraordinarii, ante recessum capitaneorum de Venetiis, dare et consignare dictis capitaneys ducatos centum pro qualibet galea de nabulis dictarum galearum; de quibus denariis capitanei predicti teneantur solidare homines et exequi ut superius dictum est. Et si dicti denarii non essent sufficientes, debeant capitanei predicti accipere de nabulis galearum, que exigent extra Venetias, tantam quantitatem quod continue habeant ducatos centum in manibus suis pro qualibet galea, pro adimplendo intentionem dominii ut superius dictum est[312].

97 Item observabis partem infrascriptam captam in nostris consiliis Rogatorum et additionis, MCCCLXXXX, indictione XIIII^{a}, die penultimo decembris, infrascripti tenoris, videlicet cum sit ordo quod aliquis ambaxiator nostri comunis, eundo et redeundo cum galeys nostris a mercato, non debeat solvere aliquod nabulum dictis galeys, et nulla mentio fiat de provisoribus, sindicis et aliis nuntiis nostri comunis, licet intentio terre fuerit generaliter de omnibus nuntiis nostri comunis, vadit pars, pro bono comunis et declaratione omnium, quod de cetero dictus ordo se extendat et inteligatur generaliter de omnibus ambaxiatoribus, provisoribus, sindicis et tractatoribus ac omnibus aliis nuntiis nostri comunis, qui ibunt et redibunt cum galeys nostris a mercato predictis[313].

| c. 63v | 98 Item observabis partem captam in nostris consiliis Minori, Rogatorum, XLta et additionis, millesimo trecentesimo nonagesimo terzio, indictione prima, die XXVIIII maii, infrascripti tenoris, videlicet quod, pro evidenti bono patronorum galearum nostrarum a mercato et pro omni bono respectu, addatur in commissionibus omnium capitaneorum nostrorum galearum a mercato quod generaliter omnia nabula galearum et etiam nabula hominum de passagio extra Venetias ipsi capitanei exigere debeant, et ipsa nabula subito ad primum portum quem applicuerint consignare patronis galearum nostrarum, tenendo capitanei peccuniam necessariam pro hominibus qui defficerent galeys, ac dando unicuique ipsorum patronorum partem eum tangentem, sub pena librarum V^{c} parvorum in suis propriis bonis pro quolibet capitaneo contrafaciente et qualibet vice. Quam penam exigant officiales Extraordinariorum habentes partem ut de aliis sui officii, dando dicti nostri capitanei[314] in suo adventu Venetias nostris Extraordinariis seriose in scriptis nabula que exegeri<n>t, ut participes galearum possint videre iura sua, et ultra hoc perpetue privationis omnium capitaneriarum galearum

311. *Nel margine interno* Ç.
312. *Nel margine interno* Ç.
313. *Nel margine interno* non ponatur.
314. *Ms.* dictos nostros capitaneos.

nostrarum a mercato. Prohibeatur similiter patronis omnium galearum nostrarum a mercato quod non debeant aliquid exigere de nabulis predictis, sed permittere quod capitanei nostri exigant, ut dictum est, sub pena librarum M pro quolibet patrono contrafaciente et qualibet vice in suis propriis bonis, quam exigant predicti nostri officiales Extraordinariorum, habentes partem ut de aliis sui officii. De quibus penis vel aliqua earum non possit alicui contrafacienti et non observanti, ut dictum est, fieri aliqua gratia, donum, remissio nec aliqua declaratio, sub pena librarum M pro quolibet ponente vel consenciente partem in contrarium, usque in infinitum. Reservatis, ultra hoc, iuribus patronis, qui observarent predicta contra capitaneos et alios patronos qui non observarent ut dictum est; quibus iuribus uti possint infra duos menses postquam Venetias applicuerint. Verum si omnes patroni alicuius viagiorum predictorum contrafecerent predictis, et de hoc facta fuerit accusa prefatis nostris Extraordinariis, habeat accusator terzium dicte pene, comune terzium et officiales reliquum.

99 Item observabis partem infrascriptam <captam> in nostris consiliis Minori, Rogatorum, xlta et additionis, MCCCCI, die XIIII ianuarii, cuius tenor talis est, videlicet cum multi ordines et partes capte sint ut galee a mercato vadant bene armate sub magnis stricturis et penis, tamen videtur quod caniparii, seschalchi, cochi et familiares patronorum per aliquos scribuntur et solvuntur pro ballistariis vel in numero aliorum hominum de pede vel de remo, et bonum sit obviare tali errori, vadit pars quod quilibet patronus alicuius ex galeys a mercato que hoc anno armabuntur, et similiter temporibus in futuris, teneatur et debeat scribere ordinate, super quaternis super quibus scribunt alios homines galearum, caniparios, cochos, seschalcos et familiares suos, ut possit de eis fieri circa, sicut de aliis hominibus galearum. Et propter hoc committatur quibuslibet[315] | c. 64r | capitaneis galearum a mercato, tam presenti[s] anni quam futurorum, quod debeant et teneantur, sub illis penis sub quibus dicti capitanei tenentur facere circam aliorum hominum galearum, facere etiam circam de predictis canipariis, cochis, seschalchis et familiaribus patronorum, omni vice qua facient circam aliorum hominum galearum, et videre et perquirere diligenter si ultra numerum hominum a remo et de pede et ballistariorum habebunt caniparios, seschalcos, cochos et familiares predictos. Et si aliquis patronus, videlicet quod super sua galea sit scriptus aliquis de predictis pro ballistario, homine de pede vel a remo, cadat dictus patronus contrafaciens in penam non possendi esse supracomitus alicuius galee nostri comunis, nec patronus alicuius galee a mercato, usque decem annos tunc sequentes; et hec pena sit ultra alias penas que continentur in aliis ordinibus nostris. Et si fuerit accusator per quem sciatur veritas, teneatur[316] de credentia et habeat libras centum de bonis contrafacientium; et non possit de predictis penis fieri contrafacientibus aliqua gratia, sub pena ducatorum mille pro quolibet ponente vel consenciente partem in contrarium.

(1) Item observabis partem captam in nostris consiliis Minori, Rogatorum, XLta et additionis, MCCCCVII, indictione XV, die XXX, mensis marcii, que scripta est in fine commissionis capitanei galearum Romanie ad cartam 29 huius libri, sub hoc signo[317].

(2) Item ponantur partes capte in consilio Rogatorum, 1412, XIII iunii, in libro 49 Rogatorum, ad cartas CXV.

315. *Nel margine esterno* non ponatur.
316. *Ms.* teneantur.
317. *Segue signum n. 12.*

6

Capitano delle galee di Fiandra
post 1402, 14 gennaio-1412, 13 giugno

Il formulario di commissione si trova in ASVe, *Collegio, Formulari di commissioni*, registro 4, cc. 67r-77v. Il testo è costituito dal *corpus* originario (cc. 67r-77v) e le aggiunte posteriori (c. 77v). Il *corpus* originario, redatto in minuscola gotica cancelleresca e preceduto dalla titolazione coeva (in corpo maggiore rispetto al resto) *Comissio capitaneorum galearum Flandrie*, rinvia al dogado di Michele Steno (1400-1413); più precisamente si ritiene che sia stato composto dopo il 14 gennaio 1402 (data della disposizione datata più recente interna al *corpus*) e prima del 30 marzo 1407 (data della prima aggiunta in calce). Si segnalano due errori di numerazione dei capitoli, che sono stati emendati. La numerazione del capitolo 40 è omessa, senza conseguenze sui successivi; lo stesso avviene per il capitolo 65, ma, in questo caso, dal 66 alla fine la numerazione originaria presenta un'unità in meno (65-67, anziché 66-68). Tali inesattezze potrebbero essere imputate al fatto che la numerazione dei capitoli avvenisse successivamente alla loro stesura. Le aggiunte (qui la n. 1 del 1407 e la n. 3 del 1412), comuni a tutte le commissioni per i capitani delle galee da mercato (testi 3-6), sono trascritte abbreviate e rinviano per la forma estesa, rispettivamente, alla commissione del capitano per le galee di Romània e a una disposizione del Senato, *Deliberazioni, misti* (reg. 49, cc. 114v-116r). Il formulario riporta, inoltre, un'altra aggiunta (la n. 2) che dispone sul salario del capitano (ammontare e modalità di pagamento), i suoi diritti riguardo all'esercizio della mercatura, i componenti della *familia* al suo soldo, i balestrieri previsti per ciascuna galea e le loro modalità di pagamento.

| c. 67r | Comissio capitaneorum galearum Flandrie.

1 <N>os Michael Steno, Dei gratia dux Venetiarum et cetera, comittimus tibi nobili viro ... dilecto civi et fideli nostro, quod in nomine Yesu Christi vadas et sis capitaneus atque rector presentium galearum iturarum ad viagium Flandrie, quas, cum hominibus, mercationibus et bonis in eis existentibus, eundo, stando et redeundo, regere, conducere et gubernare debeas sicut pro honore nostro et conservatione gentis nostre et galearum nostrarum et bonorum ipsarum videris convenire, et sicut de providentia tua confidimus et speramus, et propterea volumus quod in omnibus negotiis habeas ita plenam libertatem et arbitrium, sicut habent capitani galearum nostri comunis.

2 Rationem et iusticiam facias inter gentem tibi commissam secundum tuam discretionem, bona fide sine fraude. Verum, ad tollendum audatiam et materiam delinquendi hominibus galearum, committimus tibi quod, quociens casus advenerit aliquas de gentibus tibi commissis, in aliquibus terris vel locis nostre iurisditioni suppositis et in quibus president nostri rectores, aliquos excessus committere, tenearis et debeas dare omnem operam efficacem ad faciendum eos capi et detineri illosque, si in fortiam tuam habere poteris, antequam de iurisditione et districtu loci ubi dicti excessus commissi fuerint recedas, rectoribus nostris predictorum locorum facere assignari, omni causa remota, ut dicti rectores procedere valeant contra eos, prout culpe et demerita eorum exposcent. Verum si dicti deli<n>quentes tunc haberi et recuperari non possent, et ad tuas manus pervenerint quoquomodo, te existente extra iurisditionem terre vel loci ubi huiusmodi excessus fuerint perpetrati, debeas in hoc casu de dictis deli<n>quentibus facere iusticiam, quam facere debuisset rector loci ubi commisissent excessus.

3 Habere quidem debes pro tuo salario in mense et ratione mensis libras septem grossorum, non possendo aliquid caricare in dictis galeys, habendo et tenendo tuis salario et expensis tres famulos, et unum presbiterum notarium, et unum admiratum, cui admirato dare debeas solum expensas oris. Et ultra predictos ducere debeas duos tubetas, duos zaramellas, unum nacharinum et unum medicum pro bono et securitate ipsarum. Salaria autem tam tuum quam admirati, ballistariorum, sonatorum et aliorum consuetorum, solvantur per patronos secundum usum, avisando te quod quelibet galea habere debet viginti ballistarios bonos et sufficientes[318].

4 Preterea est ordinatum, pro bono et securitate galearum, quod accipiatur unus sufficiens homo pro consilio pro qualibet galea, qui accipiatur per illos qui accipient ballistarios, habendo de salario ducatos decem in monetis pro quolibet, in mense et ratione mensis, qui solvantur per patronos galearum; et debeant etiam habere tabulam a patronis. Qui homines pro consilio sint loco unius ballistarii accipiendi pro qualibet galea.

| c. 67v | 5 Item teneris statim die quo applicueris ad terram, ubi facies portum, accipere unum cursorem et facere dici omnibus mercatoribus quod, si volunt scribere, scribant Venetiis; quo facto, alio die sequenti adminus, predictum cursorem cum litteris tuis et mercatorum mittere debeas, significando nobis quando illuc applicueris cum galeys predictis et, ut infalibiliter habeamus nova tui et galearum predictarum, debeas, post recessum dicti primi cursoris, accipere infra dies XV unum alium cursorem, quem mittere studeas Venetias cum litteris tuis et mercatorum; denarii vero qui expendentur dicta de causa solvi debent per patronos galearum, quia est ordinatum quod nullo modo fiant varce in hoc casu.

6 Et teneantur dicte galee eundo ad dictum viagium extrahere de Venetiis milliaria quinquaginta specierum pro qualibet galea, sub penis solitis, non habendo gothonos pro havere subtili; nabula vero, tam eundo quam redeundo, exigi debent per Extraordinarios, sicut est ordinatum, et conducere Venetias sachos quinquaginta lane.

7 Scias insuper ordinatum esse, pro bono mercatorum et mercationum ut[319] non fiat supercla stiva, quod in presentibus galeys redeundo Venetias non possint esse ultra milliaria CCXX subtilia pro galea; et si haberent plus, cadant patroni de duplo nabulo, et teneris, sub debito sacramenti, ponere et poni facere diligentem mentem et curam quod ultra quantitatem predictam non levetur per aliquem modum, ponendo etiam mentem quod stive fiant bene equales et ordinate, ita quod quam minus poterunt lane sinistrentur. De rame, autem, stagno, ferro et alio metallo possint conducere pro savorna milliaria LXXX et non ultra pro qualibet galea, sub pena soldorum XL^{ta} grossorum pro quolibet milliari dictorum metallorum conducto ultra dictam quantitatem. De quibus penis non possit fieri gratia, sub pena librarum V^{c} pro quolibet ponente vel consenciente partem in contrarium. Et si accusator fuerit, habeat terzium et teneatur de credentia, extraordinarii, quibus hoc committatur, tercium et comune reliquum. Et si conduceretur in dictis galeys rame de papa, quod est multo melius alio, ordinetur ut conducatur Venetias, quod sit liberum et franchum a getto raminis, solvendo rectum datium comunis. Et teneantur patroni dictarum galearum, in tota quantitate predicta, conducere Venetias sachos XL lane pro qualibet galea, sub penis solitis.

8 Item ordinatum est per nostra consilia quod quelibet dictarum galearum habere teneatur ballistarios viginti, qui sint a XX annis supra et quinquaginta infra, octo nauclerios, scribanos, marangonos, calafatos, caniparios et alios homines de pede secundum usum, qui habeant

318. *Nel margine interno* Corectum ut infra sub hoc signo, *segue signum n. 13.*

319. *Corretto su* et.

suas ballistas et arma secundum[320] | c. 68r | usum et sub penis solitis. Ballistarii autem accipi debeant per te, pagatores armamenti et tres de xlta, et quando accipientur non possint patroni vel alii pro eis ullo modo esse presentes; et debent habere de salario in mense sex ducatos et vivandam galearum, sicut habent homines de remo. Verum non possint dicti ballistarii, eundo vel redeundo, relinquere galeas vel se cambiri de galea in galeam, nec etiam patroni possint cambire hominem pro homine, sub pena librarum C pro quolibet predictorum contrafacientium, que exigatur per Catavere, habentes partem ut de aliis sui officii; salvo si ballistarii non remanerent pro casu infirmitatis, que cognoscatur per te. Et si accusator fuerit de predictis habeat terzium, officiales terzium et comune reliquum. Et de dicta pena non possit fieri gratia, sub pena librarum centum pro quolibet ponente vel consenciente partem in contrarium. Intelligendo et addendo quod aliquis ballistarius non possit esse famulus, caniparius, seschalcus nec habere aliud officium quam baliste, sub pena predicta, de qua non possit fieri gratia, prout de aliis superius dictum est.

9 Nabula vero mercationum, que caricabuntur in dictis galeys eundo ad viagium, solvantur per hunc modum: de speciebus solvantur soldi L grossorum pro milliari, de zucharo imbotato soldi LV grossorum, de pulvere zuchari in capsis soldi XXXVI grossorum pro milliari, de setis[321] cuiuscumque conditionis libre LXXXX, de grana libre VI ad grossos pro centenario, de cera soldi XXXV grossorum pro milliari, de alumine soldi XX grossorum pro milliari, de gothonis ducati XX pro millliari, de salmerio et argento vivo soldi XX grosssorum pro milliari, et omne aliud havere grossum solvat secundum usum. De auro, argento, perlis et iaspdibus solvantur, tam eundo quam redeundo, II pro centenario; de bochoranis, tinctis et albis, et panis laboratis, sete et auri, solvantur III pro centenario.

10 In reditu, vero, de sarziis et panis solvi debeant ducati XXX pro milliari subtili; de lanis ducati XXV pro miliari subtili; de ambris soldi XXXVI grossorum; de zafferano III pro centenario; de varis soldi decem grossorum pro miliari ad numerum; de rame, stagno et alio metallo soldi XXV grossorum pro miliari.

11[322] Preterea est ordinatum quod de omnibus mercationibus, que ponderabuntur hic in galeys Flandrie eundo ad viagium, solvi debeat nabulum ad pondus subtile quod observetur per Extraordinarios.

12 Item captum est quod mercatores, mittere volentes mercimonia cum dictis galeys ad dictum viagium, solvere debeant omnia nabula suarum mercationum in Venetiis, et si non solverent hic, solvant in Flandria ad racionem grossorum quinquaginta quinque pro quolibet ducato.

| c. 68v | 13 Ceterum ordinavimus quod nabula presentium galearum exigi debeant per Extraordinarios, sicut exiguntur alia nabula armatarum nostrarum de mercato, eundo et redeundo.

14 Insuper captum est in nostris consiliis quod, ut star<ar>i possint mercimonia que caricabuntur in dictis galeys, quod in qualibet galea esse debeat unus ponderator comunis, qui iuste ponderet omnia mercimonia caricanda in dictis galeys.

320. *Nel margine esterno* Corectum in tantum quod debent habere ballistarios xxx pro galea, ut in fine capituli signati hoc signo videbis, in omnibus autem aliis hec pars remanet in sua firmitate sicut iacet.

321. *Ms.* setes.

322. *Ms.* 111.

15 Quilibet vero mercatorum, qui ibit cum dictis galeys, tenetur habere balistam, crochum et veretonos, eo modo, et sub illa pena, quo tenentur mercatores qui vadunt cum galeys nostris, sub penis solitis.

16 Ordinavimus etiam, pro bono galearum predictarum, quod lana de Anglia et Flandria que recederet de Flandria, transacto mense maii, non possit conduci Venetias per terram nec per terras subiectas nostro dominio, sub pena de XXV pro centenario; de qua non possit fieri gratia, sub pena librarum II[c] pro quolibet ponente vel consenciente partem in contrarium. Verum postquam galee recesserint de Flandria, lane que inde recederent, duobus mensibus post dictum recessum, possint adduci sicut modo.

17 Ceterum ordinavimus quod dicte galee, eundo ad viagium, possint caricare et discaricare in omnem partem vel locum, quem capient, et similiter redeundo, non sinistrando viagium nec transeundo signa ordinata, sub penis solitis, non possendo caricare nec discaricare species nec havere subtile nec alumen a Capite Borsani citra alibi quam Venetias, sub pena contraordinis.

18 Quia cives nostri et etiam forenses, mittentes mercationes suas hinc in Flandria super galeys, sepe recipiunt incomodum quia, cum volunt in reditu caricare in galeys mercationes suas, sunt in illis partibus alii volentes prius caricare eorum mercimonia et in Venetiis nil caricaverunt in ipsis galeys, pro subventione ipsorum ordinatum est, et sic committimus tibi, quod in facto caricandi deinde debeas incipere a dictis civibus vel forensibus, qui in Venetiis caricaverint in galeys, et postea ab aliis presentantibus eorum mercimonia ad tale tempus quod galee non recipiant impedimentum.

19 Ad removendum autem scandala aut mala verba, quibus homines a remo sepe utuntur, ordinatum est, per nostra consilia, quod patroni galearum Flandrie debeant et teneantur facere cuilibet suo soldato in Venetiis pagam trium mensium et in canali pagam quarti mensis et in Flandria, quando videbitur tibi capitaneo, pagam unius mensis, dando cuilibet de quolibet ducato in monetis illud quod tibi videbitur, secundum cursum monetarum, deinde adherendo te omni equitati et etiam habendo respectum ad diversitatem monetarum annorum preteritorum.

20 Insuper ordinatum est cum dictis consiliis, pro maiori comodo et utilitate dictarum galearum, quod si ipse galee in Flandria vel Medelborgo vel ad Cales non haberent suum caricum pro Venetiis, tunc diebus quindecim ante suum recessum possint | c. 69r | recipere cuilibet qui presentaret pro Portu Pisano, solvendo nabulum de omnibus que caricarentur, ut est ordinatum pro Venetiis. Et in casu quo reciperent aliquid pro dicto loco, teneris tu capitaneus cum dictis galeys ire ad dictum locum ad deponendum predicta, recedendo inde quamcicius poteris pro bono armate tibi commisse.

21 Eundo vel redeundo non potes descendere in terram in aliquam partem ubi sit civitas vel castrum, nisi dimittas unum ex armatoribus loco tui. Et si, pro aliqua ratione vel necessitate galearum, videretur maiori parti mercatorum quod ire debeas aliquo, possis a galeys recedere et stare quantum fuerit opportunum pro dictis galeys, ad expensas earum.

22 Item si propter infirmitatem vel aliquo casu non posses facere capitaneriam, tunc mercatores et armatores elligant unum ex se ipsis cum commissione presenti quantum ad regimen galearum.

23 Preterea relinquimus in libertate tua faciendi viam que tibi melior videbitur cum dictis galeys de extra Siciliam sive de intus.

24 Aliquos ordines solitos poni in commissione capitanei Flandrie, habitos ab officio Levantis, scribi fecimus tibi, ut eos observes et facias observare, videlicet quod dicte galee, antequam incipiatur aliquid caricari in Venetiis, teneantur habere et esse in earum qualibet milliaria

XX subtilia de savorna; quam savornam sic ponere seu poni facere teneantur patroni, comiti et scribani dictarum galearum per sacramentum, et eam continuo tenere et habere eundo, et non minuere aliquid de ea, sub pena liberarum V^{c} pro quolibet armatore, librarum III^{c} pro quolibet patrono, librarum II^{c} pro quolibet comito et librarum C pro quolibet scribano. Et qui accusaverit habeat terzium, capitaneus vel officiales Levantis terzium, si hoc scient, examinabunt et excusserint, et terzium comune. Et se possint de hoc intromittere dicti officiales, si non foret habitum per capitaneum et inventum factum, ac inquirere, procedere, examinare et exigere et alia necessaria facere super hoc, sicut eis videbitur. Et si accusator non fuerit, pena dividatur per medium.

25 Item quod dicte galee non possint levare havere Venetorum, eundo extra, eo modo quo non possunt levare havere forinsecorum, sub pena de L pro centenario, tam de havere Venetorum quam forensium; quam penam incurrant galee contrafacientes, silicet armatores et patroni earum. Et eam penam exigat capitaneus et inquirat factum; de qua habeat quartum, accusator quartum, si per eius accusam veritas habebitur, et sit de credentia, et reliquum sit comunis. Et si capitaneus non exigeret penam, sit commissum Levantibus inquirendi ipsum factum et exigendi penas per modum predictum. Verum dicte galee, eundo ad suum caminum, possint ire Maioricas et alias partes inde supra, sicut voluerint, et levare havere grossum et havere capselle et zafferanum, et reducere ad loca unde | c. 69v | acceperint, sicut hucusque fecerunt, dummodo non contrafaciant paci facte cum Ianuensibus, sicut continetur in illo capitulo, et non transeundo vel caricando ultra signa ordinata, sub penis ordinatis. Et nichilominus capitaneus teneatur circare dictas galeas tociens quociens de mercationibus in eis caricate fuerunt, et in locis ubi caricate fuerint antequam deinde recedat. Et antequam capitaneus incipiat circare dictas galeas, teneatur elligere duos ex nobilibus de Maiori consilio qui erunt in galeys, exceptis patronis et habentibus partem in eis. Verum si de nobilibus non essent, capitaneus elligat duos ex melioribus dictarum galearum, exceptis patronis et habentibus partem in eis, qui teneantur per sacramentum esse cum dicto capitaneo et facere omnes circas necessarias, pro dicto viagio, et observare in hoc per omnia, ut tenetur capitaneus, et hoc ut galee non transeant signa ordinata. Et habeat dictus capitaneus et dicti duo elligendi talem partem de hoc qualem haberent officiales Levantis.

26 Item cum sit unum consilium, continens quod patroni galearum Flandrie tenentur portare panaticam per unum mensem et vivandam per XII dies, et nil dicatur de vino, captum fuit quod addatur ipsi consilio quod teneantur etiam portare vinum per dies XII, sub pena ordinata in ipso consilio, et in reversione deinde adducere panaticam pro uno mense et vivandam; et de vino furniantur ubi melius videbitur capitaneo pro utilitate zurme, et tam de tempore preterito quo vinum non dedissent, quam de futuro, habendo in recessu de Flandria vinum ad minus pro XXII diebus.

27 Ordinatum est etiam quod patroni omnium armatarum nostrarum teneantur dari facere hominibus galearum panem, vinum et vivandam ordinatam, non possendo differre ad dandum vivandam ultra duos dies, neque dando eis panem et aliam vivandam per plures diebus duobus. Vinum autem dare debeant dictis galeotis sicut ordinabitur per capitaneum, sub pena unius grossi pro quilibet die et quolibet homine; cuius pene medietas sit hominum galearum, quartum capitaney et quartum habebant duo constituendi pro qualibet galea. Et si capitaneus hec sciret sine manifestatione dictorum duorum, habeat aliam medietatem. Verumtamen huiusmodi capitulum ad factum casey non extendatur, quoniam dificile esset patronis singulis diebus modicum casey dare zurme.

28 Preterea quod patroni ominum armatarum nostrarum et galearum non possint ponere nec facere poni seu permittere mercimonia in scandolario nec aliquid aliud, nisi solum arnesias

mercatorum, tam eundo quam redeundo. Et quod vivanda galearum stare debeat in galeys ad portam de medio de subtus, sub pena librarum II^c, quam exigant officiales Levantis, habentes partem ipsarum, et accusator, si inde fuerit, quam habent de aliis penis sui officii, remanente in suo statu consilio de aqua portanda ad popam.

29 Item cum patroni galearum armatarum teneantur levare mercatores cum una trapuncta, uno plumatio, uno scrineo et una valisia et cum | c. 70r | armis suis et suorum famulorum et non sit pena imposita super hoc, ordinatum est quod debeant predicta recipere, sub pena librarum XXV pro quolibet et qualibet vice, que excuciatur per officiales Levantis et habeant terzium, terzium accusator et comune terzium; et si non fuerit accusator, pena dividatur per medium.

30 Preterea scire debes quod, postquam galee fuerint caricate, habitis intus pane et vino et aliis victualibus, tenearis tu capitaneus ire in personam et circare et circari facere galeas si transiverint mensuras. Et si inveneris aliquas transivisse mensuras, habeantur pro cadutis ad ordines; et nichilominus eam vel eas facies reduci ad mensuras. Et si veniendo aliqua galearum discaricaret aliquid alibi quam Venetiis de mercibus in ea caricatis, ille mercationes sic discaricate debeant computari in numero et quantitate miliariorum, que portare possent.

31 Ceterum scire debes quod est licitum quibuscumque galleys armatis recipere aquam po[st] circam factam, sine aliqua pena, cum conditione tamen quod ipsa aqua ducatur ad galeas cum barchis vel burchis.

32 Item quod patroni non audeant cogere mercatores, nec facere cogi, quod non faciant ballas pannorum, silicet unum pannum super alio; et ipsas ballas sic factas teneantur recipere; nec possint nec audeant dicti panni stivari per patronos nec stivari facere cum trabibus vel arganis, sub pena tocius nabuli in quo fuerit contrafactum, que pena veniat in illos in quorum pannis fuerit contrafactum.

33 Preterea observabis consilium continens, cum armatores galearum Flandrie permittant largo modo suos homines descendere in terram ubi intrant portum navigando, capta fuit pars quod sit in discretione tua ordinandi quot homines volueris de qualibet galea descendere in terram, intelligendo in civitatem, non possendo propterea concedere quod possint descendere in terram ultra homines L pro galea de suis soldatis; et qui contrafecerit cadat in pena que tibi videbitur ordinanda, q[u]am exigere tenearis, salvo in loco ubi galee facient portum.

34 Insuper de faciendo portum cum dictis galeys in partibus Flandrie, comittimus tibi quod, quando et ubi tibi videbitur, vocare debeas pro consilio habendo super hoc armatores et mercatores, cum quibus diffinire debeas ubi tu cum dictis galeys facere debeas portum, et quicquid per maiorem partem vestrum fuerit terminatum, sic debeas observare.

35 Observare quidem debes consilium continens quod galee armate debent portare scallam sufficientem secundum usum, sub pena soldorum XL grossorum pro qualibet galea et quolibet viagio.

| c. 70v | 36 Ceterum scire debes quod captum est quod iudices magni salarii non faciant rationem de debitis vel plezariis neque mutuys vel pignoribus, que fient de cetero in galeys comunis vel specialium personarum per comitos, nauclerios et soldatos galearum, nisi scripta sint per notarium capitanei de voluntate capitaney. Et si galee non haberent capitaneum, scribi debeant per scribanum galee, in qua fient predicta, de voluntate armatoris seu patroni; et aliter non fiat eis ratio per iudices nostros predictos.

37 Observabis etiam quod, ut boni medici et sufficientes vadant et accipiantur cum dictis galeys, comittatur capitaneis quod nunc et de cetero, convocatis suis armatoribus, debeant elligere et illum accipere et conducere, in quem <galeam> maior pars concordabit.

38 Item teneris in tuo reditu, infra octo dies postquam Venetias applicueris, presentare omnes condenationes factas in capitaneria, ut exigantur ab officialibus ad quos spectat; nec possi[s], postquam Venetias veneris et fueris, aliquem absolvere vel condemnare sub pretextu dicte capitanerie.

Ordin[e]s officii Levantis

39 Item observabis partem captam in Rogatis, MCCCLVII, die XVIII septembris, continentem, cum sit quoddam consilium et ordo antiquus captus in Rogatis MCCCXXVIIII, die XVI oct[obris], quod patroni galearum qui [e]runt approbati in ipso consilio teneantur sequi viagium, sub pena librarum V^{c}, quam exigere debeant officiales Levant[i]s, et plerumque contingat quod patroni galearum probati per consilia recedentes de Venetiis extra Venetias remanent sicut eis placet, quod est contra intentionem terre et consilii antedicti, capta fuit pars, ad evitandam pericula que possent occurere, quod ex nunc ordinetur quod quicunque patronus approbatus per nostra consilia, qui exiverit de Venetiis, non possit, postquam de Venetiis exiverit, remanere in aliqua parte aliqua causa, nisi pro causa infirmitatis sue persone, que sit talis quod acceptetur per capitaneum armate; et in dicto casu capitaneus ponat aliam sufficientem personam, et sufficientiorem quem poterit. Et contrafacientes cadant ad dictam penam de libris V^{c} pro quolibet et qualibet vice. Et committatur Advocatoribus comunis in Venetiis, et addatur in commissionibus capitaneorum, quod predicta faciant observari et exigant a contrafacientibus penam predictam; de qua habeant medietatem et reliquum sit comunis. Et si erunt negligentes ad excuciendum ipsam penam, cadant ipsi de tantundem; et Domini de nocte exigant penam ab Advocatoribus et capitaneis negligentibus, habendo partem ut de aliis sui officii. Et de dictis penis non possit fieri gratia capitaneo, armatoribus aut Advocatoribus, sub pena librarum II^{m} pro quolibet ponente vel consenciente partem in contrarium.

<40> Obervabis etiam partem captam in dicto consilio, MCCCLVIII, indictione XII^{a}, die quarto martii, videlicet quia est ordo et pars alias capta | c. 71r | quod galee nostre de mercato, Venetias venientes, non possint transire pontam Sancte Helene, nisi fecerint se circari per officiales Levantis, sub pena librarum II^{m} parvorum pro qualibet, et sicut notum est quia omnes nostre galee, veniendo Venetias caricate ultra signa ordinata, transeunt dictum locum et non permittunt se circari propter largas gratias quas obtinent a domino, in damnum tocius terre et per<i>culum galearum et haveris, ordinatum est quod sicut est pena patronis galearum non permittentibus se circari pro quolibet de libris II^{m}, ita sit solum de libris mille cum hac conditione, quod de dicta pena alicui contrafacienti non possit fieri gratia, donum vel remissio aut recompensatio per aliquem modum, declarationem, formam vel ingenium, sub pena librarum M pro quolibet consiliario, capite vel alio ponente vel consenciente partem in contrarium. Et commisimus officialibus Levantis quod inquirant secundum usum et penas exigant, habendo partem ut de aliis sui officii. Et propterea de predictis reddes provisos patronos, ut faciant se circari, ita quod non subiaceant dicte pene.

41 Ad removendum omnes errores et cavilationes, que possent occurere in casu quo alie armate nostre tam mercatorum quam alia quecumque navigia, tam armata quam disarmata, se reperirent cum capitaneo galearum Culphi, ordinatum est per nos et nostra consilia Minus, Rogatorum et XLta, quod capitaneus Culphi sit et esse debeat capitaneus generalis dictarum galearum et omnium navigiorum tam armatorum quam disarmatorum, et facere capitaneriam donec erunt insimul; quare mandamus tibi quatenus predicta, in quantum ad te spectant, debeas inviolabiliter observare.

42 Item observabis partem infrascriptam captam in Rogatis, MCCCLVIII, die XV martii, et facies ut continetur in ea inviolabiliter observari, videlicet, cum sit quoddam consilium captum in Rogatis, MCCCXV, die ultimo octobris, prohibens quod nostra navigia, homines et mercatores Venetiarum non possint adducere aliquas merces vel res de extra Culphum ad partes intra Culphum alio quam Venetias, sub pena de XXV pro centenario de toto eo quod portaretur vel mitteretur contra hoc, vadit pars quod dictum consilium, tamquam non bene ligatum, revocetur et annulletur et reformetur in hunc modum, videlicet quod cridetur quod de cetero aliquis civis, fidelis vel districtualis Venetiarum, nullo modo vel ingenio, possit adducere vel adduci facere, nec mittere nec mitti facere, aliquod lignum vel navigium, armatum vel disarmatum, vel merces aliquas de extra Culphum ad aliquas partes intra Culphum alio quam Venetias, sub pena de L pro centenario de toto eo quod portaretur vel mitteretur aut discaricaretur contra hoc; et si maiores pene invenirentur apposite super hoc, per alios ordines nostros, ille maiores exigantur | c. 71v | a contrafacientibus. Et pro omni bono respectu, statuatur etiam quod aliquis civis, fidelis vel districtualis Venetiarum de cetero non possit levare vel levari facere super aliquibus navigiis armatis vel disarmatis aliquod havere Venetorum, subtile vel grossum, quod foret conductum de extra Culphum ad aliquas partes intra Culphum, sub dicta pena de L pro centenario, in quam etiam incurrant nostri patroni navigiorum armatorum et disarmatorum, super quibus levaretur de dicto havere. Et si levaretur de havere forensium, cadant tam nostri patroni predicti, super quorum navigiis levaretur, quam nostri mercatores contrafatientes de C pro centenario valoris eius, in quo foret contrafactum. Et si maiores pene forent apposite super hoc, exigantur a contrafacientibus. Et predicta omnia committantur inquirenda omnibus officialibus, quibus commissa sunt contrabanna, qui inquirant de contrafacientibus et penas exigant, habendo partem ut de aliis sui officii. Et si accusator fuerit, habeat terzium et sit de credentia, officiales terzium et comune reliquum. Et extra Venetias comittatur omnibus capitaneis armatarum nostrarum, et addatur eis in commissione, quod predicta faciant observari et inquirant de contrafacientibus, cum illa libertate et conditionibus quibus est commissum in Venetiis officialibus predictis, habendo partem ut haberent officiales. Et de predictis penis non possit fieri gratia vel aliqua remissio, ullo modo, sub pena ducatorum mille pro quolibet ponente vel consenciente partem in contrarium. Et alia contenta in parte predicta non possint revocari, nisi per sex consiliarios, tria capita de XLta et tres partes consilii Rogatorum congregatorum ab LXXX supra.

43 Item observabis partem captam in nostris consiliis Minori, Rogatorum, XLta et additionis, MCCCLXXXIII, indictione sexta, die XIII maii, huius tenoris, videlicet cum alias captum fuerit et ordo sit quod super navigiis nostris armatis et disarmatis non possit levari vel caricari intra Culphum pro portando extra Culphum ramum nec alia metala vel res, sicut in dictis ordinibus continetur, et nulla mentio fiat de ramine quod caricaretur extra Culphum, unde omnino, pro bono terre nostre et pro obviando periculis que possent occurere, sit providendum specialiter super facto raminis, vadit pars quod etiam de cetero in aliquibus locis extra Culphum aliquis civis, subditus vel fidelis comunis Venetiarum non possit nec audeat, aliquo modo, forma vel ingenio, emere nec emi facere, levare, caricare aut levari vel caricari facere super aliquo navigio, tam armato quam disarmato et tam Veneti quam forensis, aliquod ramum quod non sit laboratum vel affinatum Venetiis, pro portando ad aliquas partes extra Culphum, nec dictum ramum in recomendisiam vel aliter recipere aut tanxare in predictis partibus de extra Culphum, sub pena perdendi dictum ramum vel valorem eius; de qua pena non possit fieri gratia, donum, remissio vel | c. 72r | recompensatio, sub pena ducatorum mille pro quolibet ponente vel consenciente partem in contrarium. Et predicta committantur inquirenda Provisoribus comunis et aliis officialibus

contrabannorum. Et si de premissis fuerit accusator per quem habeatur veritas, habeat terzium et sit de credentia, officiales terzium et comune reliquum. Et scribatur et addatur in commissione omnium rectorum, consulum et baiulorum nostrorum de extra Culphum, cum illa libertate et conditionibus quibus comissum est in Venetiis Provisoribus comunis et aliis officialibus contrabannorum; et cridetur, ut[323] sit omnibus manifestum.

44 Item cum mercatores aliquando habuerint et receperint maximum damnum in suis lanis conductis cum galeys Flandrie ob superclam stivam et etiam propter deffectum cohoperte non bene aptate, propter quod lane devastate et combuste fuerunt in magna parte, et optimum sit providere pro obviando dicte supercle stive, vadit pars et ordinetur quod in dictis galeys nostris Flandrie, quando fit stiva sachorum lane, non possint poni nec stivari plures sachi lane quam tot et tot. Et ut hoc inviolabiliter observetur, antequam incpiatur fieri stiva, debeat capitaneus galearum nostrarum Flandrie dare sacramentum patronis galearum et comitis, patronis posticiis et omnibus aliis deputatis ad dictam stivam fiendam, qui ei videbuntur, quod non permittent nec facient stivare nisi per modum superius contentum, videlicet tot et tot; et faciat capitaneus legere presentem partem predictis omnibus, pro sua informatione. Verum si contrafactum fuerit predictis, cadat supercomitus galee in qua predicta servata non fuerint de ducatis auri octo, patronus postizius de ducatis quatuor et comitus de ducatis quatuor, in suis propriis bonis, pro quolibet sacho invento in dicta stiva posito ultra dictum numerum ordinatum de tot et tot. Quam penam exigant officiales de Catavere et Levantis, habendo partem ut de aliis sui officii. Et si fuerit accusator per quem veritas habeatur habeat tercium, officiales quibus primo facta fuerit accusa terzium et comune reliquum. De qua pena non possit alicui contrafacienti fieri gratia aliqua, donum, remissio, recompensatio, declaratio nec presentis partis revocatio, sub pena ducatorum V^{c} pro quolibet ponente vel consenciente partem in contrarium, quibus etiam non possit fieri gratia, donum et cetera ut supra, sub pena predicta usque in infinitum. Et ut bene aptentur cohoperte, ne damnum aliquod dicte lane pati possint ob deffectum cohoperte non bene aptate, teneatur et debeat capitaneus facere disbanchari galeas a pupi usque ad proram et, stivando ut post stivam factam, teneatur et debeat capitaneus, quando sibi videbitur, facere cohopertas galearum optime aptari ad expensas patronorum, ut est iustum. Preterea debeat esse extracta de dictis galeys et qualibet earum argana per tres dies ante terminum recedendi, sub pena ducatorum III^{c} pro qualibet galea contrafaciente, exigenda et dividenda | c. 72v | per antedictos officiales ut supra. Et non possit fieri gratia, donum et cetera, ut supra, de dicta pena superius contenta et per modum supradictum, usque in infinitum, et si consilium et cetera.

45 Item quia patroni galearum Flandrie solent se convenire et componere cum aliquibus mercatoribus et eos sive eorum mercantias absolvere ab omnibus vareys ad quas tenentur omnes mercantie dictarum galearum, in grave damnum aliarum mercantiarum et mercatorum qui non sunt absoluti, et iustum sit providere ut omnes tractentur equaliter et ut nemo fraudetur, ordinetur quod si aliquis patronus dictarum galearum absolverit aliquam mercantiam vel mercatorem a dictis vareys, tota varea, que tangere<t> vel tangere posset mercatores vel mercantias taliter absolutas a vareys per patronos, perveniat et esse debeat et sit super illum patronum vel patronos, qui taliter absolvissent mercatores et mercationes predictas, ad hoc ut quilibet mercator non habeat plus oneris eo quod tangit ipsum pro parte sua, ut conveniens est et consonum equitati.

46 Item quia facit pro honore nostri dominii tenere modum quod mercatores sive factores mercatorum, qui destinant mercationes suas cum presentibus galeys, leventur super galeys sine

323. *In interlinea con segno di richiamo.*

nabulo suarum personarum cum uno famulo, ordinetur quod patroni dictarum galearum teneantur, sine aliqua solutione vel nabulo alio, levare mercatores vel factores mercatorum cum uno famulo, qui caricaverint super dictis galeys, tantum quod habeant de nabulo ducatos XV vel inde supra, relinquendo in libertate capitanei cognoscendi utrum illi qui caricaverint mercationes super dictis galeys sint mercatores.

47 Item observabis partem captam in Rogatis, MCCCLXXXV, die X martii, videlicet cum concordie et compositiones que facte sunt et fiunt cum istis Catellanis, que ascendunt ad summam ducatorum XII^{m} et ultra, sint multum utiles ymo necessarie et fructuose pro bono viagii Flandrie et illarum partium sicut etiam sunt pro viagio Maioricarum, et sicut est notum pro una pro centenario pridie imposita ad eundum et una ad redeundum viagio Maioricarum et illarum partium comune nostrum numquam perveniret ad solutionem suam, quia transibunt anni[324] XLta et ultra antequam fiat solutio nostro comuni, et utile ymo necessarium sit providere super hoc, vadit pars quod ordinetur quod de omnibus mercationibus cuiuscumque conditionis existant et sint quorumcumque vellint, que mittentur cum galeys vel navigiis nostris ad viagium Flandrie et a Maioricis supra, solvi debeat media pro centenario nostro comuni. Et similiter de omnibus mercationibus cuiuscumque conditionis existant et sint quorumcumque velint, que caricabuntur in galeys et navigiis nostris, solvi debeat alia media pro centenario nostro comuni. Et comittatur in Venetiis Extraordinariis nostris quod teneantur et debeant exigere dictam mediam pro centenario, tam in eundo quam in redeundo, de mercationibus et rebus que caricabuntur in Venetiis et de dictis partibus Venetias conducerentur, sub penis solitis. De mercationibus vero, pro quibus non fuerit | c. 73r | solutum in Venetiis ut dictum est, capitanei galearum nostrarum exigant cum integritate et omnino solvi faciant, ita quod comune nostrum non fraudetur nec decipiatur ullo modo. Insuper de aliis mercationibus que discaricarentur de galeys predictis in aliis partibus, capitanei galearum nostrarum predictarum exigant et omnino solvi faciant dictam mediam pro centenario, faciendo de predictis denariis ordinate rationem in suo reditu ac ipsos dessignando nostris Extraordinariis pro bono nostri comunis. Item ordinetur quod patroni navigiorum nostrorum similiter observare teneantur et debeant in exigendo per modum predictum, tam eundo quam redeundo, ita quod illi qui non solvent in Venetiis ad Extraordinarios, solvant omnino patronis antedictis, uti est conveniens atque iustum. Et teneantur patroni antedicti navigiorum disarmatorum, de eo quod exactum fuerit per eos, ordinate monstrare rationem et illud dessignare nostris Extraordinariis, ut de capitaneis galearum predictarum superius dictum est. Et predicta durare debeant et observentur donec nostro comuni de predictis denariis Catellanorum et dictarum compositionum et concordiarum[325] fuerit cum integritate solutum et satisfatum.

48 Et predicta teneantur observare tam capitanei galearum predictarum quam patroni navigiorum nostrorum disarmatorum, in monstrando ordinate rationem nostris Extraordinariis de eo quod fuerit exactum per eos et dessignando eis pecuniam illam cum integritate, sub penis, ligaminibus et stricturis contentis in parte nova contrabannorum. Et pro predictis melius et efficacius observandis, quod Extraordinarii nostri habeant libertatem faciendi fieri cridam et cridas et imponendi penam et penas, sicut eis utilius et melius videbitur pro nostro comuni[326], et si consilium et cetera.

324. *Ms.* annii.
325. *Ms.* concordiorum.
326. *Ms.* (comuli).

49 Item observabis partes infrascriptas captas in nostris consiliis Rogatorum et additionis, MCCCLXXXVIIII, die VIII iunii, videlicet, pro securitate galearum nostrarum a mercato, ordinatum est quod capitanei galearum nostrarum a mercato teneantur de cetero, sub pena privationis omnium capitaneriarum nostrarum a mercato per quinque annos, observare et facere observari capitulum sue commissionis, continens distincte quod galee non caricentur ultra signa et mensuras debitas. Que mensure poni debeant per patronos nostros arsenatus ad pupim et proram et in medio corporis galearum nostrarum, secundum ordines nostros, quos habent officiales Levantis ordinate; que signa signentur tali modo quod possint bene videri, et sic debeat de cetero observari.

50 Item observabis partem infrascriptam captam in Rogatis, MCCCLXXXVII, die XXVIII decembris, videlicet prout omnibus patet semper dominatio providit et fecit quam plures leges ut omnibus <hominibus> nostris, tam de pede quam de remo, fierent integre solutiones sue, ut ipsis hominibus nullo modo fieret obliquum; et similiter dominatio fecit quam plures provisiones ut galee nostre a mercato irent et redirent bene armate, et hec omnia nequaquam observata fuerunt, quia pauperibus hominibus | c. 73v | non dantur sue livrationes nec fiunt eis sue refusure, prout debent fieri, ymo patroni galearum faciunt apunctare pauperes homines in meridie, multociens tenendo ipsi[327] scallam in terram, quod est contra Deum et rationem, et illas apunctaturas non dant capitaneo prout tenentur, et tales apunctature non date capitaneo non debent poni ad computum pauperum hominum; etiam pro quolibet homine a remo, ipsis patronis deffícientibus quia debent habere homines 171, ipsi patroni debent solvere libras XXIIII in mense, et super his[328] sit totaliter providendum, prout consulunt Advocatores comunis, vadit pars quod committatur nostris solutoribus armamenti quod debeant facere suas rationes omnibus hominibus tam de remo quam de pede, qui fuerunt cum galeys nostris a mercato que venerunt nuper et que venient per tempora futura, in hac forma, videlicet primo quod videant illud quod ipsi homines restant habere de suis livrationibus et refusuris, et faciant ipsis hominibus dare integre illud quod ipsi homines restant habere de suis livrationibus et refusuris, et faciant ipsis hominibus dare integre illud quod restabunt habere, et quod pactum aliquod quod ipsi homines fecissent valere non debeat. Et quod aliqua apunctatura non ponatur pauperibus hominibus, postquam ipsas apunctaturas non dederint capitaneo, prout tenentur, audientibus ipsis solutoribus pauperes homines, patronos et scribanos, et videntibus quaternos ordinate, habendo libertatem imponendi penam et penas et ipsas exigendi, ac etiam ponendi personas ad sacramentum, prout eis videbitur, habendo insuper libertatem imponendi penam et penas, et ipsas exigendi patronis ipsarum galearum, in suis propriis bonis, de faciendo sibi dari de presenti tot denarios quot eis videbuntur, pro possendo solvere ipsis hominibus. Et teneantur predicti nostri solutores fecisse rationes suas et solvisse dictis hominibus de eo quod habere debebunt, amodo usque octo dies, sub pena librarum centum pro quolibet et quolibet homine, qui ipsis patronis defecerit ad habendum homines 171 a remo, librarum XXIIII in mense, secundum formam partis que ipsis nostris solutoribus mittatur, ut ipsam debeant observare.

51 Insuper cum in commissionibus capitaneorum galearum nostrarum a mercato contineatur quod non possint habere partem in galeys vel aliqua earum nec facere mercationes ullo modo, verum est licitum eis habere de suo recomendato aliis super ipsis galeys, nec potest ire capitaneus cum aliqua persona ad videndum mercationes, et quod non possit dormire in terram, ordinatum est pro omni bona causa quod addatur dicto ordini quod capitanei non possint ire

327. *Ms.* ipsos.
328. *Ms.* hiis.

ad videndum nec ostendendum mercationes in terram neque in galeam, non intelligendo in hoc lapides nec perlas de conto, et hoc sub pena librarum V^{c} capitaneo et privationis annorum quinque omnium capitaneriarum galearum a mercato; quam penam pecuniariam exigant Catavere, habentes partem ut de aliis sui officii. Qui Catavere, statim cum galee redierint, debeant, sub pena librarum XXV in suis propriis bonis, examinare et inquirere si capitanei observaverint ut | c. 74r | dictum est; quam penam exigant Advocatores nostri comunis a Catavere. Et si fuerit accusator in predictis, per quem habeatur veritas, habeat terzium pene pecuniarie et teneatur de credentia.

52 Item ordinetur, et addatur in commissione omnium capitaneorum nostrarum galearum a mercato, quod de omnibus nabulis que excucient extra Venetias, tam de mercationibus caricatis Venetiis quam extra Venetias, debeant i<i>dem capitanei scribere in uno quaterno per se omnes denarios, quos excucient, et nomina personarum et de quibus mercationibus. Et similiter scribant in dicto quaterno quando dabunt aliquos denarios patronis galearum; quos denarios debeat capitaneus dare patronis de tempore in tempus, sicut est iustum. Quem quaternum debeat quilibet capitaneorum predictorum in reditu suo consignare et dare officialibus nostris Extraordinariorum, ut quilibet possit videre facta sua.

53 Item ordinetur et sic debeat de cetero observari quod, quando caricabuntur alique mercationes extra Venetias super nostris galeys a mercato, debeant patroni subito facere scribi per suos scribanos pacta et conventiones, quas fecerint mercatores cum patronis, et precium quod debebunt dare pro nabulo, et declarare inter se cum quo pondere debebunt ponderari ipse mercationes, et singulariter omnia que contrahentur inter mercatores et patronos. Patroni autem teneantur infra terciam diem ad longius portare cedulam dicti naulizati et conventionum capitaneo suo, particulariter et distincte. Qui capitaneus teneatur et debeat scribere vel scribi facere ipsa naulizata et conventiones in uno quaterno, quem dabit in reditu suo officialibus Extraordinariorum, pro informatione omnium quibus spectabunt. Verum si patroni contrafecerint, vel eorum aliquis predictis vel alicui predictorum, et postea foret aliqua differentia inter mercatores et patronos occasione predicta, credetur sacramento mercatorum; et per dictum suum procedatur sicut erit de iure, et non audiantur patroni nec testificationes eorum dicta de causa.

54 Item quia observatur per patronos omnium galearum a mercato quando veniunt Venetias quod, ubi debent accipere pedotas sufficientes pro intrando portum nostrum Venetiarum cum securitate, ipsi solidant rationem alicuius ex soldatis galearum suarum, et constituunt ipsum pedotam, quod est cum evidenti periculo galearum nostrarum, ordinetur quod patroni galearum predictarum teneantur omnino in reditu suo accipere pedotas suos, sicut tenentur de illis qui non sint nec fuerint soldati super galeys suis, sed accipiant de pedotis solitis quos reperient in Istria.

55 Item quia sunt quam plures ordines super facto barilarum, que fieri debent ad unam mensuram, et per indirectum contrafit dictis ordinibus, quia tam in Venetiis | c. 74v | quam extra Venetias reperitur modus habendi barilas magnas cum maximo periculo galearum, quia propter istas excessivas barilas galee sunt nimis caricate, ordinetur et sic mandetur capitaneis nostris galearum a mercato quod de cetero observent quod in Pola, et in omnibus aliis locis qui videbuntur capitaneis, debeant facere diligenter circari, et omnes barilas quas invenient, que sint capacitatis ultra quartam et siculum ad plus, debeant omnino facere poni in terra, ut galee vadant cum quam maiori securitate poterunt.

56 Item observabis partem captam in nostris consiliis Minori, Rogatorum, XLta et additionis, millesimo trecentesimo nonagesimo sexto, die XXV maii, cuius tenor talis est. Quia utilissimum est et pium providere ad bonum et securitatem galearum nostrarum a mercato

que veniunt Venetias tempore iemali, navigando nocturno tempore et faciendo scalam in mari intra nostrum Culphum, cum tantis manifestis periculis et pessimis inconvenientiis, que iam ex hoc evenerunt et evenire possent in futurum, nisi super hoc salubriter provideatur, vadit pars quod prohibeatur expresse omnibus nostris capitaneis galearum a mercato quod de cetero, in reditu suo Venetias a Ragusio usque in Istriam, non audeant ullo modo facere noctem in mari, ymo bona hora se reducere ad portum et ferum ponere in illo loco qui eis tucior et melior videbitur, non se levando de portu ullo modo, nisi per duas horas vel tres ad plus ane diem, sub pena librarum mille cuilibet capitaneo contrafacienti et qualibet vice. De qua pena si accusator fuerit per quem veritas habeatur habeat medietatem, quartum sit comunis et aliud quartum sit officialium, quibus primo facta fuerit accusa. De qua pena alicui capitaneo contrafacienti non possit fieri gratia, donum, remissio nec aliqua recompensatio, nisi per sex consiliarios, tria capita de XLta, XLta de XLta et quatuor partes Maioris consilii. Et committantur predicta inquirenda Advocatoribus comunis et nostris officialibus de Catavere, qui in adventu galearum nostrarum predictarum debeant, sub debito sacramenti, facere inquisitionem diligentem de predictis; et iniungatur in commissione omnium capitaneorum nostrorum predictorum. Et similiter debeat observare capitaneus noster Culphi, in casu quo se reperiret cum nostris galeys a mercato, sub penis et stricturis predictis.

57 Item observabis infrascriptam partem captam in consilio Rogatorum, 1397, die 14 iunii, cuius tenor talis est. Cum sit quedam pars continens quod patroni galearum nostrarum a mercato possint super qualibet galea habere ballistarios quatuor nobiles nostros de Maiori consilio in numero aliorum ballistariorum, et sicut est manifestum ad presens sint multi nostri nobiles, non habentes aliquod inviamentum, probi et apti ad navigandum, quibus est bonum et utile subvenire, vadit pars quod de cetero patroni omnium galearum nostrarum a mercato teneantur habere super qualibet galea ballistarios tres nobiles nostros de Maiori consilio a XX annis supra et quadraginta infra, | c. 75r | in numero aliorum ballistariorum, possendo accipere de illis pro quibus exirent de consilio, quibus dare debeant soldum, quod habent alii ballistarii, et tabulam. Et ipsi ballistarii nobiles teneantur habere ballistas et omnia alia arma necessaria, sicut habent alii ballistarii, et illa ostendere ad circam sicut est consuetum. Sit tamen in libertate patronorum habere unum alium ballistarium nobilem ultra illos tres, quos omnino habere tenentur, ut est dictum. Insuper teneantur dicti patroni, quando collegium deputatum ad accipiendum ballistarios volet accipere ballistarios, presentare capitaneo nomina illorum trium nobilium quos acceperint, ut capitaneus sit de illis informatus. Si vero patroni illos non accepissent nec dedissent nomina illorum in scriptis capitaneo, ut dictum est, teneatur capitaneus et collegium deputatum, quando accipient alios, accipere etiam istos tres; si invenient volentes ire, quos videre debeant caricare et prohicere in illo loco qui dicto collegio videbitur.

58 Item observabis partem infrascriptam captam in nostris consiliis Minori, Rogatorum, XLta et additionis, MCCCLXXX<X>, indictione XIIII^{a}, die penultimo decembris, tenoris infrascripti, videlicet cum sit ordo quod aliquis ambaxiator nostri comunis, eundo et redeundo cum galeys nostris a mercato, non debeat solvere aliquod nabulum dictis galeys, et nulla mentio fiat de provisoribus, sindicis et aliis nuntiis nostri comunis, licet intentio fuerit generaliter de omnibus nuntiis nostri comunis, vadit pars, pro bono comunis et declaratione omnium, quod de cetero dictus ordo se extendat et intelligatur[329] generaliter de omnibus ambaxiatoribus, provisoribus, sindicis et tractatoribus ac omnibus aliis nuntiis nostri comunis, qui ibunt et redibunt cum galeys nostris a mercato predictis.

329. *Ms.* intelligantur.

59 Item observabis infrascriptam partem captam in nostris consiliis Minori, Rogatorum, XLta et additionis, MCCCLXXXXIII, indictione prima, die XXVIIII maii, tenoris infrascripti, videlicet quod, pro evidenti bono patronorum galearum nostrarum a mercato et pro omni bono respectu, addatur in commissionibus omnium capitaneorum nostrorum galearum a mercato quod generaliter omnia nabula galearum et etiam nabula hominum de passagio extra Venetias ipsi capitanei exigere debeant, et ipsa nabula subito ad primum portum quem applicuerint consignare patronis galearum nostrarum, tenendo capitanei pecuniam necessariam pro hominibus qui defficerent galeys, ac dando unicuique ipsorum patronorum partem eum tangentem, sub pena librarum V^{c} parvorum in suis propriis bonis pro quolibet capitaneo contrafaciente et qualibet vice. Quam penam exigant officiales Extraordinariorum habentes partem ut de aliis sui officii, dando dicti nostri capitanei[330] in suo adventu Venetias nostris Extraordinariis seriose in scriptis nabula que exegeri<n>t, ut participes galearum possint videre iura sua, et ultra hoc perpetue privationis omnium capitaneriarum galearum nostrarum a mercato. Prohibeatur similiter patronis omnium galearum nostrarum a mercato quod non debeant aliquid exigere de nabulis predictis, sed permittere quod capitanei nostri exigant, ut dictum est, | c. 75v | sub pena librarum mille pro quolibet patrono contrafaciente et qualibet vice in suis propriis bonis, quam exigant dicti nostri officiales Extraordinariorum, habentes partem ut de aliis sui officii. De quibus penis vel aliqua earum non possit alicui contrafacienti et non observanti, ut dictum est, fieri aliqua gratia, donum, remissio nec aliqua declaratio, sub pena librarum mille pro quolibet ponente vel consenciente partem in contrarium, usque in infinitum. Reservatis, ultra hoc, iuribus patronis qui observarent predicta contra capitaneos et alios patronos qui non observarent ut dicum est; quibus iuribus uti possint infra duos menses postquam Venetias applicuerint. Verum si omnes patroni alicuius navigiorum predictorum contrafacerent predictis, et de hoc facta fuerit accusa prefatis nostris Extraordinariis, habeat accusator terzium dicte pene, comune terzium et officiales reliquum.

60 Item observabis partes infrascriptas captas in nostris consiliis Rogatorum, XLta et additionis, MCCCLXXXXVIIII, indictione octava, die quarto ianuarii, infrascripti tenoris, videlicet cum in commissionibus capitaneorum nostrorum galearum a mercato sint multa capitula et ordines super facto zurmarum, quas habere debent galee a mercato, continentes modos quos servare habent capitanei in faciendo circas galearum, et id quod solvere debent patroni galearum in mense et ratione mensis pro quolibet homine defficiente, sed tamen, ut notum est, galee predicte non vadunt fulcite hominibus quos habere debent, contra intentionem terre, cum manifesto periculo galearum, hominum et haveris in eis exisistentium, et utile sit ymo necessarium providere quod galee predicte vadant armate sicut est intentio terre, vadit pars quod omnia capitula existentia in commissionibus capitaneorum galearum a mercato loquentia super facto nostrarum zurmarum, in quantum ad hoc spectant, revocentur et annichilentur. Et de cetero partes infrascripte per capitaneos galearum nostrarum a mercato, qui per tempora fuerint, debeant observari, et in eorum commissionibus addantur pro maiori observatione.

61 Primo ordinetur quod quelibet galea a mercato habere debeat, ultra patronum nobilem, unum comitum, unum patronum iuratum, duos scribas, unum hominem consilii, unum marangonum et unum calafatum, octo nauclerios, quindecime ballistarios, in quorum numero sit unus remarius, CLXXI homines a remo, unum cochum, unum caniparium et unum famulum patroni. Tota que zurma habere debeat[331] expensas a galeys iuxta solitum; ballistarii autem

330. *Ms.* dictos nostros capitaneos.
331. *Ms.* debeant.

accipi debeant ad bersaleum, iuxta solitum, et cum soldo consueto. Teneantur insuper habere quelibet galearum ultra numerum suprascriptum pedotas, qui accipi debent per capitaneos iuxta solitum. Capitanei vero habere debeant armiratos, medicos, sonatores et alios eis deputatos, secundum consuetudinem, intelligendo quod galee nostre Flandrie habere debeant ballistarios viginti, sicut solite sunt habere.

62 Item teneantur capitanei, antequam recedant de Venetiis, facere quod patroni galearum dent et consignent eis quaternos galearum suarum, in quibus sint scripti omnes homines soldati suarum galearum; quos quaternos dicti capitanei retinere debeant penes se per totum viagium, donec redierint Venetias. Et antequam capitanei | c. 76r | predicti transeant Polam, teneantur personaliter facere circam omnium galearum, faciendo circam ad galeam ad galeam, faciendo vocari homines ad unum ad unum; et defficientes, quando fiet dicta circa, scribere debeant suis manibus in quaternis predictis, ad postas suas, pro falitis. Et teneantur ultra hoc capitanei predicti dare sacramentum patrono, comito et scribis quod homines omnes, quos invenerint ad circam, sint soldati galearum, sicut in quaternis continebitur. Et si defficient homines ad numerum predictum, tam de pede quam de remo, debeant capitanei suo posse, antequam transeant Polam, tenere modum quod galee sint fulcite hominibus, quos habere debent ad expensas patronorum. Et in casu quo non possint se fulcire in Pola, teneantur in quacumque parte, in qua se reperient, accipere homines si poterunt, ita quod eundo, stando et redeundo omnes galee sint fulcite et habeant numerum suorum hominum, quos habere debent. Et debeant predicti capitanei homines quos accipient notari facere in dictis quaternis galearum, et diem quo eos accipient, dantes semper sacramentum patrono et scribis galearum quod omnes dicti homines, quos capitanei scribi facient, non sint de hominibus soldatis galearum.

63 Et ut melius videri possint hominens defficientes de tempore in tempus, teneantur capitanei, omnibus singulis quindecim diebus ad minus, facere circam suarum galearum, faciendo dictam circam personaliter, ad galeam ad galeam, et faciendo descendere homines in terram et vocari eos facere ad unum ad unum. Et si essent in loco in quo homines non possent descendere in terram, facere debeant dictam circam in galeys, faciendo transire homines mediam galeam, et vocando illos ad unum ad unum et dando continue sacramentum patrono, comito et scribis cuiuslibet galee, quod illi homines sint soldati galearum, sicut in quaternis continetur.

64 Et teneantur scribe galearum, quando remanebit a dictis galeys aliquis homo, dare in scriptis capitaneis, ad primum locum in quo posuerint ferrum, diem et locum in quo remanserit; quos homines sic fallitos, capitanei debeant scribere in dictis quaternis suis manibus ad suas postas, notando diem et locum in quo remanserint. Et hoc observare debeant scribe galearum, sub pena decem parvorum pro quolibet homine quem non dederint in scriptis capitaneis, ut superius dictum est, et pro qualibet vice. Et teneantur capitanei dictarum galearum, antequam transeant Polam, reddere de hoc provisos scribas galearum; et non intelligatur quod aliquis homo acceptus sit nec sit soldatus galearum, nisi postquam scriptus fuerit in quaternis galearum qui erunt in manibus capitaneorum.

<65> Et ut patroni habeant causam tenendi galeas suas armatas et fulcitas omnibus hominibus, ordinetur et sic observetur per capitaneos quod patroni predicti | c. 76v | teneantur solvere pro quolibet homine galeys predictis defficiente, postquam transiverint Polam, in mense et ratione mensis, in hunc modum et per diem et horam, videlicet pro comito libras octuaginta, pro patrono iurato libras quinquaginta et pro scribis, marangonis et calafatis libras triginta sex pro quolibet, pro hominibus a remo libras viginti quatuor pro quolibet, pro ballistariis libras XXVIII pro quolibet, pro cocho et canipario libras viginti octo pro quolibet, pro famulo patroni libras octo. Quos denarios exigere debeant capitanei de bonis galearum seu de bonis propriis

patronorum eundo, stando et redeundo; et de toto quod exigent, capitanei predicti habere debeant unum terzium, et alia duo tercia sint comunis, que in reditu suo capitanei predicti consignare debeant Camerariis comunis infra dies octo postquam applicuerint Venetias. Et si capitanei non exegissent totam illam quantitatem, quam solvere debuissent patroni occasione predicta, debeant infra dies octo postquam applicuerint Venetias dare in scriptis Extraordinariis id quod restaret ad exigendum. Qui Extraordinarii teneantur exigere de nabulis galearum id quod per capitaneos sibi datum fuerit in scriptis; de quo dare debeant Camerariis comunis duo terzia pro parte comunis, et aliud tercium capitaneis, ut dictum est, non possendo patronos obligare nabula suarum galearum in tantum quantum solvere tenerentur occasione predicta. Et si nabula galearum non essent sufficientia, Extraordinarii exigere debeant de bonis propriis patronorum, si de illis habere poterunt; et si de bonis patronorum habere non possent, exigant de bonis participum id quod tanget quemlibet eorum per suos caratos, ita quod omnino dicti denarii solvantur. De quibus denariis tangentibus nostrum comune, sive soluti fuerint sive non, non possit patronis nec participibus fieri gratia, donum, remissio, recompensatio nec aliqua declaratio, sub pena librarum mille pro quolibet consiliario, capite, sapiente vel alio ponente vel consenciente partem in contrarium; et sic procedat de pena in penam, usque in infinitum. Capitanei autem de parte eos tangente non possint patronis vel participibus aliquid remittere vel donare, sub aliquo colore, forma vel ingenio, sub pena sacramenti, et ultra hoc sub pena librarum quingentarum pro quolibet capitaneo contrafaciente, quam exigant Advocatores comunis; cuius pene medietas sit accusatoris, si fuerit per quem sciatur veritas, et alia medietas sit Advocatorum; et si non fuerit accusator, pars accusatoris veniat in comune.

66[332] Et teneantur capitanei, infra octo dies postquam applicuerint Venetias, dare solutoribus armamenti omnes quaternos galearum predictarum. Qui solutores teneantur examinare illos; et si per eorum examinationem invenient capitaneos non exegisse a patronis totum id quod solvere deberent pro hominibus sibi defficientibus, secundum ordines sibi datos, seu non dedissent in scriptis Extraordinariis ut superius dictum est, debeant dicti solutores exequi et facere totum id quod dicti capitanei facere debuissent. Et ob hoc habeant dicti solutores, de toto eo quod non fuisset excussum per capitaneos seu non dedissent in scriptis Extraordinariis | c. 77r | et per eorum examinationem exigeretur, illam partem quam haberent capitanei, que dividatur inter eos sicut faciunt alias utilitates sui offici. Et ultra hoc cadant dicti capitanei in suis propriis bonis de tanto quantum eos tetigisset pro sua parte de eo quod non exegissent seu non dedissent in scriptis Extraordinariis; que pena sit solutorum armamenti predictorum, et illam dividant ut superius dictum est. Quibus solutoribus comittatur examinatio quaternorum predictorum, remanentibus in sua firmitate omnibus partibus mentionem agentibus de illis qui constitui debent per capitaneos super qualibet galea ad inquirendum quod panis, vinum et alia victualia dentur hominibus galearum secundum usum, et omnibus partibus mentionem facientibus de refusuris fiendis hominibus galearum per solutores armamenti predictos.

67 Et ut capitanei possint exequi et facere omnia suprascripta, teneantur Extraordinarii, ante recessum capitaneorum de Venetiis, dare et consignare dictis capitaneis ducatos centum pro qualibet galea de nabulis dictarum galearum; de quibus denariis capitanei predicti teneantur solidare homines et exequi ut superius dictum est. Et si dicti denarii non essent sufficientes, debeant capitanei predicti accipere de nabulis galearum, que exigent extra Venetias, tantam

332. *A causa di un errore di numerazione dei capitoli, la numerazione originaria presenta dal capitolo 66 al 68 di questa edizione un'unità in meno (perciò 65-67); si veda, inoltre, la nota introduttiva al formulario (p. 135).*

quantitatem quod continue habeant ducatos centum in manibus suis pro qualibet galea, pro adimplendo intentionem dominii ut superius dictum est.

68 Item observabis partem infrascriptam captam in nostris consiliis Minori, Rogatorum, XLta et additionis, MCCCI, die XIIII ianuarii, cuius tenor talis est. Cum multi ordines et partes capte sint ut galee a mercato vadant bene armate sub magnis stricturis et penis, tamen videtur quod caniparii, sescalchii, cochi et familiares patronorum per aliquos solvuntur et scribuntur pro ballistariis vel in numero aliorum hominum de pede vel de remo, et bonum sit obviare tali errori, vadit pars quod quilibet patronus alicuius ex galeys a mercato que hoc anno armabuntur, et similiter temporibus in futuris, teneatur et debeat scribere ordinate, super quaternis super quibus scribunt alios homines galearum, caniparios, cochos, seschalcos et familiares suos, ut possit de eis fieri circa, sicut de aliis hominibus galearum. Et propter hoc committatur quibuslibet capitaneis galearum a mercato, tam presentis anni quam futurorum, quod debeant et teneantur, sub illis penis sub quibus dicti capitanei tenentur facere circam aliorum hominum galearum, facere etiam circam de predictis canipariis, cochis, seschalchis et familiaribus patronorum, omni vice qua facient circam aliorum hominum galearum, et videre et perquirere diligenter si ultra numerum hominum a remo et de pede et ballistariorum habebunt caniparios, seschalchos, cochos et familiares predictos. Et si aliquis patronus, videlicet quod super sua galea sit scriptus aliquis de predictis pro ballistario, homine de pede vel a remo, cadat dictus patronus contrafaciens in penam non possendi esse supracomitus alicuius galee nostri comunis, nec patronus alicuius galee a mercato, usque decem annos tunc sequentes; et hec pena sit ultra alias penas que continentur in aliis ordinibus nostris. Et si fuerit accusator per quem | c. 77v | sciatur veritas, teneatur de credentia et habeat libras centum de bonis contrafacientium; et non possit de predictis penis fieri contrafacientibus aliqua gratia, sub pena ducatorum mille pro quolibet ponente vel consenciente partem in contrarium.

Et ad similes penas, cum dictis stricturis, cadant dicti patroni si facerent scribi aliquem noclerium vel scribam pro ballistario.

(1) Item observabis partem captam in nostris consiliis[333] Minori, Rogatorum, XL et additionis, MCCCCVII, indictione XV, die XXX, mensis marcii, que scripta est in fine commissionis capitanei galearum Romanie ad cartam 29 huius libri, sub hoc signo[334].

(2) Habere quidem debes pro tuo salario pro toto[335] hoc viagio ducatos[336] sexcentos[337] auri, cuius medietatem habere debes hic Venetiis, ante tuum recessum, et aliam medietatem, deinde, quando et ubi fient page et solutiones hominibus galearum tibi commissarum, non possendo facere nec fieri facere de mercationibus ullo modo vel ingenio, sub pena perdendi totum id de quo faceres de mercationibus vel valorem eius. Cuius pene fiat divisio secundum tenorem incanti anni presentis. Verum, si tu capitaneus haberes aliquas mercationes in partibus Flandrie sive Londre, possis conducere seu conduci facere Venetias cum galeis tibi commissis earum mercationum investitam, solvendo nabula consueta. Volumus ectiam quod de rebus quas emisses seu emi fecisses, deinde, possis conducere seu conduci facere Venetias, pro usu tue familie,

333. *Segue* Rogatorum *depennato.*
334. *Segue signum n. 12.*
335. Pro toto *in interlinea con segno di richiamo.*
336. *Segue* sexcentos, *con* sex *corretto su* (du), *depennato.*
337. *Con* s *corretto su* rum.

usque ad valorem centum quinquaginta ducatorum[338] auri. Debes insuper habere et tenere tuis salario et expensis tres famulos et unum presbiterum notarium, unum armiratum, cui solum dare debes expensas oris, et ultra predictos ducere debes duos tubetas, duos zaramellas, unum nacharinum et unum medicum per colegium[339] deputatum, consilio capitum et sapientium utriusque manus tibi dandum pro bono hominum dictarum nostrarum galearum. Salaria autem admirati, ballistariorum, sonatorum et aliorum consuetorum, solvantur per patronos secundum usum, avisando te quod medicus debet habere de salario ducatos sexdecim[340] in mense et ratione mensis. Et quod quelibet galea habere debet triginta ballistarios bonos et sufficientes, quorum soluciones quinque[341] vadant ad vareas mercationum que caricabuntur super ipsis galeis. Cuius varee medietas exigatur in recessu de Venetiis et alia medietas in redditu ipsarum galearum, in quibus quidem XXX ballistariis nostris intelligantur esse quatuor ballistarii nobiles iure serviendi secundum formam incanti presentis[342].

(3) Item ponantur partes capte in consilio Rogatorum, 1412, XIII iunii, in libro 49 Rogatorum, ad cartas CXV.

338. *In interlinea con segno di richiamo.*
339. *Segue* tibi *depennato.*
340. *Con* x *in interlinea e* s *depennato.*
341. *Segue* ipo *depennato.*
342. *Nel margine esterno, signum n. 13.*

Indice dei luoghi

Sono indicizzati i toponimi latini (le varianti grafiche sono riportate secondo la frequenza nel testo), con la denominazione italiana e quella corrente (quando possibile) tra parentesi tonde, in corsivo. Alla voce latina si può rinviare dal toponimo corrente italiano, in corsivo. La voce *Venetie* è presente solo quando individua, all'interno, microtoponimi.
Ogni uscita riporta il numero di pagina e, tra parentesi tonde, l'indicazione del formulario edito a cui fa riferimento (nelle *Abbreviazioni* le sigle utilizzate).

Abbreviazioni

CG = Capitano del Golfo
SG = Sopracomito del Golfo
CR = Capitano delle galee di Romània
CA = Capitano delle galee di Alessandria
CB = Capitano delle galee di Beirut
CF = Capitano delle galee di Fiandra

Indice delle persone

La voce principale è data dal cognome (eventualmente in corsivo, tra parentesi, l'esito moderno), seguito dal nome e dalla carica; in un caso soltanto la voce principale è costituita dalla carica.
Ogni uscita riporta il numero di pagina e, tra parentesi tonde, l'indicazione del formulario edito a cui fa riferimento (nelle *Abbreviazioni* le sigle utilizzate).

Finito di stampare
nel mese di novembre 2024
da The Factory s.r.l.
Roma